追望儒风

第二辑

米湾◎著

中国政法大学出版社

2013·北京

图书在版编目（CIP）数据

追望儒风/米湾著. -- 北京:中国政法大学出版社，2013.9
ISBN 978-7-5620-4934-0

Ⅰ.①追… Ⅱ.①米… Ⅲ.①儒学一研究 Ⅳ. ①B222.05

中国版本图书馆CIP数据核字(2013)第221399号

书　　名	追望儒风 Zhuiwang Rufeng
出版发行	中国政法大学出版社(北京市海淀区西土城路 25 号)
	北京 100088 信箱 8034 分箱　邮编 100088
	http://www.cuplpress.com (网络实名: 中国政法大学出版社)
	010-58908325(发行部) 58908334(邮购部) 58908524(编辑部)
承　　印	固安华明印刷厂
规　　格	880mm×1230mm　32 开本　10.25 印张　240 千字
版　　本	2013 年 9 月第 1 版　2013 年 9 月第 1 次印刷
书　　号	ISBN 978-7-5620-4934-0/B·4894
定　　价	29.00 元

题词

孔子登东山而小鲁，登泰山而小天下。故观于海者难为水，游于圣人之门者难为言。观水有术，必观其澜。日月有明，容光必照焉。流水之为物也，不盈科不行；君子之志于道也，不成章不达。

——孟子

总　序

蒋庆/

儒生者，信奉儒家价值之读书人也。“儒生文丛”者，儒家读书人之心声见于言说者也。天运往还，儒道再兴，儒生之见于神州大地，数十载于兹矣。今日中国文化之复兴，端赖今日儒生之努力，而儒家价值之担当与夫中国慧命之所托，亦端赖今日儒生之兴起也。归来乎，儒生！未来中国之所望也！

“儒生文丛”主编任重君，儒生也。倾一己之力，编辑“儒生文丛”，欲使国人知晓数十年来儒家回归、儒教重建与儒学复兴之历程，进而欲使今日之中国知晓当今儒生之心声。故“儒生文丛”之刊出，不特有助于中国文化之复兴，于当今中国之世道人心，亦大有补益也。

壬辰夏，余山居，任重君索序于余，余乐为之序云。

目录

第四部分

第五部分

第六部分

儒学视野中之现实问题

01 关于人与自然的断想

一、引言："不远复 无祇悔"

20 世纪即将结束。回首百年，抚今追昔，我们不由得会有一种"天翻地覆"的感触。百年之间，我们人类继工业革命之后又卷入一场对社会影响更为深刻的信息革命，从而由机械文明走向电子文明。当今的世界面貌异相纷呈，光怪陆离，倏忽一变。其变幻之纷繁驱驰着生活在今天的人们奔走喘息，使其神经紧绷，头晕目眩，在物理上、生理上和心理上都有疲于招架、难以消受之势。

对我们中国人而言，20 世纪更是挣扎着向前奋闯和冲刺的世纪。政治革命和运动此起彼伏，波澜壮阔。科技、经济长足发展。特别是最后 20 年间，由于"科技、经济挂帅"在很大程度上取代了"政治挂帅"，"物力"突飞猛进，社会面貌日新月异。

在飞速发展的科技、经济狂飙的挟卷之下，"向前冲刺"已成为我们条件反射性的心理定向。犹如行驶在高速公路上，只能飞速向前，不容有丝毫的回眸反顾，更不能妄想驻足小憩。否则，即使有幸不致危及性命，也会被归入"落伍者"而沦为"刍狗"。

科技、经济的发展给我们带来了世纪初的人们梦想不到的便捷和享受，但是，我们似乎也失去了些什么。现在我们很难再感受到人与人之间的那份真诚，很难再领略到人格的典重和风俗的淳厚了。

这些可说是“软件”上的阙失，更有“硬件”上的阙失在焉。今天，我们难得再呼吸到一口清新自然的空气，难得再品尝到一口纯净甘甜的流水。环境破坏，生态瓦解，人类不仅很难“安居”，甚至自身的生存也面临着威胁。

科技、经济高度发展之下，一方面，我们可以摄受的财富、玩好滚滚而来，物质生活丰渥餍足；另一方面，我们的精神生命却日就匮之。其中得失，大可反思。

《周易》曰：“不远复，无祇悔。”[1]身处世纪之交，对社会的演化动向和人类的处境加以反思，恐怕不至被讪为无聊的杞人之忧吧。尽管反思所得，很可能是可厌的“老生常谈”，但并不一定会因其不是“奇货”而损其弥久日新的“常道”品格；尽管这种反思肯定已是“后见之明”，但对我们未来世纪自处之道的择执，不一定绝对没有些微“先见之明”的助益。要不，“盲人骑瞎马，夜半临深池”，实在太过危险！

百年光景，在宇宙大化之流中曾不足以当一瞬，不过，由于我们人类个体在这个小小寰球上的驻足期限也不过是百年光景，因而，其间秋毫之末大的“风吹草动”，对我们而言就是泰山之大，足以引起沉重的沧海桑田之感。百年中国，其政体更迭、世态嬗变和物事流转，更不啻有“世历三古”的意蕴。沧桑巨变之后，可资回味反刍的饲料太多，可喜的、可忧的、喜忧参半的，纷繁交错，欲理还乱，大有“一部十七史从何处说起”般的感慨。今姑且从人与自然这个角度说开去吧。

[1]《周易》复卦初九爻辞。

二、人的“自然法则”

自19世纪英人达尔文创立进化论之后，伊甸园中发生的人类始祖的故事渐渐成了“真正的神话”，人类不得不放下自尊，接受“人是自然的一部分”这一窘迫而残酷的现实。而且，不仅如此，许多人还对这样的说法深信不疑：生物世界的进化规律就是人类社会的发展规律——“物竞天择，适者生存”！

在百年前的中国“一石激起千层浪”的就是这种思想潮流——它的引进者严又陵（严复）先生是最早向西方寻求强国之道的中国人。彼时，世界列强正虎视眈眈地盯着我们，伺机将“东亚病夫”吞噬下去——“保种”成为压倒一切的问题。

人是血肉之躯，他的构成元素，不外乎构成自然界的那百余种。吃的、喝的、用的——维持他生存的一切都取之自然。毫无疑问，自然乃人类之母！

如果人类与自然界中的其他生物的确别无两样，其进化规律、生存境况的确也是“任天为治”、“物竞天择，适者生存”的话，那么，两千多年前的荀况提出的性恶说的确具有“先见之明”。进而论之，人为求自我的存续、子孙的繁衍而从自然界乃至从同伴、同类那里索取乃至攫取生存资料，便是天经地义、合乎“自然法则”的了。个人是如此，由个人构成的群体、组织，如家庭、宗族、国家，也当如此。其一切活动、一切营谋最终都或直接或间接地指向自我的存续。人是动物，不是天使。不论其身体构造还是其活动，都充分表现着动物性。民间有谚说，“人为财死，鸟为食亡”，这种说法其实是有相当深刻的“人学”为其理论基础的。

在19世纪与20世纪相交之时，我国有识之士的功绩就是唤醒了在世界东方沉睡着的“华族”，警告他们：你们这一族类就要被来自西方的其他族类吞掉——不仅有亡国之危，而且有灭种之虞。不要幻想别人会救助你们，只有自己能救助自己。于是，本能的生存欲望和冲动燃烧起来了，凡是觉得不利于族类生存的，就毫不顾惜地去之；凡是觉得有利于族类摆脱危亡的，就不假思索地取之。天子皇上、孔孟之道、裹足纳妾、方块文字，乃至一切传统文化，无非是我们族类衰弱的祸根，都该弃之净尽。声光电化、坚船利炮、议会宪法、民主共和、斗争哲学，都是富国强兵的法宝，当然开怀拥抱，多多益善。

整个20世纪，中国人一直在朝着这个方向努力。其间不知洒了多少汗，流了多少血，花费多少代价，历经多少曲折，终于有幸在世纪之末，实现了世纪初的先觉者们所设定的基本目标：保住了自己的国家，排除了亡国灭种的危险。甚至可以说，我们族类已相当强大：国家主权昂然直挺，族类员数盖世无双，经济发展扶摇直上。我们今天所拥有的一切、享受的一切，是百年前的国人乃至皇子王孙们也不曾梦见的。一句话，国人沿着人的“自然法则”，为保种、为求生存而进行的不懈努力取得了非常伟大的成功。其中的理论意蕴是：“人是自然”这一命题是有效的，“顺应自然”（求生的本能）这一策略是正确的。

三、环境病变和精神病变

百年之间，我们取得的“战绩”是举世瞩目的。然而，不可讳言，到了20世纪末的今天，积淀遗留下的问题也是极其严峻的。如果说20世纪之初，我们患的是急性病，性命攸关，迫在眉睫，不及时投以猛剂就可能立刻一命呜呼，那么，20世纪

之末，我们感染的是慢性疾病，虽然不像前者那样催人性命，但也十分顽固，若不予以重视，就会日甚一日，最终也可能不可救药，葬送性命。

对世事稍有留意、略具反思能力的人，都不难觉察到当今世界，尤其是我们中国，有两种病变正在隐隐滋长：一个是环境病变，一个是精神病变。这两个问题则威胁着我们的生存，威胁着我们整个族类，正如20世纪之初内忧外患曾经威胁着我们的生存和族类一样。

当今，环境污染成了威胁我们生存的大敌。本应是沁人心脾的空气，现在却成了播散各种毒素的烟幕，每时每刻都在侵蚀着我们的喉管、心肺。本来清澈甘甜的流水，现在却成了传播有害物质的“祸水”，灭掉了我们的鼋鼍鱼虾，毒害着我们的肠胃肝脾。由于大气层不断受到人为的破坏，和煦旖旎的阳光，现在成了灼伤我们的芒刺。森林节节退却，黄沙步步进逼，膏壤在流失，江河掀着浊浪，横决泛滥，所向披靡。日常生活中，口之所食，鼻之所嗅，耳之所闻，乃至手之所触，足之所履，都可能在危害着我们的生命。某些动物种群已经在这个星球上，很可能也是从整个宇宙中，永远消失。更多的动物正在面临着同样的命运。不仅动物面临着劫难，植物也在面临着灭种的厄运。我们人类的肌体在结构和抵抗力上并不优于动植物，甚至还处于明显的劣势，如此迁延下去，能例外地不受此种命运的威胁吗？

环境问题，有我们每天直接的切身感受和间接的耳闻目睹刺激着，其严重性已经引起比较广泛而深切的关注。而精神问题，由于暂时不会对我们的生存构成直接可见的威胁，似乎不应该在此问题上大惊小怪。然而，这种无动于衷正表明了精神病变的严重性。

精神病变，主要不是指当今精神病患者和心理不健康者的人数的大量增加，而是是指主体性（subjectivity）的迷失和道德意识的萎缩。

由于科技、经济的迅猛发展，20 世纪人类创造出了先人们难以想象的巨额财富、便捷器物和新奇玩好。即使像中国这样的落后国家，由于20 世纪末期的20 年间实施了有利于释放人的创造力的开放政策，就已发生了令世人刮目相看的变化。今天我们耳闻目睹的、亲身受用的，与 20 年前的相比，令人油然而生今古之慨；回视百年之前的境况，更不啻天壤悬隔！这的确是人类的辉煌，天地间的奇迹。遗憾的是人的主体性就容易迷失在这滚滚而来的物质财富、便捷器物和新奇玩好之中了。

物质财富的创造，正是我们改造自然、利用自然、免受自然的任意摆布的能动性的绝大见证，这不就是人的主体性吗？是的，不可否认，这也是“主体性”的应有内容。因为，所谓“主体性”，虽然很难给它下一个人人接受的严格定义，但大致应该指某种人类独具的精神力量或存在。唯人拥有认识自然、改造自然的能力，而且，据德国哲学家康德（Immanuel Kant）所说，人的知性还是可以为自然“立法”的。所以，不能否认，科技创造能力、经济组织能力也是人的主体性的表现。

不过，我们应进一步认识到，这些能力并不一定是人的最根本的主体性。恐怕世界上最为复杂、最难解读的莫过于“人”，确切地说，是莫过于人的精神了。人之精神犹如一座宏大繁复的殿宇，层楼错落，曲径通幽，不能“一览无余”。如果精神性的存在是主体性之所系，同时承认精神的存在是复杂的，有浅深、高下等层次之分，那么，浅表的、外缘的、低层的精神存在，如感觉、知觉、记忆以及经验心理学上喜怒哀乐等心理表现，由于其与物质性的存在紧贴互粘，具有相当程度的

“物质性”（materiality），其“精神性”（spirituality）便较少。相应地，便不能充分体现主体性。反过来说，距离物质性较远的精神存在才能比较充分地体现主体性。简言之，“物质性”与主体性成反比，“精神性”与“主体性”成正比。如果这种思路不完全荒谬的话，我们就以此来照察一下科技能力的“精神性”、“物质性”究竟如何。

科技能力实际上是人之知性（understanding）能力。弗朗西斯·培根（Francis Bacon）“知识就是力量”之说，就是就人的知性而言的。而知性具体表现为人的归纳、演绎等推理能力。这种精神存在与感觉、知觉等意识相较，距离物质性的存在是相当远的。因为它不是来自外物的直接作用，不是物质世界的当下“印痕”，有高度的普遍性、恒定性。有的哲学家甚至认为，此种能力是人固有的先验能力。人的口味、情感可能各不相同，但“A = A”、“1 + 1 = 2”这样的逻辑、数学律则却是普遍有效的。因此，知性的“精神性”相当高[1]，能在相当大的程度上表现人的主体性。

不过知性仍有相当大的“物质性”、“惰性”。知性乃人之认知能力，它的基本职能是照察外在世界，以攀缘、计度外物为能事。佛教哲学将其称为“遍计执性”，义为“周遍地计度外物并执持不放”。所以知性只能帮助我们创造物质财富。此外，知性对事物只有认知作用，并不能从其自身发出动力，改造事物。改造事物的动力来自人的意志或欲望。知识不能为自己决定作用方向，只能起工具性的作用。我可以利用核子技术发展原子能为人类造福，别人也可以利用同一技术制造原子弹，为人类造孽。所以知性、知识被称为“工具理性”。鉴于

---

〔1〕“精神性”一词，本文系权且借用，望莫以西文 spirituality 一词之原义绳之。

此，以知性为依托的科技知识，不是崇高意志的直接表现，不能发挥人的灵性，只能帮助我们改造物质世界、创造物质财富。也就是说，它尚不具有充分的“精神性”来表现人的主体性。

能真正表现人的主体性的是人的不被外物“牵着鼻子走”的“定力”，能从纷繁的物欲诱惑中抽脱出来的超拔意志。从正面说，人之主体性最终表现在对生命本真的追寻和终极关切上。

为什么说追寻生命本真和终极关切才是主体性的最终体现，这很难找出“科学根据”，给以逻辑上的论证。因为，这类问题不属于科学问题、逻辑问题，而是属于“形而上学”问题、“玄学”问题。因而，很难回答。不过也不是不能给予一些暗示。我们可以从反面问一下，锦衣玉食，安富尊容，有多大意义？即便“纡青拖紫，朱丹其毂”，又有多大意义？当然，若是分内所得，不是没有意义。但是，由于这些基本上是在“小我”周围打转转儿，拘于生理上的、心理上的需求，没有上升到“大我”，触及超越层次，所以其意义非常有限。古往今来的圣哲伟人，大都是对宇宙人生有深切关怀的人。如果要有什么证据的话，这就是有力的证据。孟子说：“从其大体为大人，从其小体为小人”〔1〕。唯世俗利禄是务的人是不能成为人生楷模的。

主张追求生命本真，超脱物欲的束缚，并不一定要成为头陀行者，不食人间烟火。只要能“入得去，出得来”，不为所困，就是不失其主体性的人。而且，也唯有如此，才是真正不失其主体性的人。

---

〔1〕《孟子·告子上》。

四、悖论：顺应自然与违背自然之间

环境病变和精神病变，此两者都是违背自然的。环境病变是违背自然的，这层道理想必“妇孺皆知”。因为，阳光、空气、山林、河海、土地及生活其中的各种动植物，就是自然的主要内容。精神病变是违背自然的，这层道理并不那么一目了然。不过，它同样是真实不虚的。

如果精神的确是自然界进化到某个阶段的产物，源于自然界，被自然界决定着，自身并无独立性、超越性，那么，精神本身就是一种自然物，它的病变本身就是自然病变，当然是违背自然的。如果精神是人或天地间本有的灵明，有其恒久性、超越性，也就是说，也是“天造地设”的，那么，从“本来如此”这层意义上讲，它与山河大地是一样的。“本来如此”的东西，就是出自“自然”的东西。扭曲它，也就是扭曲自然。此外，精神病变最终会酿成物质世界的病变。精神上的不健康会导致身体上的不健康，这点现在已成常识。小到一己之身，大到泱泱邦国，精神上的问题都能直接或间接地波及物质自然，这也表明精神病变同样是违背自然的。

耐人寻味的是，这两种病变在很大程度上又都是我们在本着“人是自然”的原理，依据“顺应自然”的策略而奋斗的过程中产生的。这可能是20世纪之初的先觉者们未能“先觉”的吧！

20世纪之初，出于本能的生存欲求，我们把“强国保种”当做第一关切。要达到此目的，根据当时普遍流行的“物竞天择，适者生存”的进化原理，根本出路只有一条，那就是“斗”。不仅要与人斗，还要与天地斗、与自然斗。动物为猎取食物，争夺栖息地盘，要相互撕咬、彼此吞噬。既然人也是动物之一种，要维持自身的存续，也得“顺其自然”，相互撕咬、吞噬。不过，与动物不同的是，除彼此之间相斗外，人还得与自然斗。这不仅是因为自然界本身对人类有某种威胁，更因为，也只有在与自然的相斗中取得好的战绩，才能在与人的相斗中夺得主动权、占据优势，并最终取得对他人的“霸权”。

与自然争斗，显然是违背自然的。不过，换一个角度看，也是“顺乎自然”的。万物源于自然，自然是万物之母。自然既生成了万物，便是有意成全万物。所以有“上天有好生之德”之说。可见，根据自然的昭示，一切存在物，明显的是动植物，尤其是人类，都应该有，而且实际上也都有求生的本能和资具。要求生，自然免不了要与自然相斗。与自然相斗才合乎自然！人无爪牙之利、筋骨之强和羽毛之暖，怎么体现人是万物之灵、天之骄子呢？于是，自然赋予人以知性、认知能力。人依靠它，进行发明创造，进而改造自然、利用自然，最终成了万物的“霸主”。改造自然、利用自然才是合乎自然的！可见，不仅人类求生的本性是合乎自然的，而且，其求生的资具和手段也是合乎自然的。

人类作为一个整体，其与自然界的相斗是合乎自然的。那么，现在把运思的范围缩小一些，民族之间、国家之间直至个人之间的争斗是否合乎自然呢？答案是肯定的，至少在某种意义上说是如此。

“物竞天择，适者生存”，此一原理在动植物领域内的有效性是普遍被接受的。如果不否认人也是动物，也就不能否认它也适用于人类群体。世界史上的确有例证证明，一个种族会因另一种族的生命力过强而“灭种”。国家“消亡”的例证则更多。即使个人之间的斗争，甚至尔虞我诈、互相残杀，从某种意义上说也是“出乎自然”。单个人的生存本能和意欲，无疑也是自然所赋，而且，与动物相较，人类的本性中尚有额外的贪婪、嫉妒和虚荣，所以，不仅会发生冲突，而且其冲突的残酷性有时会令畜生们也甘拜下风。中国哲学家荀况说，人性本恶。英国哲学家霍布斯（Thomas Hobbes）说，在“自然状态”下，便是“每一个人对每个人的战争”[1]。可见，人与人之间的争斗也是“发乎自然”。

我们人类顺着自然赋予的本性去行动，最终却生出“违背自然”的结果。如此这般，我们违背了自然，却又合乎自然。“顺其自然”，我们无法生存；“背离自然”，我们走向灭顶之灾！至此，理论上，我们陷入了悖论；行动上，我们陷入了两难。

五、“依于仁”

从功利出发，不能从根本上医治环境病变，那么如何才是治本之策呢？光靠科技发展不行，因为当前的问题从某种意义上说就是科技发展的后果。科技的进一步发展很可能会使问题变得更加严重。近代哲人章太炎先生在科技发展水平远不及今日的20世纪之初就见及“俱分进化”之理：“善亦进化，恶亦进化”，“乐亦进化，苦亦进化”，“双方并进，如景之随形，如罔两之逐景”[2]。此理得到了有识之士的普遍认同，而且在事实上也得到了印证。从中国古代道家的自然崇拜或近世西洋浪漫派的审美情趣出发，“俱分进化”之程能激发人们对自然的挚

[1] 霍布斯：《利维坦》，第一部分“论人类”，第十三章“论人类幸福与苦难的自然状况”，商务印书馆1985年版，第94页。

[2] 章太炎：“俱分进化论”，载《太炎文录初编》，上海书店影印本1992年版，第54页，《别录》（卷二）。按：此文发表于1906年。

爱之情；以此挚爱解决环境问题，可说是“绰有余裕”。遗憾的是，这样的话，我们就可能会失去“人文化成”的文明世界，有得不偿失之虞。不得已，还要从我国儒家的智慧中汲取灵感。儒家所阐发的“仁”的精神似乎可以担当此任。

我们已经知道，为经济发展而保护自然不能从根本上医治环境病变，只有出于热爱自然而保护自然才能从根本上奏效。同时我们又不能一切都“顺其自然”，要保住“人文化成”的文明，也要保住科技文明。儒家“仁”的精神恰好可以对治这些问题而无所偏颇。

儒家的“仁”，并不只是人与人之间的道德原则，它同时是具有超越性的宇宙本体。虽然有其超越性，但又有其内在性，表现为本心、良知。孟子之“万物皆备于我”、程子之“一人之心即天地之心”，陆象山之“宇宙便是吾心，吾心即是宇宙”以及王阳明之“人的良知就是草木瓦石的良知”等说〔1〕，都是说人的“仁”性就是天地之心、万物之本。

“仁”作为宇宙之本，支持着万物之存在。同时，“仁”也是生生之德，举有润化、陶铸和生成万物的伟大功用。《易传》之“大哉乾元，万物资始”、“至哉坤元，万物资生”（乾元、坤元实际上讲的都是仁体），《中庸》讲天地之道“其为物不贰，其生物也不测”，讲“诚者物之终始，不诚无物”以及明道先生发挥的生生之理，都是此义。

人若能通过身心修养工夫将人人本具有的内在仁德彰显出来，就能真切地觉悟到人与自然在本源上是一根同体的。基督教讲人和自然都始自上帝的创造，而儒者讲人和自然都源于仁体之化成。教虽不同，而理则不无相通之处。既认识到自然与

---

〔1〕 孟子之说见《孟子·尽心上》；程子之说见《河南程氏遗书》（卷二上）；陆象山之说见《象山全集》（卷二十二）《杂说》；王阳明之说见《传习录》（下）。

我们是同体相连的，我们对自然的态度就会上升到一个新的境界：我们本来是朋友，而非相互对抗的敌人，应该“相逢一笑泯恩仇”才是。所以，周茂叔窗前草不除，以观生意；郑板桥不喜笼中养鸟，用适其性〔1〕。这样一来，在环境保护问题上我们就能以真诚的体恤之情去行事，而不是抱着谋取一时功利的机心去应付，在根本上摆脱反反复复的“虚与委蛇、相与周旋”的怪圈，从而在人与自然之间建立起真正的和谐关系，而不是明目张胆的斗争关系或貌合神离的“合作关系”。

把自然看成我们的亲友，真诚相待，的确能从根本上医治环境病变，但是，这样是否会让我们退回到“结绳而治之”的纯粹的“原始状态”？答案是：如果脱离了“仁”的原则，有可能是这样；如果始终恪守“仁”的原则，则大可不必为此担忧。因为，我们不要忘记，儒家“仁”的基本原则之一是“爱有差等”。

儒家的“仁”，就其为万物的本体、万物的“资始”者、“资生”者这层意义而言，就“物物一太极、统体一太极”这一语境而论，有其绝对的普遍性的一面。但在仁体“繁兴大用”的过程中，在具体的事物上呈现时，并不是抽象的“博爱”、“兼爱”，而是有远近、厚薄、轻重、缓急、本末、内外等许多条理、分际。也即，仁爱的播施，是由近及远、各如其分地逐

〔1〕《河南程氏遗书》(卷三) 载：“周茂叔窗前草不除去，问之，云：‘与自家意思一般。’”《二程集》(上)，中华书局2004年版，第60页。郑燮说：“平生最不喜笼中养鸟，我图娱悦，彼在囚牢，何情何理，而必屈物之性以适性乎!”。又说：“所云不得笼中养鸟，而予又未尝不爱鸟，但养之有道耳。欲养鸟莫如多种树，使绕屋数百株，扶疏茂密，为鸟国鸟家。将旦时，睡梦初醒，尚展转在被，听一片啁啾，如《云门》、《咸池》之奏；及披衣而起，颒面漱口啜茗，见其扬翚振彩，倏往倏来，目不暇给，固非一笼一羽之乐而已。大率平生乐处，欲以天地为囿，江汉为池，各适其天，斯为大快。比之盆鱼笼鸟，其钜细仁忍何如也!”《潍县署中与舍弟墨第二书》及《书后又一纸》，《郑板桥集·家书》上海古籍出版社1979年版，第16~17页。

步“推”开去的，而不是不分厚薄、均平地以平面状的形态“盖”上去的。依据“仁”的原则，必须先爱自己的亲人，后爱别人的亲人；必须先爱自己的子女，后爱别人的子女，而不能反其道而行之。否则就是“不孝”、“不仁”之大者。孟子讲“老吾老以及人之老，幼吾幼以及人之幼”，是从积极方面的行仁着眼的。这是说人不能自私，要行孔子所倡导的“己欲立而立人，己欲达而达人”的忠恕之道。不过孟子的这段话也完全可以从消极方面来理解，即不能“老人之老而及吾之老，幼人之幼以及吾之幼”，或者“人老吾老、人幼吾幼一体平视”。如此理解，就不必担心对孟子的思想有丝毫的违背。孟子之所以与墨家辨难不已，就是为此。

孟子说：“亲亲而仁民，仁民而爱物”。“亲亲而仁民”是在人与人之间行仁的原则；“仁民而爱物”是在人与自然物之间行仁的原则。也即，原则上讲，对人类的爱必须先于、重于对动植物等自然物的爱，也不能反其道而行之。这只是大的分际，细小的分际是无穷无尽的，必须有长期格物致知的工夫才能极其精微而不乱。

总而言之，在儒家看来，虽然包括人在内的宇宙万物都孕育、生成、陶铸于仁体，有其“理一”的一面。但万物又是纷繁复杂、万有不齐的。仁体在其中的体现是参差不等、各有定分的。因而，同时也就有其“分殊”的一面；相应地，在价值上就有高下、贵贱、美丑等层级之别。人是万物之灵，不用说是高于动植物等自然物的。根据儒家“理一分殊”这一哲学原理和行动原则（“理一分殊”既可从本体论上讲，也可从工夫论上讲），我们就可以找到和谐而合理的人与自然的相与之道，解决上文所谓行动上的两难了。

人与自然都依于超越的仁体，人与动植物都自一体而发，因此，极目苍茫宇宙，环视大千世界，大到星系天体，小到粒沙微尘，尊为神明之胄，卑为飞潜动植，莫非四体之延伸，一心之所系。所以，明代大儒王阳明说，人与天地万物是一体的，看见幼儿快要掉入井中那一刹那，都会动怵惕恻隐之心；看见鸟兽在颤抖哀鸣，都会有不忍之心。而且不只如此，即使看见没有知觉的花草树木遭到了无端毁伤，也会产生怜悯不安之心。甚而至于看见顽硬的砖瓦石料被毁坏，也会有怜惜之情的。[1]因此，我们应养护我们的“民胞物与”之情，善待万物，不可恣肆践踏，纵意毁弃，妄动杀机而略无顾惜，以致犯下暴殄天物之罪。如果能有儒者这种仁民爱物之情怀，我们就会情不自禁地去爱护自然、保护自然。而且，在这样的义理背景和精神境界下的爱护、保护，不是出于功利，而是出于仁德、天理，其基础要比出于发展经济而从事的环保措施坚实千百倍。

儒者爱护自然，不是主张回到“结绳而治”、“与麋鹿同游”的纯自然的“原始状态”。也不是主张抽象的、绝对的“不杀生”。而是主张“一体”之中有“厚薄”、“轻重”。当门人问“大人与物同体，如何《大学》又说个厚薄”时，王阳明回答说：“惟是道理，自有厚薄。比如身是一体，把手足捍头目，岂是偏要薄手足？其道理合如此。禽兽与草木同是爱的，把草木去养禽兽，又忍得。人与禽兽同是爱的，宰禽兽以养亲，与供祭祀，燕宾客，心又忍得。至亲与路人同是爱的，如箪食豆羹，得则生，不得则死，不能两全，宁救至亲，不救路人，心又忍得。这是道理合该如此。”[2]人是万物之灵，宇宙的精

---

〔1〕 参见王阳明：“大学问”，《王阳明全集》（下），上海古籍出版社 1992 年版，第 968 页。

〔2〕 王阳明：“传习录(下)”，《王阳明全集》（上），上海古籍出版社 1992 年版，第 108 页。

华，是天道、仁体的集中体现，有了人类，整个宇宙才从无意义的一团漆黑迈入有意义的一片光明。不言而喻，人类的存续，比其他自然物的存续要重要得多得多。人类创造的文明、人文世界是自然世界的推扬、升华，是宇宙进化的前锋界面，比自然界更能体现天道的意蕴，更有意义。因而，以动植物养人之体，裁万物备人之用，不仅是事理之必然，也是义理之当然。因此，人类不能也不应该绝对“无为”，应该意识到自己肩负着“替天行道”、“赞天地之化育”的重任，应该效法健行不息、生生不已的天道，“裁成天地之道，辅相天地之宜”，开物成务，彰显天道的光辉与伟大。简言之，依据天德仁体，还是要改造自然、发展科技。不同的是，必须有所克制、保持合理的限度。应时刻存心以仁，节制物欲，不失万物一体、民胞物与之情。从根本上讲，是要从发扬仁德的角度去发展科技，不可为发展科技而发展科技。如果把“替天行道”的天职抛至九霄，唯满足人的物欲、好奇是务，盲目发展科技，不仅会汩没人的主体性，致使生命意义贫乏黯淡，而且还可能使人类社会陷于可怕的深渊。比如，如果任核武器发展下去，地球上总有一天会人消物尽。不限制克隆技术的发展，人类很可能会跌入价值裂变、精神崩决的鬼魅之国。科技是上天赋予我们人类自卫、自全的工具，不合法的盗用、滥用是会招致杀身之祸的。

摘下功利主义的眼镜，开启仁义之道的“天目”，在人与自然的问题上，我们一下子就跳出了由于纯任经验而陷入的左右为难的窘境，进入“柳暗花明”的新境地。那就是，我们一方面要发展科技以改造自然，另一方面又要限制科技的过度的、盲目的发展以保护自然。发展是出于仁道，限制发展同样是出于仁道。不论是发展还是限制，其自身都不是我们追求的终极目标，它们只是仁道表现的两个方面。而终极目标在仁道。

从万物一体之仁出发，该发展时就发展，该节制（限制）时就节制。发展时不以为喜，时刻留意：我们是否陷于物欲太深，是否伤及自然太狠，上干天和？节制时不以为忧，时刻意识到万物都是天之所生，人虽顶天立地、贵为“三才”之一，但不可霸视其他物类，沉溺物欲之中不能自拔，暴殄天物以自适，把“赞天地之化育”的天职抛却净尽。应认识到，“鸢飞戾天，鱼跃于渊”，万物各得其所，各适其性，才是“乐莫大焉”的。

六、悖论环扣的开解

依于仁，不仅可使我们走出行动上的窘境，而且可以解开理论上的悖论。人本身既是自然，又改造自然；唯有改造自然，才能成其为自然。根据机械的、平面的思考方式，这是不可思议的矛盾。但若从儒家以仁为体、以成物为用的形上学观之，则不言而喻、顺理成章。儒者不否认人是自然。因为不仅人的生命的开启和维持离不开自然，而且人的圆颅方趾之形、饮食男女之性就是十足的自然属性，即所谓“气质之性”。不过，儒者虽不否认人是自然，但又不把人局限于自然，认为人除了动物性之外就一无所有，而是断定人有那么一点超于自然的东西，即所谓“天命之性”。

所谓天命之性，从超越一方面讲，就是宇宙万物的本体，“生物不测”的天地之道、仁体。南宋儒者胡五峰就说，“性也者，天地之所以立也”，“性也者，天地鬼神之奥也。”[1]从内在方面讲，天命之性就是人的恻隐之心、良知良能。陆象山说

---

〔1〕 见朱熹：《胡子知言疑义》，四部丛刊本《朱文公文集》（卷七十三）。按：五峰之语因朱子疑其不当，故不见于今本《知言》。

"宇宙便是吾心，吾心即是宇宙"，就是在这样的义理背景下讲的。

天命之性是儒者的信仰，也就是儒教，钱穆先生称之为"心教"[1]。说天命之性是儒者的"信仰"，意思是说，天命之性的存在没有科学上的证据，不能用逻辑方法来证成之。不过，这并不成为其缺陷。在儒者看来，无须攀援逻辑手段为羽翼，无须劳驾科学来壮胆。因为科学与信仰根本是风马牛不相及的，将其牵扯在一起只能互相损害，使科学不成其为科学，信仰不成其为信仰。儒者认为，只要有"心证"就够了，别无他求。

科学必须有"经验实证"。"经验实证"是外在的物质上的证明，是"外证"、"物证"。儒家的信仰需要的是"心灵实证"。"心灵实证"是内在的精神证明，是"内证"、"心证"。"内证"、"心证"的成立不能求诸感性事物，但绝非毫无客观性的墙阴私语、梦中呓语。儒家的信仰也有其客观性。这种客观性不同于科学上的客观性，可以用公式演算出来。儒者信仰的客观性表现为儒者的崇高人格以及在古今儒者心灵深处架起的永不坍塌的精神桥梁、亘古如一的价值世界，即所谓"道统"。精神病患者歇斯底里式的自言自语与其他精神病患者并不能沟通起来，而古今儒者之间的心灵感通则如坐一堂，促膝叙语。他们的人格也能受到许多虽非儒者但通情达理的人士，包括出生于千百年之后的这样的人士的崇敬。所有这些岂非正大光明的客观性吗？还需什么"客观化"？

人有其自然属性，也有不受自然封限的超越的天命之性。

---

〔1〕 钱穆说："中国人观念中之天，即在其一己性命内。所谓'通天人，一内外'者，主要即在此。离于己，离于心，则亦无天可言。故中国人所最重要者，乃为己之教，即心教，即人道教。"钱穆："略论中国宗教"（一），《现代中国学术论衡》，岳麓书社1986年版，第7页。

自然属性是外在的感性经验所实证了的，天命之性是内在的精神体验所实证了的。自然属性属形下世界，天命之性属形上世界。虽然自然属性在根本上也是以天命之性为依据的，但由于已落入经验层，就不能不带有某种惰性，有可能偏离天命之性的统御，产生“反客为主”的趋向。不过天命之性要成就其大用，也不能不假借自然属性。天命之性纯粹至精、有善无恶。自然属性本非不善，但有趋恶的可能。以天命之性为航舵，范围自然属性使之去不善而就于善，正是人类“替天行道”之天职所在。人身上有以其感性自然为依托的非理性因子，于是儒者主张提起本心，对治这不良因子。这就是儒者所讲的修身工夫。社会上有丑恶现象、不良之徒，就得通过法律、政令乃至武力等手段予以整治、荡平。这就是儒者所讲的“治国平天下”。自然界有与人为害的现象，如孟子所说的“洪水横流，泛滥于天下”、“禽兽逼人，兽蹄鸟迹之道交于中国”这种现象，就得去“战天斗地”，而不能坐而待毙。进而言之，目睹我们的同类生计维艰，仰不足以事父母，俯不足以育稚子，大有养生送死之憾，不得不努力辟土植谷、通财鬻货，因象制器，通功易事。用现在的话说，就是发展科技、繁荣经济贸易，提高生活质量。这就是儒者所讲的“开物成务”之大业。不论是修身，还是治国平天下，还是开物成务，都无非是“替天行道”、“居仁由义”所本具的内容。由于出发点是“仁”，是天理，所以虽讲修身，但不致走上禁欲主义，使生命陷于枯槁，以遗“压抑人性”之讥。因为儒者认为食色之性也是天之所予，也是“践形”之资具，是生生之道借以表现自己的“场景”之一。只是不能陷入其中不能自拔，将天命之性也汩没进去而已。由于出发点是仁体、天理，所以虽然要“理财正辞，禁民为非”，但这样做不是为了统治者的私利私欲。不管是民还是君，都得顺乎天理。否则，就是“君不君，臣不臣”。因此，如果真能依据儒者的主张来治国，就是安居乐业、各适其性的社会。草菅人命，视民如畜的暴政是不仁之甚者，儒者极力反对。此外，由于出发点是仁体、天理，所以在主张改造自然，发展科技和经济时，把天人合一奉为哲学。不把发展科技、经济、满足无止境的感性欲望当做追求的最后目标，而是把尽己之性、尽天之性、尽物之性（三事实为一事）作为终极目标。因而，也就不会出现毁伤自然，暴殄天物，纵欲败度，导致上干天和，下犯地气，中灭人性这样的末日绝境。

至此我们可以看出，我们预设的改造自然与保护自然之间的悖论环扣可以解开了。从仁道出发，改造自然与保护自然完全是统一的，是仁道生生不息的两个表现方面。改造自然是利用低级的自然物来护持高级自然物即人类，这是尽仁道；保护自然是人类自觉到万物一体之仁后，仁民爱物，将仁德推及山川草木、飞禽走兽，这同样是尽仁道。改造自然成就人类，使自然更具生机，获得意义，不啻是保护自然。保护自然是人类以其天命之性节制、修治其食色等自然属性的必然表现，这不啻是改造自然。可以说，以仁道观之，改造自然与保护自然不是对立的，而是相辅相成的，无非是“一阴一阳互为其根”地作用着以运不息之天道，以显生生之仁德。矛盾与对立，是由于我们为形式逻辑、平面思维封限锢闭，“性光”不得呈露，“天目”不开以致之而已。

七、挑亮心中的“天光”

环境病变是我们人类造成的。具体地说，是我们人类的物欲过度膨胀造成的。要医治，寄希望于开发新科技不是根本出

路，根本的出路在于“开发”人的内心世界。亦即，把上天赋予我们每人心中的秉彝之良从私欲锢闭中发掘出来，加以拂拭，使其放光。

以儒家仁义之道，医治环境病变，可以说，这只是儒家思想的附带作用。医治精神病变才是它最拿手的。儒家所讲的天道仁体是一自由无限心，虽入乎万象之内，又超乎万象之外，“寂然不动，感而遂通天下之故”。就人而言，天道仁体就是天命之性，就是不忍人之心，就是真诚恻怛之情。它是人人本具的，将其发掘出来，扩充开去，则“沛然若江河之决，莫之能御”。尽此天命之性，人之主体性也就昂然挺出，“廓然而大公，物来而顺应”，不致有逐物而迁，迷而不返，心为形役，如土委地之虞。基本道德原则、虚圆善应的道德意识正是天命之性的固有“家当”。尽此天命之性，即是贤人君子以至圣人。澄清江河日下的污浊世风，乃是不期然而然的事。

现在我们明白了，不论是环境病变，还是精神病变，要根本医治，都得靠“人心”之自觉，觉悟到本具的皇降之衷、秉彝之良和天命之性，并将其扩充推开，由弱到强，由近及远，直至塞乎天地，达于山川草木、鸟兽虫鱼。之所以能如此“一箭双雕”，那是因为不论精神病变也好，环境病变也好，其病根都是一个——到此恐怕是不言自明了——那就是人心之昏蔽。心一昏蔽，心中的天命之性所发出的“天光”就受到遮掩，于是感性物欲、私心杂念就乘虚而入。起始时，尚是时入时出、头出头没，因为尚未被完全遮掩的“天光”还在时明时暗地闪烁。待人心昏蔽既久，“天光”就只剩下一点耿耿小明、几不可察之时，私心杂念就入而不出，反客为主，明目张胆地为非作歹起来。此种状况与个人精神之高下、情操之崇鄙是一回事。与世风之升降也有直接的联系。因为很简单，心体昏蔽得轻，昏蔽的人少，世风自然为之上升；反之，自然为之下降。

人心之昏蔽与自然也有或直接或间接的关联。昏蔽使我们失去“万物一体”之纯情，使我们物欲沸腾而不可遏，直接的结果就是向自然进行“杀鸡取卵”式的攫取，不置自然于死地并危及自己的性命而不止。此外，昏蔽使私心膨胀，时时思欲攫取别人、别国之所有以为己有。由此引起的财富不均与匮乏，最终会转化成对自然的压力。由此引起的战火，尤其是现代的战火，也会把自然弄得千孔百疮、面目全非。一言以蔽之，当今我们中国乃至全球所面临的环境病变和精神病变这两大问题，都直接间接地导源于人心之昏蔽。要对治，以免我们人类最终走向绝境，就得发大悲愿，心地隐然一动、豁然一觉，挑亮心中的“天光”，使尚存的一点耿耿小明朗然透亮起来。一旦天光普照，阴霾便不驱而散。当然，要医治环境病变、精神病变还需要做大量的具体细致的工作，也得不时辅以科技手段。不过最根本的一招是“觉悟”——觉悟到“万物一体”之仁，觉悟到“仁以为己任”的天职。只有觉悟了，科学技术等“利器”才不致反客为主，贻害天下——至少不致遗下大害。这也许可称作“自然的人文化”（the humanization of the natural world），或用古已有之的成话，叫做“人文化成”吧！

八、“高层自然”

经过一番思绪漫游之后，让我们再回到人性上，对它作一些正面审视。尽管至今达尔文的进化论仍然不是无可置疑的，但支持它的声音远远高于反对它的声音，这一点则是无可置疑的。其中涉及的问题专业性很强，一般人难以置喙。为方便起见，此处我们也不妨接受它，承认我们人类是始于无机物，从

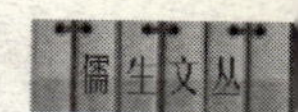

我们的近亲动物逐步演化而来的。

根据进化论，我们知道人类来自自然。从生物学、医学，甚至从经验直观上，我们知道人的生理乃至心理都是自然物。人类机体的构成就是自然界中的那些数量固定的元素，身体与动物也有同构性，可以把动物的器官“借用”到我们身上。利用现代克隆技术，甚至还有可能像制造机器那样制造出“大活人”来。人的许多心理现象也是黏附在自然物质上的。染色体、血型的不同，由于年龄、性别等因素而引起的腺体分泌物的元素、分子式、浓度以及酸碱性质等方面的不同，都能影响到心理状态。“人是自然”这一论断可以说是确然不可移易。

不过，“人是自然”这一命题的绝对正确性只能从逻辑意义上来理解。若从事实上来理解，这一命题并不具有绝对性。它只是表明人具有“自然性”罢了。因为，仅以“自然的”眼光来看人，不能透及人的深层结构，只能察觉人的浅表。

如果说除了“自然性”之外，人便“一无所有”，那么首先碰到的就是价值问题。这个问题又可以从两个层次来发问，即：人的价值观的具体内容从何来？在人类当中何以会出现“价值判断”这一客观现象？

事实上，某些基本价值观念如珍重生命、友善等则是亘贯古今的。以变动不居的经济条件为参照物来观之，其“恒定性”十分明显。人权是政治上的观念，同时也是价值观念。当今提倡“普遍的国际人权标准”的呼声越来越高，不能说这不是价值普遍性的有力证据。这是客观现象，是无法否认的。

对后一问题，即人何以会有“价值判断”这一现象，从“自然”角度出发也不是不可以给出一番“解释”的。如进化论者、伦理自然主义者可能会说：“价值判断”是自然进化的结果，是动物行为的延伸、继续，是人用来适应环境的条件反射体系，纯粹是为了“种”的进化、繁衍等等。从思考方法上讲，这些说法都是循环论证。都是以进化论、自然主义为理论预设而得出的结论。若人纯然是自然的，只能有天然的本能，不可能有是非善恶、贵贱美丑这些意识，至少不是必然会有这些意识。一切行为都是“发乎自然”，根本不存在“是否恰当”、“是否可恶”、“是否优雅”等自觉和选择。

如果认为人只有自然性，还无法解释人何以会有“终极关切”（ultimate concern），何以古往今来会有那么多的人“忧道不忧贫”，何以会有追求生命永恒意义的动力等问题。仅从自然的角度来理解人，人就只能关心个体的生存、种的繁衍，只能关切实际的利益以及可用以为牟利工具的科技知识。终极关切、追求生命的永恒，这不仅与实际利益全然无干，而且往往会给自然生命的存续带来诸多不利因素，有时甚至还要以生命为代价。从自然的角度出发，很难予以解释。当然，这也可以从自然角度提供一些“说明”，如精神分析论者可能会说，这来自本能欲望、幼时的某种情结等等。可惜，这只是牵强的臆说，也是丐词。把心灵封闭起来，把“凡不是自然的都是不可能存在的”这类成见横于胸中，当然不可能得出别的结论。

不可将终极关切视为“心理问题”不予正视。人生活在这“因缘和合”、转瞬即逝的经验世界中，尽管暖衣饱食，仍会有“飘若陌上尘”之存在问题，进而寻求人生的终极意义，古往今来，这都是极普遍的现象，只是在个体表现上有强弱久暂之不同而已。宗教的影响力之广、之大、之深、之持久就是有力的见证。这种现象的客观性、普遍性的程度之高已不允许我们轻描淡写地以“精神病”视之了。尤其是当我们知道古今中外的许多可敬的人物如舍生取义者一般都在此列，大多数不可敬的人物如跳梁穿逾者都不在此列时，更应慎重待之。因为很有可

能，追求永恒是人内在的本性。由于此种本性不像食色等本性那样是自然性上的、经验的，而是与个体和种的存续无干的、不能从自然的角度加以说明的，因而，很可能得从先验的角度来看待它才妥当。

当人不满足于把生命的全部委之于感性世界，任其牵拉袭蚀，惕然“求其放心”、戛戛体究“穷理尽性以至于命”之学时，往往能“直觉”到超越的精神实体的存在。古往今来的圣哲都有此般生命的转进和境界的升腾。这种直觉就是中国哲学所讲的“体证”，就是“见道”之“见”。它是一种“实证”（verification），一种不同于近世西方“实证主义”（positivism）意义上的另一种实证。

一提起“实证”，人们惯常想到的是经验实证、科学实证。实际上，这是不全面的。既然直觉与感性、知性一样，也是人的官能，为什么只可信赖感性、知性，不可信赖直觉？直觉的确有不尽可靠的时候，不过感性和知性不是也不尽可靠吗？感性出自五官感觉，其不尽可靠毋庸赘论。知性的不尽可靠，正如康德所揭示的那样，在于它只能认识事物的表象，绝对不能认识“物如”（Ding am sich）。即使是在揭示事物的表象时，也难保它给我们提供的结论就是绝对真理，能够免除以后可能会发生的“修正”乃至“翻案”。若用佛家眼光观之，知性属“遍计执性”，它把“依它起性”的虚幻之物执持不放，以为实有，简直就是自设迷障。

佛家对知性的正面功用也许太过忽视。比较通达的看法可能是这样的：正如不能只看见科学的价值而看不见宗教的价值那样，也不能只信赖经验实证而不理睬先验（心灵）实证，或者只怀疑直觉的可靠性而对感性、知性信之不疑；正如在探索科学真理时用“物证”、“外证”比较奏效一样，在体悟人生真理时，用“心证”、“内证”比较恰当。进而言之，如果通过经验实证建立起的真理能够配称真理，那么通过心灵实证把握到的真理至少也同样配称真理。

心灵实证把握到的真理是：自然世界之上还有超自然的精神世界存在。由于精神世界也是“天造地设”的，不是出自人为的构拟和外铄而有的，所以从这层意义上讲，它也是一种“自然”。又因为此种“自然”粹然至善，寄托着人生的意义，昭示着宇宙的光辉，更具根本性，如朱子所谓“未有天地之先，毕竟也只是理”那样，所以这种“自然”与经验性的自然相较，是更高一层的，不妨称之为“高层自然”（higher nature）。用中国哲学术语说，就是“气质之性”之上的“天命之性”。经验性的自然世界与人的气质之性对应，“高层自然”或先验的精神世界与人的天命之性对应。更具体地说，气质之性源于自然、依于自然、同于自然并趋向自然——这是自经验层而言的“天人合一”；天命之性源于天理、依于天理、同于天理并趋向天理——这是自先验层而言的“天人合一”。

孟子说：“人之所以异于禽兽者几希，庶民去之，君子存之。”这“几希”所指就是天命之性。天命之性虽然几微依稀，不像气质之性那样，块然赫然，可触可感，但由于它是人禽之辨所由判、希圣达天之所据，乃至治国安民所由基，因此，决定“人之所以为人”者当然应是天命之性而非气质之性，因而，性善论也就当然比性恶论更具洞见。马一浮先生责荀卿“蔽于修而不知性”〔1〕，就是说他不知“天命之性”！

不过，如果我们能“观其会通”，性恶之论也不是一无是

〔1〕 马浮：“通治群经必读诸书举要”，《复性书院讲录》（卷一），山东人民出版社1998年版，第30页。

处。孔子说："君子上达，小人下达。"[1]"上达"即基于天命之性而达天德，"下达"即基于气质之性而堕人欲。虽然严格说来气质之性本身无所谓善恶，但由于它是恶的"假借之地"，心稍有昏蔽，一点小过便乘之而起；不加克制，便会流为极大罪过。就气质之性是"恶"的"所缘缘"而言，为方便起见，说气质之性有"恶性"也未尝不可。荀子讲性恶可帮助我们加深对人的自然属性的了解，提醒我们充分注意人的"阴暗面"，以便更有力地予以对治，因而不无"拾遗补缺"之功。但是，如果执定人性在根本上就是"恶"，则一切失其本根，就连荀况他自己反复强调的修身也成了无源之水、无本之木。性善之说必须肯定。《周易》曰："易不可见，则乾坤或几乎息矣！"[2]这里我们同样可以说："性不可见，则乾坤或几乎息矣！"

世界有自然世界和精神世界之分，人性有气质之性和天命之性之别。但是，又不能以笛卡尔（René Descartes）式的（Cartesian）二元对立的思维方式视之。笛卡尔的"我思"并不是真正的"精神世界"，只是知性。他的体系中的上帝才与我们所讲的精神世界、天命之性相当。——只是义理层次上相当，具体内容大为不同。因为在他那里，上帝与人是悬隔的，没有"天命之性"这类概念，不可说"我心即是宇宙，宇宙就是我心"这样的话。人与上帝之间没有直接契接的凿枘。他由"我思"为起点推出上帝的存在，其方法是理性上的"推论"，是间接的理智"卜度"，不是出于内在的"亲证"。因而他所推出的上帝不同于我们所讲的"天道"、"仁体"。在我们看来，天道、仁体就是内在于人心的"天命之性"，它们是同质的，通一无二，贯融无间。

---

〔1〕《论语·宪问》。

〔2〕《周易》，《系辞》（上）。

自然世界与精神世界是相分的，这是“形下之器”与“形上之道”之分、“理”与“气”之分。但若就“体用不二”、“道器圆融”这种牟宗三先生名之为“作用层”的义理层次而言，道器、理气也是合一的。而且，从“实有层”上讲，道、理是比器、气更根本、更高的存在，是后者之所出、所依，所以也不可以二元论视之。人性也是如此，天命之性与气质之性虽分，但不是“平分秋色”，也不是“势如冰炭”。前者高于后者，是真正的人性；后者依于前者，也是践形尽性之凭借。

九、“百姓日用而不知”

20 世纪历史舞台的帷幕拉开之际，正是世界列强之霸权势不可遏之时，世界陷于无序的“战国时代”。强凌弱，众暴寡。霸权驱驰天下，公理呼而不应。历史上一直以“礼仪之邦”自处的“天朝”、“中国”，由于不善制造坚船利炮，便沦落为任“蛮貊之邦”肆意宰割的“东亚病夫”，几乎落了个瓜分豆剖、蚕食鲸吞的下场！

求生保种乃包括人类在内的动物的自然本能。面对“灭种”的厄运，中国人也不甘坐而待毙，而是激荡着“置之死地而后生”那样的求生意志。此时“物竞天择，适者生存”之说传入中国，如雪中送炭，正可以刺激我们奋力求生的生命意志，鼓舞我们奋力冲闯。由于进化论是当年中国人急需的“强心针”、“兴奋剂”，于是成了不暇在理论上深思熟虑的国人的“终极真理”。

如果进化论被视做终极真理，那么它就与作为我国传统主流思想的儒者之言相龃龉。进化论者说：“人与动物一样，只有自然性，别无‘神性’。所谓‘天命之性’之类的说法，纯粹

是瞎说!”而儒者则坚持说:“人是否来自动物,我不甚关心;说人来自动物,也许不错。不过说人有动物性、自然性,则我完全赞同;这个道理直观明了,谁都明白。但如果说除了自然性之外,人就一无所有,那你就太浅薄了。反求你的本心,总有一天你会明白你不是百分之百的动物的!”

进化论与儒者之言不协,进化之说“入主”,儒者之言势必失势。起始是“失势”,随着后来其他更为“进步”的各种思潮的蜂拥而入,儒者之言乃至整个中国传统竟成了吃人的魔王、罪恶的渊薮。

儒者之言真的那么可恶吗?儒者不认为人除了“食色”等自然性之外就一无所有,而是认为除此之外还有那么一点异于禽兽的东西。这点东西虽然几希隐微,但却是“於穆不已”的天命之活机窍。有了它,人间的亲情友爱才能成立,社会领域中的公平正义才会有其坚实基础,息止国家之间、民族之间的“强凌弱、众暴寡”才有充分的理据。如此主张,何罪之有?裹足纳妾、君权至上等乃是特定历史条件下的现象,儒者并不需要负责。

仁义礼智信,这些价值其实是人类不可斯须去诸身的“常道”,其他各教均有与此相当的教义,并非儒者的“专利”或“一孔之见”。即使儒者“默而不发”,这些价值也不会在人类生活中销声匿迹,仍然会默然无声地调节着我们的趋向——当然是以“百姓日用而不知”的形式。也就是说,儒家的基本教义,究其实,是人类社会的固有“家当”,不以儒者的语默为存亡。儒者的作用无非是把这些“家当”揭示出来,使百姓脱离“日用而不知”的蒙昧,去自觉地尽“人道”,同时也使他们对自己的固有“家当”进行充分利用,谨慎护持,不致因遗失而招来祸患。

可惜，20世纪许多真诚的忧国忧民的先觉者、知识精英都是些“日用而不知”的“百姓”。他们有一颗“不忍人”之心，有“以天下为己任”的襟怀 。目击列强对我国及其他弱小国家的鱼肉，他们义愤填膺；看见同胞的麻木不仁、愚昧无知，他们忧心如焚、痛心疾首。为“拯斯民于水火”，他们不惜牺牲一己之财富、生命，挺身而出，奔走号呼。这正是儒者“仁以为己任”的义举！当年孔、孟两人为“拯斯民于水火”，食不甘味，寝不安席，冒着拘系、绝粮、遇刺等危难，栖栖遑遑颠簸奔波于列国之间，也不过如此啊！

然而，我们的先觉者们并未觉悟到此。他们把现实中的一切都归罪于孔孟，将其学说置于死地，而把“进化论”、“互助论”〔1〕、“实证论”和“唯物论”等思想奉为真理。不可否认，这些思想都有一定的独到之见，如果摆正其位置，不无益人神智、补苴罅漏的功用。但都是一些“偏方”，如果将其当做人生指南、建国方略，必然会因偏离大中至正之“人道”和“仁道”而贻害社会。这些思想都属于广义的“自然主义”（naturalism），欲以“自然性”来封限人性，否认人的“天命之性”。因而，也就不可能成就人的主体性，构建不起稳固的价值世界。其他姑且不论，若持此等理论，首先这些“先觉者们”连自己的忧国忧民的爱国精神、“天下兴亡匹夫有责”的责任感也无法解释。是出于动物的本能吗？受经济利益的刺激吗？如此，还有什么“可贵”和“崇高”可言？帝国主义者、统治阶级出于同样的本能和经济利益鱼肉我们乃是“顺乎自然”，有什么值得咬牙切齿地谴责？

真诚的先觉者们的“义举”只能是出于秉彝之良、人性之

〔1〕 指无政府主义思潮。“集无政府主义大成”的克鲁泡特金（П. А. Кропоткин）的重要著作《互助论》中译本1921年初版，其后并多次再版。

善，可就是“日用而不知”。他们否认天理，而不悟自他们内心的“不平之鸣”就是天理。用堂堂正正的“人道”和“仁道”为武器抗击霸权和强权本来得心应手，却意气用事，见异思迁，被只能奏效一时、转眼即遗大患的“兽道”和“霸道”（进化论也是殖民主义的理据）迷住心窍。

先觉者的“义举”是出于人之善性，可由于是在“日用而不知”情形下做出的举动，加上各种“理障”的掩袭，本心之明便不能不大为减杀甚至完全汩没。因而其举动就难保不致滑转、走失和扭曲。

前文曾言，国人抗击列强吞食、强国保种之举是出于求生之本能，证明了“人是自然”的正确性。此处则说出人性之善，基于天理。这是为何？答曰：自天理观之，即是出自天理；自自然主义观之，即是出自本能。眼界高低不同，所见事物之意义就不同。“高层自然”要假“低层自然”以行其道，天理之中自有“人欲”，上下之间本来就是有重合的，两说之间并无矛盾。不过，天理终究高于人欲，所以，正如虽然不能说荀况的“性恶说”完全错误，但终究是“俗谛”意义上的“权说”那样，“人是自然”之说也只能处在“权说”的位置上，只能有“俗谛”上的“正确性”。

十、结语：“首出庶物 万国咸宁”

人有其“自然属性”一面，又有更高的“非自然属性”（超越的天命之性、“高层自然”）一面。放任其自然性而无所节制，则百病滋生，不仅殃及自然界，而且祸及“人之所以为人”的主体性和道德性。肯认其“非自然属性”而护持之、长养之、扩充之，则元气充盈，沉疴聿瘳。要医治当今我国乃至全球所遭逢的环境病变和精神病变，舍此莫由。

人心昏蔽，天命之性不得彰显，铺天盖地的外诱乘虚而入。外诱入侵，又反过来进一步遮蔽心体之明。如此循环往复，人之主体性苶然疲役，蔑所底止！结果驰逐物欲，目盲心狂，心随物转，恶风披猖，精神病变于焉而生。此外，天命之性不得彰显，则“民胞物与”之情消歇；驰逐物欲，则贪昧饕餮，暴殄天物。如此以顽然僵木之心，挟以科技之利器，攘货旷原，索利山川，决骤于货财欲利之中而略无反顾，大自然最终因负荷、戕伤过重而产生病变，也就在所难免了。

从这里我们可以看出，自然病变导源于精神病变，是精神病变之延展。病症是二，病根是一，根本上是一种病变。要医治就不能“头痛医头，脚痛医脚”，应从根本着手，养护万物一体之仁心以拔其本而塞其源。具体做法十分易简。孟子说：“学问之道无他，求其放心而已矣。”又说：“养心莫善于寡欲。”〔1〕祛除病根的“不二法门”就是“求其放心”、“节制嗜欲”。

嗜欲是人之自然性，与自然对应；本心是人之天命之性，与天道仁体对应。求其放心就是彰显天命之性，挺起主体性，免致物化；节制嗜欲就是以天命之性统御、裁断、疏导、溶炼和润化自然属性。老子说：“五色令人目盲；五音令人耳聋；五味令人口爽；驰骋田猎，令人心发狂；难得之货，令人行妨。”〔2〕庄子说：“其嗜欲深者，其天机浅。”〔3〕自然性失控，就会纵欲败度，精神萎顿。接踵而来的便是殃及自然——包括“小自然”（五脏六腑、四肢百骸）和“大自然”（山川草木、飞禽走兽）。当今的环境危机和精神危机正是因为天命之性汩没

〔1〕分别见于《孟子·告子上》和《孟子·尽心下》。

〔2〕《老子》第十二章。

〔3〕《庄子·大宗师》。

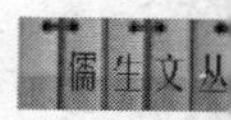

殆尽，自然之性脱缰狂驰，反客为主而酿就的苦果。

总之，人“顶天立地”，部分属天，部分属地。既是自然，又不全是自然。人的“天职”是觉悟自身本具的天命之性，并不懈地将其推拓开去——及于“亲”、及于“人”，及于“万物”，成就一个既“万物一体”同时又“有伦有脊”的太和世界。人的自然性只是人的“现象”，并非人之究极本性。如果人背弃“天职”，放厥嗜欲，就是将自已降至与自然物相同的存在层次上，相与决逐，不能和谐，以致不仅危及自身，也殃及自然界。提起人之“非自然性”，不仅能保全自身，也能惠及自然。天命之性才是人的究极本性，依止于此，人才能与自然真正和谐相处。《周易》曰：“保合太和，乃利贞。首出庶物，万国咸宁！”[1]。在此，不妨如此作解：人性与乾道（即天道）在本体上是合一的，不过只有修己尽性才能实现和保持经验上的“合一”；实现、保持合一，则万物各顺其性、各达其命。人只有挺起主体性，擎起天命之性，超拔于一般的自然物，不为所困，才能致中和以赞天地之化育，导天下万国于康宁怡乐之庄。因此，要真正走出不妙的世纪之末，迈向真正的新世纪，真正的出路在于归依万物一体之仁道，充养民胞物与之纯情，使天命之性“首出庶物”！

（撰于1999年夏，次年刊于《原道》第6辑）

---

〔1〕《周易》乾卦《彖》传。

02 弘扬传统文化 培育"厚德"精神

本文在肯定"厚德"精神是中国传统文化的主要特征的基础上，解析了"厚德"精神的内涵，论述了"厚德"精神与社会主义道德的关系，并在为培育"厚德"精神需要在哪些方面进一步解放思想这一问题上提出了一些参考性建议。

一、厚德精神是中国文化最显著的特征

有不少论者认为，西方文化的最大特征是求"真"，中国文化的最大特征是求"善"。此说虽然笼统，然亦颇能道出中西文化大致分野之所在。据此，我们可以引申说：如果西方文化最突出的精神是以理性为基础的"求真"精神的话，中国文化最突出的精神则是以性情为基础的"厚德"精神。说"厚德"精神是中华文化最显著的特征，虽然可能会有争议，但是大抵是能够站得住脚的。

"文化"这一概念，含义极其广泛〔1〕。但是，当我们用"中国文化精神"、"西方文化精神"这样的用语来指点一个文化大传统最根本而显著的精神倾向时，此中的"文化"当指在

〔1〕 美国文化人类学家 Alfred L. Kroeber 和 Clyde Kluckhohn 在其1952年合著出版的 *Culture: A Critical Review of Concepts and Definitions* (Cambridge University Press) 一书中论列"文化"的定义，多达164种。半个多世纪后的今天，其定义之愈加繁多，自不待言。

某一地域出现的思想精英所体会到和阐发出的、对本民族大众的个体生命和社会生活各方面产生了深入而持久影响的价值系统［如卡尔·西奥多·雅斯贝尔斯（Karl Theodor Jaspers）所说的“轴心时代文化”］。就中华文化而论，“厚德”堪称是有着长达数千年历史的中华民族的价值系统的核心，也是其最显著的特征〔1〕。

可能有人提出，“道”是中国文化中的最高概念，因此“求道”精神应是中国文化最显著特点；“求德”或“厚德”精神不足以当中国文化之最大特点。“德”之本在“道”，因此这一异议不无道理。但是“道”是超越而客观的概念，可以说是无差别的、绝对的“一”，其地位相当于希腊哲学中的逻各斯（λογος）或犹太——基督教中的“上帝”。就其“先天地生”、“万物资始”这一意义上论，还很难彰显出东、西文化的差别。只有当落实到东、西方人对“道”或“逻各斯”的不同理解与体会以及以此不同理解和体会为基础的实践时，东、西文化的不同特征才朗然凸显出来。而“理解与体会”、“实践”，正是在“德”的层面而说的。“无乎不在之谓道，自其所得之谓德。道者，人之所共由；德者，人之所自得也。”〔2〕“道”是“无乎不在”、“人之所共由”，是自客观方面而言；“德”是“所得”、“自得”，是从主观方面而言，也就是从实际表现上说的。因为中国人对“不辨东西”的“道”的实际表现不同于西方人的实际表现，所以从“德”上说中国文化精神会更切实、更允恰。

〔1〕 当然，西方文化也不是没有“厚德”的特点，但是其“厚德”与超越的上帝信仰纠缠在一起，而“上帝”的外在性甚强。人之“厚德”最终是为获得上帝对人的“拯救”、“救赎”，有较多“功利”成分，“厚度”有欠。而且，整体而言，在西方文化传统中，“厚德精神”终不及“理性精神”突出。

〔2〕（明）焦竑《老子翼》，《丛书集成初编》引江茅之说（卷七），第195页。

这种意义上的"德"，还是从形式上讲的。如果具体就其实质内容论，中国文化在"德"上的表现就是以仁义为基础的"厚德"精神[1]。

儒家思想和伦理是中国文化的主流，而众所周知，儒家文化是以道德为中心展开的。文武周公"敬德"、"明德"，孔子说"德之不修，学之不讲，是吾忧"，《大学》说"自天子以至于庶人一是皆以修身为本"。千载之下的无数儒者皆无不以阐明、发扬"厚德"为职志。就此而言，足可见"厚德"是中华文化的焦点所在。

"天人合一"常常被学者们用以概括中国文化的特点，它似乎是公认的中国文化的最大特征了。本文既然提出"厚德"精神是中国文化的最大特征，那么如何去看待"天人合一"之说？本文认为，两者根本上是一致的。"天人合一"，落实到实践上，实际上是"以人合天"，而不是"以天合人"。孔子说："人能弘道，非道弘人。"[2]孟子说："尽其心者，知其性也。知其性，则知天矣。存其心，养其性，所以事天也。"[3]这都是"以人合天"之意。而"以人合天"，正是"厚德"之意。可以这么说："天人合一"是"厚德"的基础，"厚德"是"天人合一"之落实。两说本质上是一样的。不过，用"厚德"精神来概括中国文化，可能会比用"天人合一"之说显得更真切、亲切，也更平实、朴实。

或许仍有学者会提出"爱国"之说以之为中华文化的最显著特点，其他学者还可能会提出"孝悌"、"诚敬"乃至"勤

---

〔1〕韩愈在《原道》中有"仁与义为定名，道与德为虚位"之说，也就是说"道德"可以从形式上讲，即所谓"虚位"；也可以从内容上讲，即所谓"定名"。

〔2〕《论语·卫灵公》。

〔3〕《孟子·尽心上》。

劳”、“勇敢”等说以当之。这些说法皆有所见，但是似乎都不及“厚德”之说具有更大程度的涵盖性和恰当性。因为“爱国”等都是“厚德”在各方面的具体表现。

二、“厚德”精神的内涵

我们知道，“厚德”一词出自《易传》：“地势坤，君子以厚德载物。”“厚德”精神意蕴极其丰富，下文据本人理解，试从“志道”、“体仁”、“行义”、“约礼”、“毋我”论之，期以见“厚德”精神之梗概。

“志道”。柏拉图（Plato）和亚里士多德（Aristotélés）的伦理学以“最高善”为目标[1]，基督教伦理学以“上帝”为祈向，康德伦理学以“自由意志”（der freie Wille）为基础，功利主义伦理学以经验性的“大多数人的最大幸福”（the greatest happiness of the greatest number）为原则。而以儒道两家为代表的中国传统伦理学以“道”为根本。“厚德”一词出自《周易》的坤卦，而“坤”的卦德是“顺”，具体说是顺承天道。所以坤卦的《彖辞》说：“至哉坤元，万物资生，乃顺承天。”因此，“厚德”与“顺承天”密不可分。

关于道德，大体上有两大类观点。一类认为道德是经验性的东西，其根源或出于由历史上传下来的礼俗，或出于特定社会中的人们的约定，或出于利益冲突的调和等。另一类观点认为道德根源于某种超越的存在，如理念世界、神圣界、本体界等。无论是在东方传统中还是在西方传统中，占主流地位的都

〔1〕 柏拉图的最高善，是“善”的理型，是超越的并具有某种神秘主义色彩。亚里士多德的最高善，指“不是任何追求的手段而仅是一切活动最终目的”的“幸福”（ευδαιμονια），现世性明显。有其不同。

是后种观点。之所以会出现这种情况，恐怕不是偶然的。因为道德，就其性质而言，是"提升"人的精神不致下坠的，是趋向崇高、向上的。如果没有超越的根据，则这种"向上"的追求便失其基础。所以康德曾把道德与星空相提并论："有两样东西，人们越是经常持久地对之凝神思索，它们就越是使内心充满常新而日增的惊奇和敬畏：我头上的星空和我心中的道德律。"[1] 在这方面，中国主流文化也与之相似。孔子讲"志于道"、"知我者其天乎"[2]，子思讲"天命之谓性"、"欲知人不可以不知天"[3]，孟子讲"知天"、"此天之所与我者"[4]，老子讲"从事于道"、"见天道"、"上士闻道"，凡此种种，都讲入德必自"志于道"始。

"体仁"。就儒家论，超越的"天"、"道"表现于人为人性，即"仁"。要成就"厚德"，在立定求道之志后，紧要的工夫就是随时随地、脚踏实地去体会、感悟内心中之"仁"性。"仁"的呈现表现为恻隐之心、羞恶之心、是非之心、辞让之心等孟子所谓的"四端"之心，亦即后儒王阳明等所说的"良知"。"致良知"就是"体仁"。

中国古代圣贤虽然信仰"天道"，但不是把"天道"推到外面，成为外在的对象，然后去顶礼膜拜。而是在天人合一的义理框架下，"不失其赤子之心"、尽其本心。

---

〔1〕 康德：《实践理性批判》，邓晓芒译，人民出版社 2003 年版，第 220 页。(德文原文：Zwei Dinge erfüllen das Gemüt mit immer neuer und zunehmender Bewunderung und Ehrfurcht, je öfter und anhaltender sich das Nachdenken damit beschäftigt: Der bestirnte Himmel über mir, und das moralische Gesetz in mir. ——*Kritik der praktischen Vernunft*, Academieausgabe: Band V, Seite 161.)

〔2〕 均见《论语》。

〔3〕 均见《中庸》。

〔4〕 均见《孟子》。

关此传统经典言之甚详，兹不赘论。

“行义”。广义的“仁”，是“全德之名”，包括义、礼、智、信等各种德目。如果“仁义”并举，则“仁”偏指内心之真诚恻怛之性情，义则偏指在具体场景下的道德决断和行为准则。孟子说“仁，人之安宅也。义，人之正路也”〔1〕，《中庸》说“义者，宜也”，韩愈在《原道》中说“行而宜之之谓义”。“宜”指道德上的“应当”，是在具体道德选择时所作的决断，如“见利思义”等。

“约礼”。孔子讲“约之以礼”〔2〕，颜渊称“约我以礼”〔3〕。在传统文化中，“礼”也是修德的重要功夫。仁是礼的基础，即孔子所谓“人而不仁如礼何”；礼是仁在日常社会生活中的具体表现，即《中庸》所谓“诚于中而形于外”者。与“仁”、“义”有不同的是，“礼”是具有更大程度的细节性、规范性、程式化的东西，而且往往与社会习俗、世态人情结合在一起，有相当大程度的经验性。因此，“礼”会随着社会的演化、世态的迁移而变化、被“损益”，而不是一成不变的。但其基本精神本乎仁义，表现出人应有的诚敬、庄重、尊严、优雅等品性，是有德者的仪容。

“毋我”。孔子说的“毋我”，其本意当是“不自以为是”。但是似亦可引申为“无我”。“志道”、“体仁”、“行义”、“约礼”达到相当程度后，可以说德行已经相当高、相当厚了。但是，如果念念不忘自己的德行之高，甚至“居德自傲”，则可能有把“修德”当成资本的嫌疑，如此则难以成为真正的“厚德”之人。所以“厚德精神”中，不可缺少“毋我”一项。颜

〔1〕《孟子·离娄上》。

〔2〕《论语》。

〔3〕《论语》。

渊在表达自己的志向时表示："愿无伐善，无施劳。"真正有德者不居德自高，不恃功自傲。孔子弟子中，修德最笃实者是颜渊，孔子称其"得一善，则拳拳服膺而弗失之"。这已经非常难能可贵，而他不以自己的德行之高为高，而是如曾子称赞他的那样，"有若无，实若虚"，可谓"厚德"之至了。《老子》"上德不德，是以有德"之说所指正是此种情形。

中华文化的"厚德"精神，当然不仅是这些。但是，其他内容基本上可涵盖其中[1]。

三、传统"厚德"精神与当代社会主义道德

以上所论，"厚德"精神是古昔先贤和我们祖祖辈辈的先人们在传统社会所奉行的精神价值，对生活在高度现代化环境中的当代人是否合宜，这是一个我们必须面对和思考的问题。本文认为，传统的"厚德"精神可能有其不充分的地方，还有需要补充和转化的空间，但就总体而论，传统的"厚德"精神不论是在当代，还是在未来，都仍然具有极其重要的意义。

前文提到，关于道德大体上有经验论和超越论两大理论立场。与此相应，道德也有经验性的道德和超越性的道德两种。经验性的道德，由于它是建立在物质生活形态、特定社会组织

---

〔1〕 言及传统道德时，"五常"，即仁、义、礼、智、信，是我们最常提及的。限于篇幅，正文没有论及智、信。如果按照孟子"是非之心智也"来规定"智"，则"志道"以至"约礼"，都需要"智"的参与；反过来说，它们也是"智"的表现。因此"智"贯穿在其他各项德目中。不过，"智"在"行义"上面，其表现最为关键、突出。因为"行义"需要根据具体情况作决断，最需要智慧。就此而论，"智"与亚里士多德所说的"理智德性"（διανοητικη αρετη）相当。至于"信"，若按《论语》"与朋友交而不信乎"来理解之，则可纳入"仁义"中。若按《孟子》"有诸己之谓信"来理解，则"信"贯穿其他一切德目。

结构、社会心理、民俗和社会风尚之上的，其本质无异于“社会习惯”，因此自然会遵循“时过境迁”的规律不断变化：一个时代有一个时代的道德，一个社会有一个社会的道德。如西方古代流行的以“决斗”表现人性尊严的道德风尚，就不适宜于现代西方社会了。中国传统“男女授受不亲”的道德规范，也不适应于现代中国社会了等等。但是，超越性的道德，因其不是建立在经验性的基础上的，因此可以穿越时代、跨越社会，在今天仍然不可或缺。如孔子和亚里士多德倡导的“中庸之道”，孔子和基督教倡导的“爱人”，孟子、王阳明倡导的“良知”，孔子和康德倡导的“恕道”，儒家提倡的“恻隐”和佛教提倡的“慈悲”等等，在当今的中西方乃至任何社会，都仍然有效[1]。毫无疑问，“厚德”精神是我们应该忠实继承和大力弘扬的中华文化中的优秀成分。

当前我们要弘扬的社会主义道德与以儒家道德为主体的传统道德的理论基础不同，但是落实到现实层面，就实际效用层面和具体要求上看，两者基本上是一致的。

根据中共中央2001年颁发的《公民道德建设实施纲要》，我国公民道德建设的“核心”是“为人民服务”，“原则”是“集体主义”，“基本要求”是“爱祖国、爱人民、爱劳动、爱科学、爱社会主义”，其倡导的“基本道德规范”是“爱国守法、明礼诚信、团结友善、勤俭自强、敬业奉献”。在这些“社会主义道德”诸内容中，“明礼诚信、团结友善、勤俭自强、敬业奉献”是传统道德的直接继承。“爱劳动”，如果不专指体力劳动的话，也可视为传统道德的直接继承。“爱祖国”、“爱国守

〔1〕 此处所举中西道德哲学家的观点，如孔子的“爱人”与基督教的“博爱”等，当然有不相同，但这是“同中之异”，不是“水火不相容”性的不同。此外，本人认为康德的“绝对律令”（der categorische Imperativ）格言寓有“恕道”之意。

法”以及“为人民服务”、“爱人民”可以从传统道德中很自然地引申出来。“集体主义”、“爱社会主义”是新道德，但是与传统道德可以相通：儒家重视社群、反对利己主义，可与“集体主义”相通；儒家的“仁政”、“大同”思想可与“爱社会主义”相通。传统道德完全缺乏的，恐怕只有“爱科学”一项。不过，此问题也值得具体分析。如果“爱科学”指的是科学主义、科学至上，则与传统道德相矛盾。如果“爱科学”指的是反对迷信，则与儒家“不语怪力乱神”的精神也是吻合的。如果“爱科学”指的是求真精神，则传统道德虽缺乏此种精神，但是并不反对它[1]。如果“爱科学”指的是“反对愚昧无知”，则与儒家倡导的“好学”精神若合符节。经过如此分析可以看出，当代的“社会主义道德”与中华传统道德的吻合度当在90%以上[2]。因此，就实际效果而论，弘扬传统的“厚德”精神基本上就是弘扬社会主义道德了。

有人可能从相反的方向发问：既然“社会主义道德”与传统道德基本一致，那么只需弘扬“社会主义道德”就可以。弘扬“社会主义道德”就等于弘扬传统道德，没有必要专门再提“弘扬传统道德”了。如此作想，就把道德看得太简单了。

道德是根植于人心灵深处的价值观念，是历代先人们经过长期体会、反复践行而逐渐凝结成的生命意义系统、逐步建立起来的据以安心立命的精神家园，有其神圣性、深刻性、权威性和公共性。不同于一件如服装、道具那样的器物，可以随时

〔1〕孔子说：“十室之邑，必有忠信如丘者焉，不如丘之好学也。”（《论语·公冶长》）。朱子说：“一事不穷，则阙了一事道理；一物不格，则阙了一物道理”。（《朱子语类》卷十五）大儒主张的这种“好学”和“格物穷理”的精神，虽然不即是科学精神，但并不违背科学精神。

〔2〕以“八荣八耻”为内容的“社会主义荣辱观”，情形也是如此，正文不再具论。

随意取舍、摆布。中华民族的以仁义礼智信、温良恭俭让等为内容的道德系统就是如此建立起来的中华民族的“共有精神家园”。如果我们弘扬“社会主义道德”而不以传统中华道德系统为基础，不自觉地以几千年来形成的精神家园为依托，那么“社会主义道德”就有可能成为无源之水、无本之木，因而就会因缺乏必要的历史合法性和正统性而得不到炎黄子孙心悦诚服的认可。即便受到认可，也难以在其心灵深处扎根成长，成为其真正的安心立命的支柱和行动准则。因为人是有历史意识的存在，对祖祖辈辈薪火相传而来的、经过历史检验过了的价值系统，自然会予以格外的珍惜和尊重。再者，道德与情感是密不可分的。包括传统道德在内的中华文化是古往今来的中国人的精神家园，是炎黄子孙的精神寄托。如果弘扬“社会主义道德”却不有意识地与传统道德相接续，则难以具有强大的亲和力，难以拨动人们的心弦，发生情感上的共鸣。如此一来，人们居之可能会有“寄居客舍”、“漂泊在外”之感，体验不到“家”的精神慰藉。进一步论之，现在我们对新道德所作的理论论证，还很不严密、周恰，其说服力、感染力皆有不足。不借助传统的道德理论，可能难以发挥其真正作用。在目前我国社会道德状况令人担忧的情况下，社会上仍出现了许多感人的道德楷模和大量善良的普通公民。道德楷模们的道德驱动力或普通公民坚守道德底线的忍耐力，有一部分无疑是来自“学雷锋、树新风”的感召。但是，恐怕更大成分是因有意识或无意识地受了“修齐治平”、“忠孝节义”、“礼义廉耻”、“人禽之辨”、“义利之辨”、“君子小人之辨”等传统道德意识的影响使然[1]。

---

〔1〕 关于此问题，是否有学者曾做过社会调查，笔者有待查考。

四、继续解放思想 培育“厚德”精神

改革开放以来，我们逐步解放思想，取得了举世瞩目的成就。但是，且不论其他方面，单就培育“厚德”精神而言，也有进一步解放思想的必要。笔者认为，下面几方面的工作十分必要。

第一，进一步提升传统文化的地位。传统文化曾被当做“四旧”加以扫除，改革开放以来传统文化逐步受到肯定。2011年中共中央关于《深化文化体制改革推动社会主义文化大发展大繁荣若干重大问题的决定》的出台，表明传统文化的地位在党内达到了建党以来的历史新高。但是，在对传统文化的意义的认识上，还有很大的拓展空间。比如，我们对传统文化还没有从主流层面、在国家的全局层面加以充分肯定，传统文化还处于边缘化状态。应进一步解放思想，考虑逐步让传统文化进入主流文化。“厚德”精神是中华文化的主要特质。如果不把传统文化提到足够高的层次，则“厚德”精神就可能由于缺乏有力的支撑而不振。再如，我们对传统文化的内容的肯定和继承，还很不全面，还没有充分切中传统文化的根本之处。在“去粗取精”时，选择性过强。我们选择了“爱国”、“和谐”、“诚信”等传统道德观念，但是对传统文化中更为根本的思想，如“性善”、“天理”等观念未加提倡。这样，“厚德”就可能会失去其深厚的基础。什么是传统文化中的“优秀”部分，其取舍标准应该有一定的客观性。比如，如果对传统的主流文化的根本之处和核心所在，未有正面的、实质性的肯定，就很可能有遗失传统文化“优秀”成分之虞。如果对传统士大夫精英所推崇的传统精英文化未有真正的继承，也可能与传统文化中的

“优秀”成分失之交臂。而真正的“厚德”精神正是以传统中的主流文化和精英文化为依托的。

第二，厘清“道德”与“思想”的界限，凸显“道德”的独立意义。在我国主流话语系统中，“思想道德”是一个广泛流行的术语。此种说法的流行，恐怕折射着这样一种观念，即“道德”与“思想”在性质上没什么不同，可以“合并处理”。再者，教育和宣传工作中，“思想道德”又被归为“思想政治”这一范畴。这样一来，“道德”就又与“政治”纠结在一起，难以看清其本来面目。把“道德”与“思想”、“政治”混在一起“一锅煮”，则“道德”失其独立意义。此种观念不仅理论上难以成立，而且必然不利于“厚德”精神的培育。因此，应该解放思想，厘清“道德”与“思想”和“政治”之间的界限。

第三，肯定道德的超越性、普世性，告别道德相对主义。中西传统道德理论大都明确肯定道德的超越性和普世性，即不认为道德是出于主观的偏见和意见（道德主观主义），也不认为道德是由风土人情、经济利益、阶级地位、政治立场等因素决定着而“随世浮沉”、“逐物而移”的东西（道德相对主义），而是肯定道德有其超越世俗利益、主观喜好和偏见的超越性和普遍性[1]。肯定道德的超越性、普遍性等于肯定道德的尊严和神圣性，如此才能使人们对道德充满康德所说的那种“日增的

---

〔1〕 普罗泰格拉（Protagoras）“人是万物的尺度”（“man is the measure of all things”, see: Plato: *Teaetetus*, 152a, M. J. Levett, rev. Myles Burnyeat trans.）可谓道德主观主义的格言；特拉叙马科（Thrasymachus）“正义无非是强者的利益”（“justice is nothing other than the advantage of the stronger”, see: Plato: *Republic*, 338c. G. M. A. Grube trans.）可谓道德相对主义的格言；陆象山“此心此理，万世一揆”见《陆九渊集》（卷34），《语录》（上），中华书局1980年版，第405页。可谓道德普遍主义的格言。

惊奇和敬畏”。而我们的权威教材则仍然把道德的本质定性为受经济决定的、带有阶级性的和不断随着社会的变化而变化的意识形态[1]。这种道德观接近于道德相对主义立场，很不利于培育“厚德”精神。我们应该以更加开放的胸襟去吸收中西文明在道德领域创造的精神成果。

第四，重新反思科学与道德的关系。我们都知道，20 世纪 20 年代中国思想界出现过一场关于科学与人生观的论战。以丁文江先生为代表的一派认为科学足以解决人生观问题，应该把人生和道德问题纳入科学的范畴来处理。而以张君劢先生为代表的一派则认为，科学问题与人生、道德问题属于不同领域，不能互相吞噬。正如道德不能解决科学问题一样，科学也不能解决道德评价、安心立命和终极关切等精神问题。从发生的实际社会影响看，论战的结果是科学派取得了全面胜利；影响至今，仍然左右着我们的主流思想。但是，在这个问题上我们很有必要作进一步的反思。科学，尤其是近代实证科学，解决的是“实然”世界的问题，道德解决的是“应然”世界的问题。从“实然”未必能推出“应然”，科学未必能促成道德。而我们经常听到的说法则是“树立科学的人生观”，甚至科学本身也成了某种信仰[2]。这对培育道德主体意识和“厚德”精神未必是明智之举。

总之，培育“厚德”精神不是一个孤立、局部的事业，需

---

〔1〕 关于此可参高等教育出版社出版的、目前仍在国内大学课堂普遍作为权威教材使用的《思想道德修养与法律基础》一书中有关道德本质的表述。

〔2〕 这是一种唯科学主义（scientism，也有“科学主义”、“科学至上主义”等译法）思想。关于唯科学主义在中国近代的影响，可参见：［美］郭颖颐：《中国现代思想中的唯科学主义》，雷颐译，江苏人民出版社 1995 年版。

要在宣传、教育等领域进一步解放思想，为“厚德”精神的成长备下丰厚的土壤方可。

（2011 年 12 月撰并在当月第五届“百人工程”学者论坛上宣读）

03 儒家构建和谐社会的义理纲维

引　言

追求社会和谐，构建和谐社会，自古以来一直是许多思想家、政治家乃至有理想的普通知识分子和民众所追求的目标和怀抱的夙愿。在西方，柏拉图欲构建的理想国、空想社会主义者设想的乌托邦、社会主义者所追求的“各尽所能按劳分配”的社会、近代自由主义者追求的“开放的”社会、保守主义者追求的政教合一的“有机体”社会，乃至无政府主义者所主张的“互助”社会；在东方，中国墨家所致力的“兼相爱、交相利”的和平社会，乃至道家所追求的“小国寡民”——所有这些无不可视为古今中外历史上各家各派追求和谐社会的不同声音，并各有其精彩动人之处。而在人类这一追求和谐社会的“百家争鸣”大合唱中，中国儒家所发出的声音则格外雄浑而深长，尤其值得国人关注和研究。

中国传统文化中有儒释道“三教”这三大精神体系。其中只有儒教具有强烈的社会政治方面的现实关切，有一套完整的重整和完善社会政治的思想体系和制度构想。儒家所主张和阐明的“王道”、“王制”、“小康”、“大同”等体制，其所构成的是一幅典型的“和谐社会”蓝图。此外，儒家“社会和谐”论，与儒家整个思想体系一样，仍是一个“活着的”东西。历代圣贤大儒，从尧舜到文武周公，从孔孟荀到董子文中，从唐宋明清诸大儒，直至近现代梁、熊、唐、牟等新儒家，上下数千年，绳绳不断，生生不息，因时制宜，都为缔造王道政治、构建和谐社会贡献了智慧。其襟怀之宏远、运思之深密、内容之繁富，置于古今中外“社会和谐之论”的百家争鸣中，当无逊于任何一家。

当然，历代儒者对构建和谐社会看法不尽相同，甚至局部地方还有相互龃龉之处。然而其大纲大法并无不同。本文旨在就其共识之处求其纲维，并对其作一宏观性研究。

一、“天地之大德曰生”：儒家构建和谐社会的本体论

虽然古今中外许多思想家、政治家都有一套社会和谐思想，但是由于其哲学基础、认识及思维方法等因素的不同，其关于社会和谐思想的内容也就非常不同。在这方面，其社会和谐思想体系背后有无哲学基础，哲学基础是什么样的，起着决定性作用。儒家社会和谐思想背后有一哲学为基础，故欲了解儒家社会和谐思想，就必须首先论及其哲学本体论。

儒家哲学之本体为“天”〔1〕。历代儒者肯认此超越的精神实体，认为此实体先万物而存，不生不灭，亘古常在，即董子所谓“天不变，道亦不变”者。因此本体之存在，天地万物人类及世间社会政治事务或得其存在基础，或成就其意义和价值。《易传》所谓“易不可见，则乾坤或几乎息矣”、《中庸》所谓“不诚无物”者即指此而言。“天”精一不二，纯善无恶，乃宇

〔1〕 儒家哲学之本体，在历代儒者那里和行文中有不同指称，除“天”外，尚有“帝”、“道”、“天道”、“太极”、“元”、“乾元”、“元气”、“天理”、“仁”、“本心”、“良知”等等。

宙中之“大明”[1]。

儒家哲学之本体，与以柏拉图为代表的西方哲学家所言的本体有不同。儒家哲学之本体是一动态的实体，不是静态的理型或纯形式。本体不仅是万物存在之“理”，也是创生、化育万物之“气”[2]，是有某种程度的情感色彩的、生命体验的对象，而非逻辑思维的对象。“天生蒸民”、“生生之谓易”、“天道流行”、“大哉圣人之道，洋洋乎峻极于天，发育万物”、“大哉乾元，万物资始”、“乾称父，坤称母”等等经典之语皆为其明证。也就是说，儒家哲学之本体论与宇宙论是紧密联系在一起的。可以用“天地之大德曰生”一语概括之：“天地”所指实为“天地之道”。天地之道是超越的存在，这是本体论。其“德”[3]，即功能为“生”，即创生化育万物的动能。

“天”是“形而上者之谓道”，是“其为物不贰”之“一”。通过如周子《太极图》所表示的“其生物也不测”的生化过程有了万物人类之后，就有了“多”，即“形而下者之谓器”。

孟子：“物之不齐，物之情也。”这是经验世界的实际情形。万事万物各有不同，性质各异，《周易》所谓“各正性命”。但是，虽然万有不齐，但诚如朱子所言，“物物一太极，统体一太极”。因此之故，异中有同，同中有异，理一而分殊。此乃“和谐”之哲学基础。如只有“无声无臭”之“一”而无不齐之“多”，则“和谐”无从谈起。反之，如果只有“不齐”之“多”而无形上之“一”，则“和谐”失其本根。此理先儒及当

---

〔1〕《易·乾·彖》论及“乾元”时有“大明终始，六位时乘”之语。

〔2〕此处“气”指本体内在本具的化生万物的某种动能，即“元气”，不是朱子哲学中作为“质料”而言的气。

〔3〕汉语“德”既有品德、美德之义，亦有性质、功能之义。与古希腊语 αρετη（aretē）一词可相提并论。

今言儒家和谐之说者，言之颇多，兹不赘论。

此外，由于“一”为弥纶天地万物之形上之道，杂多、分别以至冲突斗争是形而下者之“器”，其间有本末、先后、主次之分，故儒家哲学认为“和谐”是主，矛盾和斗争是次。张横渠所谓“有象斯有对，对必反其为。有反斯有仇，仇必和而解”〔1〕，正是此一思想的经典概括。

《易·贲卦·象》：“观乎天文以察时变，观乎人文以化成天下。”天道创生万物，所构成的万象森然之世界，可一分为二地划分为自然世界（“天文”）和人文世界。自然世界，“天行有常”，遵循力学、化学、生物学等自然规律生长运行。其中动物世界同时遵循本能习性和弱肉强食的丛林法则繁衍生息。无需精神意志和意识的作用便可“山峙川流”、“鸢飞鱼跃”——具有“天然的和谐”，或借用黑格尔（Georg Wilhelm Friedrich Hegel）哲学术语曰“自在的”和谐。而人文世界之和谐，则与自然世界之和谐迥乎不同。人，作为动物，也有其本能和自然规律；作为“七情六欲”的集合体，有其克伐怨欲、娼嫉忿懥之心理学规律。如果不加节制、调适上遂，任其自然蔓延，则终将出现孟子所谓“仁义充塞，则率兽食人，人将相食”之局面，和谐绝不可能。也就是说，人文世界的和谐，必须有精神意志和意识的积极作用方可达成〔2〕。所以儒家才主张“保合太和”、“致中和”以“赞天地之化育”。

儒家所讲之“太和”，至少有三个层面。人文世界与自然世

〔1〕 张载：《正蒙·太和篇》，《张载集》，中华书局1978年版，第10页。

〔2〕 俄国无政府主义者克鲁泡特金（ПётрАлексеевич Кропоткин，1842～1921）认为，人依其天然的本能就足以实现协作和谐。事实上是不可能的，其失在不明人禽之辨。孟子“人禽之辨”，荀子论人放其本性（本能）而行，必然纷争不和，则是确论。

界的和谐、人与人之间的和谐及人自我身心的和谐。这三个层面的和谐，皆须有人的意志的作用方可实现。而最重要的意志作用则是道德本心、仁义之性。

儒家哲学认为，作为人文世界和谐之基础的道德本心、仁义之性来自天之所赋、天之所降。“天生蒸民，有物有则。民之秉彝，好是懿德”，“一阴一阳之谓道，继之者善也，成之者性也”，“天命之谓性”，“此（仁义）天之所予我者”——此经典之语皆明示此义者。

不仅如此，在儒家哲学那里，天所降之仁义之性，并不因为“降”而落为形而下之存在，仁义之性仍与形上之天为同质之存在，仍属形而上之道之范畴。就此形而上之道之超越一面而言谓之“天”，自其内在于人心之内在层面而言谓之性、本心或良知。“降”是就其既超越同时又“内在”于人这一意义而言的。故儒家仁义之性，既具人性论上的意义，又具本体论、宇宙论上的意义。同样，儒家之形上之本体“天”，既具本体论、宇宙论意义，同时又具人性论上的意义。此“天人合一”之义，宋明儒言之尤详。

《易传》：“大哉乾元，万物资始……乾道变化，各正性命，保合太合，乃利贞。首出庶物，万国咸宁。”上天生生之德乃个体身心之和谐、社会群体之和谐、人与自然之和谐以至宇宙太和之最后根据和形上本体。故儒家论和谐，必推极于“天”[1]。

---

〔1〕这一问题上，儒家可与西方保守主义思想相提并论。美国保守主义者罗伯特·内斯比特（Robert Nisbet，1913～1996）在归纳保守主义的政治信条时，首先论及的便是：“God and the divine order, not the natural order, must be the starting point of any understanding of society and history.”“Foreword—A Note on Conservatism”, in *The Works of Joseph de Maistre*, New York: Schocken Books, 1971, xiv. 在儒家那里，“天”即代表神圣秩序。

二、自“修身”而“治平”：儒家构建和谐社会的方法论

儒家所言“大同”、“天下平”状态，显然是一个和谐形态的社会。而此一社会群体层面的和谐状态，在儒家看来，需经由个体，尤其是当政者，个体生命层面的“明明德”、格致诚正等“修身”渠道方能达成。

孔子说：“君子……修己以敬……修己以安人……修己以安百姓。”〔1〕《中庸》说：“君子笃恭而天下平。”孟子说：“人有恒言，皆曰‘天下国家’。天下之本在国，国之本在家，家之本在身。”又说：“君子之守，修其身而天下平。”〔2〕《大学》所说更为深切著明：“物格而后知至，知至而后意诚，意诚而后心正，心正而后身修，身修而后家齐，家齐而后国治，国治而后天下平。自天子以至于庶人，一是皆以修身为本。其本乱而末治者否矣。”

由此可见，儒家把个体生命的清澈、纯化和提升看成是“本”，把“治国”、“平天下”看成是“末”。在这里“本”、“末”主要不是指价值上高下的衡定，即不是说儒者不重视“平天下”，认为它是无关紧要的事。实际上，恰好相反，儒者以天下为己任，有强烈的淑世情怀，把“平天下”，实现社会和谐作为自己的抱负。但是，主流的儒家认为，要实现大同、安泰和谐，主要不能从社会政策方面入手，必须从根本入手，即从“修身”做起。《大学》说：“物有本末，事有终始。知所先后，

〔1〕《论语·宪问》。

〔2〕分别见《孟子·离娄下》、《孟子·尽心下》。

则近道矣。”即是说要实现国泰民安，社会和谐，必须遵循先本后末、由本到末这一次序。这个次序就是实现和谐之“道”。如果不按这一次序，就是政治之错乱，不可能实现太平和谐。《大学》所谓“其本乱而末治者否矣”即此意。因为，“修身”被儒家看成是治理社会之根本方法，所以《大学》主张，举国上下，“自天子以至于庶人一是皆以修身为本”！

实际上，《大学》“一是皆以修身为本”之说，从政治社会层面而论，可视为儒家社会和谐的方法论，即：儒家在思考社会政治的本质、运筹管理社会的方案、谋求解决社会政治问题的措施、设立完善社会的目标方向，和评价政治的价值时，把道德因素，君主、各级管理者乃至普通百姓的道德修养因素和整个社会所臻至的道德水准和道德含量，作为基本的出发点和根本原则，把个人道德的完善和修养的提升问题看做实现社会和谐的根本方法。所以儒家之治为“德治”。

古希腊辩者特拉叙马柯（Θρασυμαχος，Thrasymachus）提出过一个著名观点，即“所谓正义，无非是强者之利益。”〔1〕文艺复兴时期意大利政治学家马基雅维利（Niccolò Machiavelli）认为，国君为维护其统治可无所不用其极地运用阴谋权术，而无须顾及道德上的考虑。中国先秦法家亦认为“无教化，去仁爱，专任刑法，而欲以致治”〔2〕。而某些现代激进主义者认为“国家是一个阶级压迫另一个阶级的工具”、强调“枪杆子里面出政权”。所有这些政治理论都是抛开道德因素来考虑政治问

〔1〕 “justice is nothing other than the advantage of the stronger.” Plato: *Republic*, 338e. G. M. A. Grube's translation. Indianapolis: Hackett Publishing Company, 1992.

〔2〕 班固：《汉书·艺文志·诸子略》。

题，更不会把道德看做政治之“本”[1]。

一些现代自由主义者如罗尔斯（John Rawls）、阿克曼（Bruce Ackerman）、诺齐克（Robert Nozick）、德沃金（Ronald Dworkin）等，在国家与道德问题上，主张一种“中立说”。他们认为国家的职责在维护公民个体的自由，建立和维护某种秩序或曰游戏规则，使个人权利不被政府和他人侵犯。认为奉行自由的国家，不应公开主张某种“善的生活”的观念，从而把这种“善的生活”观念强加给公民。因为这样会产生国家对公民的压制或干涉他们私人生活的自由。他们主张，国家的立法和行政，在什么是“善的生活”这一问题上，应保持中立。在这一问题上，德沃金的表达似乎最为清晰：“在什么是可以被称为是美好的生活这一问题上，政府必须保持中立”，“政治决定必须尽可能地与任何特定的善的生活观念保持独立，或者说，与在什么赋予生活以价值这一问题上保持中立。因为在一个社会里，公民持有的观念各不相同，如果政府喜欢这种观念而不喜欢那种观念，那么政府对这些观念就不是平等对待了。因为这样做，官员们就会把这一种观念看成是比另一种观念具有更大内在优越性的观念，或者某种观念会被更多或更有势力的集团所持有。”[2]

自由主义者的这种“中立说”，实际表明的也是把政治与道

---

〔1〕 关于此问题，可参见：Ben - Ami Scharftsein：*Amoral Politics*, Albany：State University of New York Press, 1995.

〔2〕 Ronald Dworkin：“Government must be neutral on what might be called the question of the good life”, “political decisions must be, so far as is possible, independent of any particular conception of the good life, or of what gives value to life. Since the citizens of a society differ in their conceptions, the government does not treat them as equals if it prefers one conception to another, either because the officials believe that one is intrinsically superior, or because one is held by more numerous or more powerful group.” “Liberalism”, in *A Matter of Principle*, Harvard University Press, 1985, p. 191.

德相割裂的立场。

儒家政治哲学与上述古今中外政治观点不同，认为政治具有鲜明而强烈的道德性，与道德有着内在的联系。社会安泰和谐是“明明德于天下”的结果。两者既不能完全分开，更不应该分裂。所以孔子说：“为政以德。”〔1〕又说：“德者，政之始也。”〔2〕

儒家以“德”为政治之本，将其视为实现社会和谐的基本方法，理据甚多。首先，儒家认为“天地之生人为贵”，其“贵”不在其他，而在“人受天地之中而生”而有“仁”性。此“仁”性上通上天“生生之德”。因此，人应该“仁以为己任”，即将体仁、行仁、成仁定为人生的方向和终生的使命。这是由儒家之形上之学顺理成章引发而来的。在《周易》中，人被定位为“天地人”三才之一，是“顶天立地”的，是可以与天地“参”的。周子《太极图说》说：“立天之道曰阴与阳，立地之道曰柔与刚，立人之道曰仁与义。”因此，只有以仁义道德为本，实行人道，才能“赞天地之化育”、“保合太合”。如此才无愧于此生，无愧于天地，也只有如此才能真正得到心理上的安和乐。

由个体组成的人类社会群体，理所当然也应该以仁义为本。不可抛开仁义道德，而仅为简单的生存条件的改善和各种物质欲望和心理欲望的满足为最终目的。否则就是保守主义者所说的以“自然秩序”来处理人类事务，就可能流为“丛林法则”，和谐当然无由实现。

其次，社会政治以道德为原则，也是儒家“天赋性善”说

---

〔1〕《论语·为政》。

〔2〕见《孔子家语·入官》。按：虽然《孔子家语》一书传统上被视为王肃伪撰，然其为儒家思想无疑。

所决定者[1]。在“天命之谓性”这一义理背景下，“性善论”成为主流儒家的基本立场。政治应该合乎人性，而不能违背人性。既主张性善，则安排或处理政治社会事务，自然需从道德之“善”为基本出发点。

最后，在儒家看来，如果不以仁义道德为原则来治理国家、管理社会，则不能长治久安，更不能使社会真正和谐。法家或马基雅维利主义者的主张，是极权、高压、欺骗和权谋政治，社会内部上下无时无刻不处在对立与仇视之中，其势如垒卵，随时可能坍塌溃败。欲由此达至社会和谐，当然如缘木求鱼。

自由主义者在国家与道德问题上所持的“中立”说，旨在保障公民自由，与法家和马基雅维利主义式的“非道德”的政治性质不同。但是，虽然自由主义可以在相当长的时期内使社会稳定繁荣，但是不一定能实现真正和谐。因为如果在个人主义主导下每个人都为追逐自己利益而行，虽然在法律保障之下，人与人之间、人与政府之间，“井水不犯河水”，可以“相安无事”，但是，如此势必导致贫富不均、阶级对立、人心隔膜、身心不和等政治和社会问题，甚至会出现马克思所描绘的“每一个毛孔都滴着血和肮脏的东西”这样的丑恶，不能实现社会的真正和谐。儒家主张“不患寡而患不均，不患贫而患不安”[2]，认为这种“均安主义”才能真正实现和谐[3]。

儒家从道德或心灵出发来看待并处理政治社会问题，与柏

---

〔1〕 近代西方有“天赋人权”之说，而儒家认为“仁义礼智”乃“此天之所予我者”、“我固有者”，故相比而概括为“天赋性善”。

〔2〕 见《论语·季氏》。按“不患寡”，朱子注：“寡为民少。”钱穆先生根据文章脉络和义理，认为孔子原话当为“不患贫而患不均，不患寡而患不安”。说见钱氏《论语新解》。

〔3〕 梁任公于其《先秦政治思想史》中据孔子“不患寡……而患不安”铸“均安主义”一语。见该书1928年版，第315页。

拉图的政治哲学方法论相似。柏拉图认为城邦与心灵有一种相对应的关系。城邦是心灵的放大[1]：心灵由理性、激情、欲望三者构成，相应地，城邦也由统治阶层、武装阶层和百工阶层构成。心灵和城邦的三种构成成分其价值依次增减，形成合理的阶梯。治理城邦由心灵的修养着手，尤其是“哲学王”必须是道德和知识方面均极其卓越，始可真正胜任其职。三个阶层都各守其位其职，不相僭越，便可实现和谐社会。

儒家也是如此。心灵有天理、有人欲。国家和社会是心灵的扩大，两者之间虽然不同，但是没有绝对的界限。修养之法在“存天理，去人欲”，而治国之原则，则在于如孔子所谓“举直措诸枉”、“选贤与能”。如果有德有能之君子在上位，德小能薄之“小人”在下位，“君子贤其贤而亲其亲，小人乐其乐而利其利”，如此便实现社会之和谐。

三、“郁郁乎文哉”：儒家构建和谐社会的制度论

儒家主张以德治国，以仁求和，相应地就不倚重于“形名”或法制。《礼运》所描绘的大同世界是圆满的和谐社会理想。这样的社会可以说是“荡荡乎无能名焉”的“无讼的”社会、“去政治化”的社会，也即“帝力何有于我哉”的太和世界。在这样的社会，甚至一些礼乐也可免去。因此，儒家政治哲学具有理想主义色彩。但是，它同时也是现实主义者。

儒家公羊学有“据乱世”、“生平世”、“太平世”之说。“乱世”礼崩乐坏，充斥着篡弑、战争，无和谐之可言。“升

〔1〕 柏拉图在其《理想国》中，虽然先从城邦说起，然后才归为心灵。但是从其思想的内在逻辑上讲，心灵是城邦之本。其治国方法论走的是从心灵到城邦这样的路线。

平”为礼乐纲纪比较完备的相对和谐的“小康”社会，“太平”则是完美和谐的“大同”社会。儒者的目标是以仁为本，拨乱反正，实现升平，祈向太平太和。就儒家始终不忘“大同”，甚至始终以“知其不可而为之”的态度为大同而努力这一点而言，儒家显然是政治上的理想主义者。但是儒家深知人性有其“险”的一面，社会有其“暗”的一面，要完全克服，实现大同，绝非易事。甚至只能趋近，难以圆满实现〔1〕。

因此，儒者一面放眼大同，一面更面对现实，以求在程度不等地“黑暗而险恶”的现实环境中创造最大程度的和谐的社会。

就现实层面言，儒者深知“徒善不足以为政”，必须在政治、法律和社会等方面有与“仁”相配套、相辅而行的制度安排，方可落实仁政、王道，实现社会和谐。只有“内圣”，未必能分析性地开出“外王”。由“内圣”到“外王”，需要经过仁心本体与万有不齐之经验世界的综合，从而制礼作乐、“明罚饬法”，创设制度这一环节。

在制度问题上，由于儒者内部对制度架构之性质的理解以及对其倚重之程度等不同，可分为心性儒学和政治儒学两派〔2〕。前者倾向于把制度视为心性的直接延伸，把外王事业紧收在心性之上。因此在构建和谐社会时，更多倚重于当政者和人民的心性修养和道德感化之力，在制度建构上措意不充分。似乎认为当政者心性修为一旦圆满，天下马上可以臻于太平。

---

〔1〕 儒者视尧舜时代为大同，但当论及“博施于民而能济众”时，孔子谓“尧舜其犹病诸”（见《论语·雍也》），由此可见，绝对的“大同”和谐，难得一见。

〔2〕 关于心性儒学与政治儒学之区分，参见蒋庆：《公羊学引论》（辽宁教育出版社1995年版）及《政治儒学》（三联书店2003年版），此不及详。

《中庸》“君子笃恭而天下平”、孟子“君子之守，修其身而天下平”、“以不忍仁之心，行不忍人之政，治天下可运之掌上”等说法就明显含有此种倾向。政治儒学，关注之重点在外王事业的制度构建上，故荀子、董子等政治儒学家对儒家制度论贡献独多。

儒家言礼乐刑政制度，内容繁复，不暇详及。其大纲大法当有下述数端：

（一）敬天

儒家不把政治看成是纯粹的世俗事务管理上的事，而是以“天”为其神圣的超越根据。敬天，一方面，可使政权获得超越的合法性，得到人民的认同，使其稳固；另一方面，也可使当政者不忘以德配天，朝乾夕惕，有所戒惧，从而使人民少受苛政之苦。故儒家主张最高当政者应敬天崇德，祈降祥和。此一思想集中体现在郊制上。

郊制是天子祭天之制，古代天子继登王位或出师征伐，往往要祭天，以示受命而王或祈天之佑。孔子之前，郊无定制。据《公羊传》所记，汉后所行郊制，乃孔子依周制改定者。《春秋》成公十七年“九月辛丑用郊”下《公羊传》曰：“用者何?用者不宜用也。九月非所用郊也。然则郊曷用?郊用正月上辛。”何休注曰：“周之九月，夏之七月，天气上升，地气下降，又非郊时，故加用之”，“鲁郊博卜春三月，言正月者，因见百王正所当用也。三王之郊，一用夏正。言正月者，春秋之制也。正月者，岁首。上辛，犹始新，皆取其首先之意。”可见，依《春秋公羊传》，孔子改定郊祭时间为夏正之正月辛日。此制董仲舒承之，并申言之曰：“郊义，春秋之法，王者岁一祭天于郊，四祭于宗庙。宗庙因于四时之易，郊因于新岁之初。圣人有以起之，其以祭不可不亲也。天者，百神之君也，王者之所

最尊也。以最尊天之故，故易始岁更纪，即以其初郊。郊必以正月上辛者，言以所最尊，首一岁之事。每更纪者以郊，郊祭首之，先贵之义尊天之道也。”[1]

自汉之后，中国两千年间基本沿用此制，于每年正月郊天[2]。故儒家敬天之义，对中国两千年来政治之影响至深且巨。

（二）尊王

《说文解字》释“王”曰：“王，天下所归往也。董仲舒曰：‘古之造文者三画而连其中，谓之王。三者，天地人也。而参通之者，王也。’孔子曰：‘一贯三为王。’”许慎之释颇具经典性。“王”首先是参透天、地、人“三才“之道者，即“德合无疆”的圣者；其次是天下之民爱戴拥戴、心向往之者。在儒家政治思想中，“王”实际上是理想的“王天下者”，天下之共主，是最大的“名份”之“名”，是一个相当于柏拉图哲学中的“理型”的概念[3]。王身处天人之间，“仰事俯育”：仰则以子事父之礼事上天，俯则以父母养护子女之恩保育万民[4]。“王”代表儒家天下大同的理想，是内外圆满的道德人格之极致，同时也是社会正义、统一、秩序和和谐的保障。因此，“尊王”为“春秋大义”之一，是儒者重要的政治理念。孔子“天下有道，礼乐征伐自天子出”之说、《公羊传》所传孔子“大一统”之说、《孟子》天下“定于一”之说、荀子“四海之内

〔1〕《春秋繁露·郊议》。

〔2〕详参蒋庆：《公羊学引论》，辽宁教育出版社1995年版，第174～177页。

〔3〕陈寅恪先生在《王观堂先生挽词并序》一文中曾将《白虎通》之“三纲六纪”比之于柏拉图之理型。

〔4〕《春秋繁露·尧舜不擅移汤武不专杀第二十五》：（王者）“事天与父同礼”。《诗经·小雅·南有嘉鱼》：“乐只君子，民之父母。”《大学》：“民之所好好之，民之所恶恶之，此之谓民之父。”

若一家”之说等等，都是儒家“尊王”之典据。

儒家“尊王”，其义不同于法家之“尊君”，更不同于西方的“帝国主义”，甚明。因法家和帝国主义不崇道德意义的天，更不取“以德服人”，而是“以力服人”。黄宗羲说：“三代之法，藏天下于天下者也”，“后世之法，藏天下于筐箧者也”〔1〕。儒家所言之“王道”、“尊王”，乃是“藏天下于天下”者，而法家及西方之帝国主义，则是“藏天下于筐箧”者。前者乃长治久安、社会和谐之道，后者则分崩离析、勾心斗角之病根，自不待言。

虽然儒家所讲之“王”是理想性的“理型”，除了传说中的黄帝尧舜之外，几乎无有资格当之者。但是儒者不轻易主张革命，而是从现实出发，尽量尊重世俗政治之权威。因为儒者深知秩序、统一对百姓的重要。从爱民之心和政治责任感出发，反对“犯上作乱”。除非出现了桀纣这样的当政者，而又有德能超群者可以取而代之，若非如此则不主张“革其天命”。儒家之“尊王”原则无疑对构建和谐社会至关重要。

（三）保民

《尚书》：“民惟邦本”，孔子主张“修己以安百姓”、“博施于民而能济众”，孟子“民贵君轻”，《大学》“明明德、亲民、止于至善”，《周易》因桀纣之君暴虐无道而赞“汤武革命”。凡此皆表明，从儒家立场看，政治之目的在“保民”。孟子曰“保民而王”，未有不“保民”而“王”者。此即近世所谓儒家的“民本主义”。

儒家之“保民”说，包括富民、教民、乐民三项基本内容。孔子说“富之教之”。“富民”之义不待言。“富民”之后，必

〔1〕《明夷待访录·原法》。

须“教民”。孔子说：“以不教民战，是谓弃之。”孟子说：“逸居而无教，则近于禽兽。”[1]战争时期，民不受教，不可得胜以保其身命。和平安居时期，民不受教，则易于纵欲败度失其人心人性。故“教民”是“保民”之重要内容。“乐民”则是“富之教之”之后更高之保民要求。富民、教民之后，可能当政者与民仍有某种隔阂，一间未达，未必可与民同乐。既富、既教之民，彼此之间，众民与当政者之间，未必已冷暖相关，情深意浓。只有当政者不仅富之、教之，更进而临民如对爱子时，才能“民之所好好之，民之所恶恶之”。下民既富既教之后，进而爱戴当政者如爱父母，以至出现孟子所描绘的“百姓闻王钟鼓之声，管籥之音，举欣欣然有喜色而相告”之情景，上下彼此之间，情感水乳交融，其乐融融。只有如此，才臻于乐民之境。待臻其极，则“王者之民，皞皞如也，杀之而不怨，利之而不庸。民日迁善而不知为之者”[2]。如是则化机一片，上焉者爱民而无意，“不识不知，顺帝之则”；下焉者，爱上而无心，不知“帝力何有于我哉”。此王道政治之极致，亦社会和谐之圆成。

（四）损益

孔子说：“殷因于夏礼，所损益可知也。周因于殷礼，所损益可知也。其或继周者，虽百世可知也。”[3]“损益”是儒家在制度建设问题上所秉持的原则。宋儒胡寅解释孔子此语说：

“子张之问，盖欲知来，而圣人言其既往者以明之也。夫自修身以至于为天下，不可一日而无礼。天叙天秩，人所共由，

〔1〕分别见《论语·子路》、《孟子·滕文公下》。

〔2〕《孟子·尽心上》。

〔3〕《论语·为政》。

礼之本也。商不能改乎夏，周不能改乎商，所谓天地之常经也。若乃制度文为，或太过则当损，或不足，则当益。益之损之，与时宜之，而所因者不坏，是古今之通义也。因往推来，虽百世之远，不过如此而已矣。”〔1〕

细抽前儒之意，损益之说当有三层意思。首先，在制度建设上，要尊重传统，能“因”则“因”，不可轻易蔑古。其次，应与时俱进，不能抱残守缺。传统制度中有不合时宜者，应在其基础上作修改补充，乃至新创。最后，传统制度中之基本精神，所谓“礼之本”，如仁义礼智信等“古今之通义”，乃“天地之常经”，不可违背。对传统制度，或损或益或新创，无非是在新情况下更好地落实此“常经”，而非背离之。

儒家之损益原理，是社会和谐的保障之一。抱残守缺，固守旧的制度设施一成不变，不因时制宜而变通，则阻遏社会之生机，淤积而不畅，枯萎而败馁。铲平传统，“在白纸上画最新最美的图画”，不仅不现实，即便强推力行，必致产生“断裂”，使社会关系失调，进退失据。儒家损益说，既不主张顽固守旧，也反对轻举妄动，而是力求在传统的基础和传统所蕴涵的基本原则上，根据时代的新要求、新情况，对原有制度进行革故鼎新。这既顺乎事物发展循序渐进、推陈出新的自然规律，也体现了有机地综合历史性与时代性的不偏不倚的中正观念和中和精神。其对社会和谐的重要性是不言而喻的。

儒家关于和谐社会的制度建设原则，除上述数项外，尚有“均富”、“德主刑辅”、“选贤举能”等等，兹不赘论。

---

〔1〕 转引自明·丘濬《大学衍义补》（卷四十）。朱子《论语集注》亦引，但未指明为胡寅之说。

四、崇儒重教：儒家构建立和谐社会的意识形态论

在意识形态问题上，儒家立场明确：尊崇儒术，重视教化。不赞同现代自由主义者所主张的“国家应该在各种关于‘善的生活’的观念的博弈中保持中立”这样的原则。基本原因至少有三：其一，各种不同的思想、信仰体系之间，是有程度不等的邪正、偏全、明暗、美丑等好坏高下之分的，不能委之市场博弈、付之“丛林法则”。其二，在儒家看来，政治非“非价值”的存在物，而是价值性存在。政府与社会不可相割裂，在社会中提升良善的生活观念和健康的生活方式是政治的重要职责之一。其三，无论从逻辑上或是从历史上看，一个政治实体，一个社会，必须依靠某种思想和信念体系以支撑其统治权及其统治之下的社会结构的合法性，由此以凝聚人心、稳固统治秩序。

中国传统中的思想流派和信仰体系，先秦时期有儒墨道法等“九流”。汉末以降，有儒释道“三教”。儒家学者认为，其中只有由孔子“祖述尧舜，宪章文物”而创立的儒家思想信仰体系最为中正无偏、博厚高明。因此，把儒家奉为“王官学”，顺理成章。如此不仅可以落实儒家“治国平天下”的理想，也可以使统治者在政权的合法性上得到支持，以固其“江山”。儒家与政治之结合，可谓“双赢”之举：合之则两美，离之则两伤〔1〕。而百姓之福祉、社会之和谐，也在这种“双赢”中得以更大程度的实现。

从历史上看，凡是社会和谐程度比较高的历史时期，如汉

〔1〕 此处是纯就理论上和理想层面而言者，现实中可能出现的伪儒媚权、恶君点缀儒学以欺世等情况，则是另一事，也是儒学和政治没有得到真正结合的表现。

唐宋明，都是政治和儒学结合得相对比较好的时期；凡是和谐程度比较低的时期，如嬴秦、五代，都是政治和儒学结合得很差甚至敌对的时期。因此，如果政治与儒学在中国历史上有了某种现实的结合，这可以说是历史的选择，也是中国人民的选择。

唐代名臣刘祥道在上唐高宗折中说："儒为教化之本，学者之宗。儒教不兴，风俗将替。"[1]历史上中国统治者"崇儒重教"，集中表现在自汉武帝采纳董子"罢黜百家，独尊儒术"之策后，历代统治者都把儒家思想、信仰体系奉为"国教"。这表现在政治制度、社会礼俗、生活方式的方方面面，如祭天制度、祭孔制度、经筵制度、太学国学制度、科举制度、圣贤祠庙制度、宗祠家庙制度、婚丧嫁娶之节仪、天地君亲师牌位之礼俗以及遏制淫祠制度等等。

儒家在意识形态上虽力主政府崇儒重教，但对诸子百家、佛道等教并不主张强力禁绝，如西方历史上宗教裁判所所为者。而是在不危及儒家主流价值、败坏社会风尚的前提下以包容的心态予其他各家各教以相当大的活动空间。至于言论舆论，则予以更大的自由。因此不会因以儒为国教而影响社会和谐，更不至出现狂热的"圣战"等宗教战争。相反，只有以儒教为国教，才能增进社会和谐。之所以如此，一则在于儒教本身以道德为本，以教化为法，尚和而不尚强力，具有很大的韧性和弹性。二则在于儒教没有厌弃世俗世界、强烈企向彼岸的冲动，而是主要以"尽心知性知天"的内在超越方式来安顿心灵，获得拯救。天人合一，生死一如，彼岸此岸打成一片，没有理想与现实的严重冲突。中庸不偏，故不催生狂热。再则在于儒教

---

〔1〕见《旧唐书》（卷八十一），列传第三十一，刘祥道传中。

没有严密的独立于社会的组织，而是融入政治制度和社会的肌体之中，弥合无间，不显其突兀相，没有分明的宗派性，不易滋生对抗性。坐此之故，儒教可谓政治与社会有机体的营养剂，弥合社会裂痕的黏合剂，其促进社会和谐之功无形而至巨！

结　语

以上从本体论、方法论、制度论和意识形态论四方面阐述和分析了儒家构建和谐社会的义理纲维。儒家在和谐社会建设问题上所表现出的思想智慧也可从中概见。

毋庸讳言，用今天的眼光看，儒家在运思和谐社会的制度建设时，不无其历史局限性和缺漏之处。比如，儒家期待出现的“圣王”是理想性的，现实中可遇而不可求。现实中据“王”之位者，往往德能难孚人望。如果德薄能低，甚至是无道昏君，则只能听之自然势力的博弈，以至以“打江山”、“逐鹿中原”的形式改朝换代。这样一来，政权不能以理性方式和平转移，一治一乱，长久的和谐无制度保障，百姓当然深受其苦。如何解决此问题，历史上的儒者，皆无良策〔1〕。现当代有儒者提出宜借鉴西方宪政制度，以解决此“圣君不出，治乱循环”的难题。这则是儒家王道政治思想和社会和谐思想在现代社会的新发展，值得期待〔2〕。

（曾发表于《北京行政学院学报》2010年第6期）

---

〔1〕 有论者认为，儒家有用于“治世”而无用于“乱世”。此说实与此相关。

〔2〕 这方面，现代新儒家牟宗三先生的以民主为形式、以科学为质料的“新外王”说，大陆当代儒者蒋庆先生的“儒教宪政”的构想，最具有代表性。

04 论“以人为本”的六种解释方案

改革开放以来，我国以经济建设为中心，取得了举世瞩目的成就，社会呈现空前繁荣的景象。但是，不可否认，当前中国社会也面临着各种严峻的问题，诸如社会公正问题、收入分配问题，教育问题、伦理道德问题、环境保护问题等。在此新的历史条件下，中央提出了科学发展观，并提出以“以人为本”为其核心，这显然是很有远见卓识的举措。[1]但是，究竟如何理解“以人为本”这一理念，世人恐怕未必都能有一透彻的理解。有些肤泛的理解甚至有可能是与科学发展观之精神相背离的。当然，中央的文件对“以人为本”之说已有某些阐明。不过即便如此，也并不是没有给学者们留有进一步阐明和从其他角度进行学术探索的余地。本文拟从学术的立场出发，试对“以人为本”之说作些尝试性的、争鸣性的探索。

一、“以人为本”的前五种解释方案

“以人为本”可以有很多解释，但是有一点肯定是不会有什

〔1〕 作为与科学发展观紧密联系的“以人为本”之说是由中共中央在2003年正式提出的。是年10月，中共十六届三中全会召开，会议通过的中共中央《关于完善社会主义市场经济体制若干问题的决定》中提出：“坚持以人为本，树立全面、协调、可持续发展观，促进经济社会和人的全面发展”。此后在十六届四中、五中、六中全会上都有进一步的申明，而胡锦涛总书记在2007年召开的十七大上所作的报告，对“以人为本”之说作了更具权威性的确认和论述。

么异议的，即目前提倡的“以人为本”是一个理念，其表达的主要是一个政治上和社会发展方面的“应然”之则，而非现象描述性的“实然”之象。是为对治现实社会种种问题，基于某种政治哲学而提出的执政理念。明乎此，对正确理解“以人为本”具有重大参考作用。

“以人为本”可以从哲学、伦理学、政治学等角度进行解读，涉及许多大的思想流派。本文综观中西思想史，认为对“以人为本”至少可以有六种解释可能。以下先分述前五种。

认识论上的“主体论”是“以人为本”的第一种解释可能。古希腊辩者普罗泰戈拉（Protagoras）的名言“人是万物的尺度”（Man is the measure of all things）从某种意义上说所表达的就是一种“以人为本”的思想。什么事物是存在的，什么事物是不存在的，其判断标准不在外在的事物本身，而在“人”自己。言下之意便是，万事万物之真善美与假丑恶，全由人来“操控”，“人”是天地之本。关于普氏此说，虽然后来的哲学家们会有不同的理解，但大多将其解释为哲学认识论上的相对主义。西方哲学史上后来出现的笛卡尔的“我思故我在”（Congito ergo, sum）之说、贝克莱（George Berkeley）的“存在就是被感知”（To be is to be perceived）之说、康德的“人为自然立法”（Der Verstand ist die Gesetzgebung für die Natur）之说，以及现象学创始人胡塞尔（E. Edmund Husserl）“朝向事物本身”（Zu den sachen selbst）之说，[1]佛教唯识学派的“万法唯识”之说，虽其理论根据及性质各不相同，但表示的都是认识论上

〔1〕 普罗泰戈拉和贝克莱之说属认识论上之感觉主义，有唯我论倾向。康德和胡塞尔属认识论上之先验主义，不同于前者。另外，胡氏“面向事实本身”并不是我们通常所说的“实事求是”，乃是要将一切事物“还原”到纯粹意识，把人之纯粹的先验意识视为万物之本。

主体的根本作用，其共同的对立面是唯物主义认识论所主张的以物为主而不以人为本的“符合说”。[1]因此我们可以说，以上种种观点都是认识论上的“以人为本”之不同形态。是为“以人为本”之第一种解释可能。

“人类中心论”可谓“以人为本”的又一解释可能。根据这种解释，人成为一切事物、整个世界的中心。人对人之外的事物进行完全的统治，人的所作所为都是围绕着人类自身利益进行旋转。西方自文艺复兴运动后，“人”之地位逐渐上升，“上帝”之地位及其神圣性日趋陵替，此后经过近代启蒙运动之推波助澜，科学发现之长足发展，理性主义彻底取代信仰主义，人最终取代上帝，成为世界的主宰者。在此背景下，“人是理性的动物”，[2]而理性又是万物之主宰和一切价值的评判者，凡是合乎理性者就有其存在的理由，凡是不合乎理性者，皆归之否弃之列。理性把自然和各种社会现象看成对象，加以认识、改造，以满足人之各种用途。时至今日，人在宇宙中，凭借理性和科学之力，几乎无所不能，甚至得心应手为所欲为了。此种趋势催生出的观念便是，人是世界的中心，其他存在都是为人服务的，都是供人利用的资源。“以人为本”是此种观念不可避免会得出的结论。是为“以人为本”之第二种解释可能。

西方现代自由主义政治哲学所倡导的“个人主义”和价值多元论是“以人为本”之说的又一重要解释可能。[3]根据自由

〔1〕所谓“符合说”乃是主张真理是与客观事物相符合的认识这种认识论立场。

〔2〕“人是理性的动物”之说虽然是由古希腊哲学家亚里士多德最早提出的，但是将此说充其极而成为绝对真理，则是近现代以来的事。

〔3〕“个人主义”（individualism）与“利己主义”（egoism）是有原则区别的。曾经有一时期，我国学术思想界出现过将其不加区别地予以否定的倾向。关于个人主义的来龙去脉和各种含意，请参考《个人主义》一书。（［英］史蒂文·卢克斯著，阎克文译，江苏人民出版社2001年版。）

主义思想，个人是真实的存在，集体和国家是抽象的存在，其自身并不是目的，其目的在保护个人的生命、自由和财产等“人权”。每个人都有权利根据自己的理解去追求自身的利益，满足自己的欲望，设计自己的人生目标。人的个性应得到充分展现和发展，个人偏好、意见、好恶等价值观念都应该受到尊重，除法律外不受任何个人和组织乃至国家的干涉，否则就被认为有“压抑人性”之嫌。在伦理道德上，个人的观念也应该受到尊重，不存在其他人或政府对个人进行道德“训导”的事情。总而言之，国家、集体组织虽然有其存在的必要，但是其本身不是目的和根本，个人和个人权利才是最终目的和根本所在。是为“以人为本”之第三种解释可能。

在我国历史上，政治家、军事家等各类“事功”者，也有“以人为本”这样的指导思想。他们所讲的“以人为本”，主要是策略意义上的。如春秋时代的政治家管仲说：“夫霸王之所始也，以人为本，本治则国固，本乱则国危。”[1]三国时蜀主刘备说：“济大事必以人为本。”[2]。这种意义上的“以人为本”其主体有其特指，指欲成大事、立霸王之业者。其“以人为本”之“人”实际上相当于我们现在通常所说的“人的因素”，如人员的数量、人的素质、人心向背、凝聚力，等等。“人多力量大”、“人心齐泰山移”等常言及“天时不如地利、地利不如人和”等古语所表达的都是此种意义上的“以人为本”。需要注意的是，此种意义上的“以人为本”，并不一定是真的把“人”看得很崇高。即便把“人”看得很重要，也不能排除是出于策略性的权宜之计的可能。即把“人”看成是与“物力”、“财力”、“技术力量”等相提并论的“人力”而已，也就是说把

〔1〕 管仲：《管子·霸言》（上册），中华书局版《新编诸子集成》本，第472页。
〔2〕 陈寿：《三国志·蜀书二》（第四册），中华书局1971年版，第877页。

"人"看成达到某种目的的手段、工具。"以人为本"，无非是说"人力"是成事的关键因素而已。此种语境下的"人"并不一定是真正的主体，也就是说，并不一定是真正意义上的"根本"，他们的根本利益并不一定能得到保障。"济大事"者才是真正意义上的"本"。如果"济大事"者同时是怀有"爱民如子"、"视民如伤"的情怀者，则出于幸运的偶然，而非此种意义上的"以人为本"所必然要求的。中国历史上的某些开明帝王，他们的"爱民"，虽然不一定无诚意，但是其在保障君位稳定这一前提下的"以民为本"思想，大致也可归于策略性的"以人为本"的范畴。[1]唐朝诗僧寒山子有一首诗说："国以人为本，犹如树因地。地厚树扶疏，地薄树憔悴。不得露其根，枝枯子先坠。决陂而取渔，是求一期利。"此诗所表达的就是国君之所以需要"以人为本"，是出于确保君位固若金汤的"深谋远虑"之策略。是为"以人为本"之第四种解释可能。

当今有些学者在解释作为科学发展观之核心的"以人为本"时，似乎有意无意之间透露出了这样一种倾向，即把"以人为本"理解为与"为人民服务"差不多的含意。具体说，就是把"以人为本"中的"人"具体地确定为"人民"，[2]把"以人为本"这一规范性原则所指向的对象确定为各级党组织、各级政府以及各级领导干部。因此，所谓"以人为本"就是各级党组织、各级政府和各级领导干部把人民当成国家的根本，把人民的利益放在首位，政府的一切活动都应一心一意以谋求人民的利益为中

〔1〕 我国历史上三代以后帝王讲的"民本"与孟子这样的儒家学者所讲的"民本"，虽表面相似但其背后动机实有不同，不能一概而论。前者主要是策略性的，后者则是真正出于爱民之仁心，不把"君位"看成是绝对不能动摇的，主张极端情况下可以为"保民"而诛除暴君。

〔2〕 十七大召开期间，中央电视台在用英文向外传播胡锦涛十七大报告时，就把"以人为本"翻译为"putting people first"。

心，实现广大人民物质文化生活需要的最大满足。党和政府工作的成效得失，由人民是否满意为尺度来衡量。如此解释的“以人为本”实际上和“全心全意为人民服务”这一原则所表达的意思非常接近，且无原则性区别。这里的“人民”，既有政治含义，又比较抽象，不同于具体的个人，所以此一意义上的“以人为本”与前文所论个人主义意义上的“以人为本”有根本区别。是为“以人为本”之第五种解释可能。[1]

以上从古今中外的思想体系中分辨出五种“以人为本”的解释路线。这五种解释路线或者解释方案，在今天看来，是各有得失的。下面立足中国现实，对这五种解释路线加以衡定，明其得失与现实关切性，并在此基础上提出第六种解释方案。

二、对前五种“以人为本”解释方案之衡定

上文所列第一种解释方案，即从哲学认识论上的主观主义、主体主义意义上理解的，以强调人的认识能力在认识世界中的决定作用而言的“以人为本”，其现实关切性显然不强，不能够为科学发展观提供什么有价值的思想资源和启发。首先，认识论上的问题是理论性、思辨性非常强的纯哲学问题，而科学发展观是为解决我国目前政治经济以及整个社会在发展中所出现的问题而提出的理论，具有特定的现实关切性和实践性。一个运思方向朝向的是亘古以来的、超现实的纯哲思世界，一个朝

〔1〕 中国传统儒家思想中的“民本主义”思想（不同于帝王所主张的策略性的“民本”），在形式上也属于此种意义上的“以人为本”。“民本主义”与“为人民服务”思想，其哲学基础和时代背景全然不同，前者是以儒家道德哲学为指导的传统政治理念，后者是以历史唯物主义为指导的人民民主专政下的执政理念。但是，就当政者应该为广大民众谋福利这一意义上说，两者又有可比性。所以从形式上，可以归为一类。因此，这里就不单独讨论“民本主义”意义上的“以人为本”了。

向的是当下的中国现实世界，两者是“分道扬镳”的。其次，这些认识论上的理论命题，其性质基本上是揭示性的、描述性的，没有明显的规范性。前文已指出，科学发展观语境下的“以人为本”主要是规范性的，而非描述性的。最后，上述认识论意义上的“以人为本”有强烈的唯心主义色彩，与科学发展观的哲学基础也不合拍。基于这些原因，西方哲学认识论意义上的“以人为本”，虽然理论上有其精彩之处，能成一家之言，但今日我们在研究科学发展观时，也可暂置之论。

关于“以人为本”之第二种解释方案，即“人类中心论”意义上的“以人为本”，本文认为它在西方历史上曾起过巨大的正面作用，对现代物质文明和大众文化起过巨大的促进作用，有其不可或缺的地位。但是在今天看来，“人类中心论”的副作用和弊端已昭然若揭，需要对其加以反省和限制。我们知道，西方的中世纪是“以上帝为本”的世界，人充满“原罪”，微不足道，只能匍匐在上帝面前，祈求上帝的“拯救”。然而自文艺复兴之后，人逐渐取代了上帝的地位，“以人为本”的时代确立起来。在这个新时代里，用尼采（Friedrich Wilhelm Nietzsche）的话说，“上帝已死”，人生的方向不再是面向天国，而是追求尘世的功名和享乐。大自然不再是上帝所造，没有任何神圣性、神秘色彩，只是一堆供人利用的储备物。于是人依靠其理性认识自然，改造自然，从自然界获取各种财富，创造了繁花似锦的物质文明，人类由此得到了空前的生活便利和物质享受。与中世纪相比，这当然是具体的进步。其中“人类中心论”的功绩可以说巨大无比！但是，物极必反，此种意义上的“以人为本”并不是只有其利而无其弊的。19 世纪工业革命以来，随着科技的飞速发展以及人类物质欲望无休止地膨胀，向自然界的索取活动已面临山穷水尽的处境。人类自身的生存也面临着严重的危机。最明显的是生态的崩溃，隐性的危机是人性的异化，人沦为科技的奴隶，失其灵性和高尚精神。人成为“单向度的人”[1]，人生甚至也变得索然无味。现在我们要树立的科学发展观，正是要保护生态，实现可持续发展。因此，今天我们就不能不加分析地盲目地提倡“人类中心论”意义上的“以人为本”思想，因为这种意义上的“以人为本”某种程度上是与科学发展观颇难吻合的。[2]当然，“科学发展观”还是要主张发展，要发展就不能不发展科技。所以对“人类中心论”意义上的“以人为本”，也不可简单地持全盘否定态度。不过，要真正落实科学发展观，就不能奉行“唯科学主义”[3]，迷信科学能解决一切问题。要把科学放到适当的位置上，在发展科技时，要考虑到生态，还要顾及伦理、人的尊严等科学领域之外的问题（如“克隆”问题）。因为，用现代大哲学家海德格尔（Martin Heidegger）的话说：“人不是存在者的主宰，人是存在的看护者。”[4]

---

〔1〕 详参赫伯特·马尔库塞：《单向度的人》，刘继译，上海译文出版社1989年初版，第5页。

〔2〕 “科学发展观”这一提法的词法结构应该是“科学（的）——发展观”，而不是“科学发展——观”。其中的“科学（的）”应该取其广义的理解，是“合理的”、“恰当的”之义，不应理解成狭义的培根以来的实证科学。否则就与树立科学发展观的初衷不甚吻合了。有译者将其译为“the Scientific Outlook on Development”，比较合适。

〔3〕 详参［美］郭颖：《中国近代的唯科学主义》，雷颐译，江苏人民出版社1995年版。

〔4〕 见海德格尔：《柏拉图的真理学说》（内中附有海氏《论人类中心论的信》）第89~90页。转引自宋祖良：《拯救地球和人类未来——海德格尔的后期思想》，中国社会科学出版社1993年版，第244页。又：1990年5月中旬，西方七国环境伦理学大会在比利时布鲁塞尔召开，一些著名的哲学家、历史学家、法学家和科学家出席会议。他们一致认为，对自然环境，人类需要改变传统的“人类中心论”，改变“人是自然的主宰”的传统观念，建立人和自然的新型关系，即协调关系、伙伴关系，建立新的环境伦理学。参见《世界哲学年鉴（1988~1990）》，上海人民出版社1991年版，第348页。转引自上书第115页。

第三个解释方案，即“个人主义”意义上的“以人为本”，也是利弊参半。这种意义上的“以人为本”能起到抗拒极权专制、保障人权、解放思想、促进人的个性全面发展等作用。但其弊端也不能不加注意。这种个人本位的“以人为本”之说所主张的国家和政府只是保障个性发展和个人权利的工具，这样政府就处于过分消极的地位，在涉及全社会根本利益的问题上、在影响到子孙后代的千秋大业上，政府就可能无能为力。国家也可能流为单纯的世俗性的管理机构或“看护人”，缺乏神圣崇高性。既不能成为民族精神的载体，也不能唤起人们的爱国情怀，可能使民族和国家面临衰落之虞。不仅如此，以个人为本，容易导致道德堕落和社会风尚的败坏。与个人主义内在相关的是价值多元论，而在个人主义起主导作用的社会中，又没有对价值多元论可能走向极端的趋势加以约束的机制，所以势必为价值相对主义大开方便之门。这样世风日下、道德沦丧之现象势难避免。[1]由此可见，对个人主义意义上的“以人为本”不能盲目拥抱。当然，也不能完全排拒。今天，在树立科学发展观时，主张“人的全面发展”，就不能不考虑人的个性和个人权利，使国家权力和个人权利这两极之间达到某种适度的平衡，不使一方偏盛。基于此，对个人主义意义上的“以人为本”需要有批判地吸收，将其合理成分融入科学发展观之内涵中。

---

〔1〕 事实也是如此。在以美国为代表的西方社会，“个人主义”最为流行，但社会道德状况十分堪忧。当代美国大历史学家雅克·巴尔赞曾满怀忧患地写道：（西方社会里，人们）“对暴力和年轻人中的性滥交痛心疾首，但为了‘思想的自由’，不准压制电影和书籍中、商店和俱乐部里、电视和互联网上以及流行音乐歌词内的色情和暴力的内容。在这样的规则下，言论（至少在美国）的意思得到了扩大，也包括了行动：可以烧毁国旗而不受惩罚，因为它是意见的宣示。按照这种条文，似乎暗杀也可以允许了。（见［美］雅克·巴尔赞：《从黎明到衰落——西方文化生活五百年》，林华译，世界知识出版社2002年版，第770页。）

上文所列第四个解释方案，即“济大事”者或统治者所遵循的策略性的“以人为本”，因为它含有把人当成手段和工具的意思，没有把人的自身价值和人的全面发展当成目的，所以与现代社会政治理念距离比较远，因而对树立科学发展观意义不大。不过，虽然这种策略性的“以人为本”对科学发展观的“树立”没有直接意义，但是对科学发展观的“落实”，还是很有意义的。其中所包含的智慧可能对我们今天的执政者、管理者仍有很大的启迪作用。作为一种策略，他们的“以人为本”思想在建设现代社会的事业中，也同样能发挥一定作用。古人和今人所从事的“大事”不同，从事这些“大事”的目的也不同，但是在成就“大事”过程中，在策略层面、决策管理层面和运作层面，还是有某些共性的。“以人为本”，重视吸纳和关心卓越人才、加强团队人员的培养和训练，激发人的奋斗精神、协调人际关系使人心情舒畅，想方设法凝聚人心加强团结——凡此种种重视“人的因素”的举措可能是古今“济大事”者之“通义”。我们今天要落实科学发展观，谋求社会的协调和可持续发展，实现人的全面发展，也不是不需要某些策略。这样，历史上的这种策略性的“以人为本”思想就可以作为文化资源加以利用。即便这种策略意义上的“以人为本”不能直接成为科学发展观的理论内容，但对此理论的落实，也能发挥其应有的功能。从这种意义上讲，我们姑且说它可成为科学发展观的助缘。

“以人为本”的第五种解释方案，即“为人民服务”意义上的“以人为本”，此种解释应该说是比较符合科学发展观的精神的。在胡锦涛的十七大报告中，在讲到“以人为本”的地方，的确也谈到不少“为人民服务”性质的内容。毫无疑问，“为人民服务”是“以人为本”的重要内容。但是，十七大报告并没有给“以人为本”下严格的定义，没有明确说“以人为本”中的“人”等于“人民”。而且，十七大报告是政治文件，无意取代学术探讨。所以对“以人为本”的确切含义，学术界还是可以发表意见的。本文的看法是，以“为人民服务”解释“以人为本”失之粗浅而片面，“以人为本”不等于“为人民服务”，不是可以互换的说法。“以人为本”的含义远比“为人民服务”深刻和丰富。那么两者具体区别何在？也许人们首先会作这样的回答：“以人为本”是执政党的政治理念和国家推动社会发展的基本原则，是“科学发展观”的核心，而“为人民服务”是党员干部要遵守的道德规范，是“社会主义道德建设”的核心；前者是执政原则，后者是道德原则——这便是两者的区别所在！本文认为，虽然两者可以说有这层区别，但这层区别不是关键性的，甚至可以忽略不计。因为“以人为本”不一定没有道德含义，而把“为人民服务”看成执政原则也未尝不可。两者区别的关键应该在以下三点上：

第一，“为人民服务”中的“人民”在社会主义国家是个政治性很强的概念，曾经与“阶级敌人”一词相对，如“敌我矛盾”与“人民内部矛盾”之分就是明显例证。十一届三中全会以来，虽然政治话语发生一些变化，“人民”一词的政治性、阶级色彩有所减弱，但并未消失。“人民”的概念与“公民”的概念还是有原则上的不同。而“以人为本”中的“人”，不带有这样的阶级斗争色彩。

第二，“以人为本”中的“人”，可以兼指各种人，如公民、人类、个体之人——当然也可以指“人民”。此外，还可以兼指人性、人道等抽象性的概念。而“为人民服务”中的“人民”含义很单纯，没有这么丰富的含义。因此，“以人为本”能把新时期我国政权据以立足的群众基础的深度和广度表示出来，而“为人民服务”则不具此层深意。

第三，“为人民服务”，加上已有的“人民的公仆”之类的说法，容易造成国家和政府是人民的“服务公司”这样的印象。如果把国家理解为人民的“服务公司”，则国家的神圣崇高性、国家所蕴涵的民族精神内涵和国家应具有的对公民和全社会的积极的“管理功能”就会大受影响。而“以人为本”之说则不会引起这样的负面联想。基于这些原因，本文认为，虽然“为人民服务”是“以人为本”所涵盖的重要内容，但是如果将其认作是“以人为本”的严格意义上的解释，则未见其可。

三、“以仁为本”：第六种解释方案

通过上文探讨我们发现，已有的五种“以人为本”的可能解释方案，要么与“科学发展观”的主题不甚关切，要么虽切题却各有长短利弊，均不足以充当“科学发展观”意义上的“以人为本”的圆满解释。为此，本文在此尝试提出第六种方案——“以仁为本”——供学者参考。

“仁”是我国儒家思想之核心观念，意蕴十分湛深丰厚，绝非“爱人”两字所能尽，兹不及详论。姑简言之，可说“仁”是人之所以为人的最终根据。孔子说：“仁者，人也。”孟子说：“仁也者，人也。合而言之道也。”朱子说：“‘仁者，人也。’人之所以为人者，以其有此而已。”[1] 换言之，“仁”就是“人性”。

不过，主流儒家学者所理解的“人性”不同于西方文艺复兴以来兴起的“人文主义”所理解的人性。西方文化传统中的“人性”指的是与“神性”处于对立状态的人之自然属性、经验属性。而儒家主流学者认为，人之“仁性”来源于超越而

〔1〕 三处引文分别见《中庸》、《孟子·尽心下》和《朱子语类》（卷六十一）。

"於穆不已"的"天"，即所谓"天命之谓性"，与"天"的关系是"二而一"的关系。[1]因此之故，人性也是崇高伟大、光明磊落的存在，是人最真诚纯洁善良的一面，相当于明代最著名的儒者王阳明所大力提倡的"良知"。

儒家学者所理解的人之"仁性"，用朱子的话说，是"天理"。不过，这"天理"不是抽象之物，不同于西方哲学传统中的"理型"（柏拉图)、"纯形式"（亚里士多德）或"绝对精神"（黑格尔）等理智、理性上的或逻辑上的概念。"仁性"是"生生之德"，是一团生机活泼、健行不息、"感而遂通"的"生意"，不是"不通性情"的生硬死板之物。一个不失其"仁性"的人，总是善于体谅别人、易与相处的"通情达理"的人，而不是只顾算计私利的"冷血动物"。是怀着强烈责任感积极入世为家国天下尽责任、做贡献同时又襟怀洒落的达观者，而不是"拔一毛利天下而不为"且患得患失而怨天尤人者。富有"仁性"者，心通古今，对自己民族的文化传统满怀温情，对时代面临的问题先天下而忧之，对子孙后代之利益和前途命运萦于中怀。不仅如此，仁者"亲亲而仁民，仁民而爱物"，其心与天地万物息息相通，对飞禽走兽、山河大地乃至草木瓦石都不忍无端毁伤。因此，可以说"仁"是开启天地间一切光明美好纯洁善良之行的无尽宝藏，是克服一切人间丑陋邪恶现象的动力源泉。[2]

"仁"不仅是道德原则，自古以来也是儒者奉行的政治原

---

〔1〕 西方思想传统中的人性，即"人之自然（human nature)"。中国儒学中之人性，译作"human nature"就不恰当，故现在西方儒学家有将其译作"humanity"的，而"仁"之译亦为"humanity"。

〔2〕 在儒家哲学中，狭义的"仁"与"义"、"礼"、"智"、"信"并列构成"五常"，而广义的"仁"则包括"义"、"礼"、"智"、"信"，为"全德之名"。

则，此即所谓“仁政”或“王道”（与“霸道”相对）。“仁政”之下，国家“以仁为本”，“敬天保民”，推行“富之、教之”的政策，反对“暴政”、“苛政”。以“周贫不继富”为原则，反对贫富严重不均。以“天下为公”为理想，倡导“老有所终，壮有所用，幼有所长，鳏寡孤独废疾者皆有所养”的社会保障政策。对内致力社会和谐，对外维护国际和平。对自然界，主张“数罟不入洿池”，“斧斤以时入山林”。取用有度，捕杀有禁。环保与可持续发展，自不待言。

鉴于“仁”具有如此丰富而亲切的意蕴，本文认为，“以仁为本”最能切中科学发展观之精神实质，以之解释“以人为本”，可成最佳解释方案。兼有以上诸解释方案之利而略无其弊。

上列第一种解释方案，因是纯哲学认识论问题，仍姑置不论。第二种“人类中心论”方案，其长处是能使人类从上帝恐吓下的卑躬屈膝状态中挺立起来，从宗教教条的层层缠缚禁锢中脱出身来，昂首天地间，确立人类自身存在之价值和主体性。顺此以往，人的感性获得应有地位，人之才性得以发挥，人之理性和科技创造力得以施展。其弊端是主客之截然二分，蔑弃世界的神圣向度，夷世界为“科学一层论”之平面世界，驯至人类俨然以世界“霸主”的姿态对大自然“横征暴敛”，暴殄天物，有将人类最终引向与地球同归于尽的危险境地之虞。

在以儒学为主体的中国传统文化中，“仁体”同天，地位至尊。具有“仁性”之人，有其“天爵”、“良贵”，因而不致出现西方中世纪出现过的人在上帝面前都是“罪人”这样的情形。然而，儒家虽然认为“天地之性（生），人为贵”[1]，但力戒“战天斗地”，而是对自然界保持着某种温情和尊重。因为根据

〔1〕《孝经·圣治》。

儒家哲学，人与万物在本源处是“一体”的，是有机地息息相通的。这样，“以仁为本”自然不会引发目前人类面临着的日益岌岌可危的生态局面。或许有人会质疑道：这样固然好，但可能不利于科学发展。本文认为，科学与“仁”处在不同层面。在“以仁为本”原则下，“唯科学主义”固然不能大行其道，但并不妨碍科学的发展。“以仁为本”自然要主张促进民生，欲促进民生，自然不会排斥促进民生的有效手段——科技。所不同的只是不主张“为科技而科技”，留意不让科技反客为主，成为人类之主宰，而是以仁道来统摄指导科技的发展。[1]

关于第三种解释方案，即“个人主义”意义上的“以人为本”，“以仁为本”也可扬其长而避其短。“仁者爱人”（孔子语），“以不忍人之心行不忍人之政”，“杀一无辜得天下而不为”（均孟子语）——奉行“以仁为本”的政府，必不至奉行极权主义，必然会尊重个人的人格尊严，保护其生命、财产、个性发展等自由和“人权”不受侵犯，使个人皆得“乐其乐而利其利”。与奉行“个人主义”的政治不同的是，仁政虽然反对极权、尊重个性发展和个人自由，但不将保护个性发展和个人自由奉为人间至高无上、压倒一切的政治理念，而是以“仁”节制之。这样，“个人主义”主导下的社会可能出现的种种腐朽堕落、伤风败俗等弊端可得克服。仁政政府不单是“看护人”，更是引导者、管理者、调控者，这样，西方自由主义强调“小政府”可能带来的弊端也可获其救治之道。

至于“以人为本”的第四种解释方案，作为“济大事”的策略，在“以仁为本”的大原则下，其正面作用可得发挥、其消极影响可得避免，显而易见，不烦赘述。

---

〔1〕 原始社会里，人类是自然的奴隶。西方中世纪，人是上帝的奴隶。而现代社会，人可能已沦为科技的奴隶。这都是违背“以人为本”原则的。

以第五个“为人民服务”解释方案与“以仁为本”方案相较，后者更为圆通、宽宏和深刻，经过前文诸多论述，此意实已了然。在“朕即国家”的专制君主制度下和纳粹那样的极权制度下，人民和个人都是政府的“臣民”或服务者。在“人民主权”这样的政治制度下，来了个180度大转弯：政府和政府构成人员转而成为人民或个人的服务者或“公仆”。本文认为，这是两个极端。这两个极端情况均有流弊。如果以仁道为原则审视之，调控之，则可从两个极端中超拔出来，克服其流弊，实现政治上的“中和”，从而引导社会走向长久的国泰民安的“至治”局面。

“以仁为本”方案，除了兼有其他诸方案之长外，还有一个其他方案都不具备的优势，即“以仁为本”根植于我们几千年来的文化传统，可以说是我们民族精神的核心要素。因其为我们民族精神家园中的“固有家当”，国人闻之将会眷然有怀，言之亲切有味，行之心安理得，其浃洽于民心之深将是其他各种解释方案无法与之相比的。此外，要实现中华民族的伟大复兴，民族文化的复兴势在必行。倡导“以仁为本”，也可将今天的社会发展大业与民族文化复兴大业有机地结合起来，可谓圆满无憾！

仁政理念，考诸历史，其效用至为昭著。稍有落实，即现盛世，汉唐是其例。一旦完全背离，便江山失守，嬴秦、隋炀是其鉴。然而，限于历史条件等种种原因，几千年来，仁政理念一直没有在社会现实中充分落实。当今历史条件已非昔日可比，小康社会的理想已经基本实现，在此基础上，以仁道为原则，更上层楼，则仁政理想将不再仅是梦想，此真政府之伟业，国人之洪福，民族之鸿运！

（曾发表于《首都经济贸易大学学报》2008年第6期）

05 尤根·赫曼森民意“驯服”思想述评

尤根·赫曼森（Jörgen Hermansson）教授系世界名校瑞典乌普萨拉大学政府管理系教授，对民主、宪政等问题有精深的研究，并形成了一套独具创造性的见解。2009年4月初，本人偕同其他中方学者出席了乌普萨拉大学政府管理系所主办的一次题为“中西方社会政治反思的起源和发展”（The Origins and Development of Social and Political Reflection in East and West）的国际学术研讨会。尤根·赫曼森教授提交了一篇英文长文：《驯服人民？论多数决定制民主制度下的宪政设计之运用》（Taming the People? On the use of constitutional devices in a majoritarian democracy）。[1]赴瑞典之前及旅途中，本人反复通读其文，并在会议上负责点评此文。会议期间与赫曼森教授就其论文中涉及的问题进行了广泛的交谈。会后又多次通过电子邮件向其请益。通过这一系列交流，受益甚大。深感其观点和思想具有理论上的深刻性和现实关切性，不仅值得西方学者重视，同时也值得国内的政治学者予以关注。本文将对其关于民意“驯服”的理论和观点作一初步介绍，并加以试探性的评议——主要是从中国传统文化中的主流思想，即儒学的视角加以论说。这些评议既是本人的观点，同时也是与赫曼森教授交流所获心得。

〔1〕赫曼森此文实系多年前撰就之旧文，原以瑞典语写成，译成英文也已有多个年头。其英文本未曾发表过。

一、赫曼森认为：在现代民主制度下，民意、民众权力，必须接受某种“驯服”

我们知道，自卢梭（Jean-Jacques Rousseau）“人民公意”（common will）思想问世及法国大革命之后，人民主权（popular sovereignty）之说日益深入人心。不论是资本主义国家还是社会主义国家，虽然其理论背景不同，但都奉行“人民权力高于一切”这一理念。实际上，此一理念现在已经成了不证自明的政治公理，几乎没有哪个党派或政治家敢于对其进行挑战。在这种“民意压倒一切“的背景下，赫氏则提出了惊人之语：民意需要“驯服”。

赫氏指出，民主公认的要素有三：①人民主权；②政治平等；③多数决定原则。但是他提出，对民主必须“驯服”。驯服的主要手段是宪政主义或法治。

与国内绝大多数学者看法不同，赫氏认为，宪政或法治与人民主权，来自全然不同的两个传统。宪政的核心是统治者和被统治者都守法，而民主的核心是被统治者应该控制政府，两者之间没有内在而必然的联系。他进一步说：从历史上看，最初限制专制的是宪政，而不是民主。现代民主，实际上是民主主义与宪政主义的结合。这种结合，使民意受到某种“驯服”。虽然宪政的表现形式有不同，但其目的都是一样的，那就是程度不等地驯服来自人民的权力。

赫曼森的这些观点，并非故作惊人之语，而是具有启发意义，值得慎重对待的。流行的、尤其是国内流行的意见是，民主与法治，是“两位一体”的，都是近代资产阶级革命的产物。此种意见虽然不一定有严重错误，但是颇有简单化之嫌。

把宪政主义（法治）与民主区别开来对待，从儒家观点来看，是值得肯定的。比如，就国内近年兴起的政治儒学而论，儒教三院制，是一种宪政主义的表现形式，也是王道政治的一种形式，但是不是民主制。[1]

如果从中国传统儒家思想的视角来审视，我们认为：宪政主义，与西方的“自然法”、“超越法”联系密切，强调的是“天道”、“天理”。“天行有常”，而非反复无常。因此，政府应该“法天而治”，政治应该“行政有常”。而民主主义，用宋明儒学的话来说，则是天理人欲相夹杂的。因为民主中的民意，不同于卢梭所讲的“公意”，是可能犯错误的。如果拿亚里士多德的哲学来分析，则宪政是“形式”，民意是“质料”。宪政是形式对质料的模铸。形式来自超越的神，而民意作为质料，是经验性的；其精粗纯杂，是没有可靠保障的。

从近代民主史看，民意犯严重错误的情况是颇为常见的，如纳粹等极权政治的不断出现，就是明显例证。因此需要“驯服民意”之说，虽然乍看起来十分刺耳，但细思之后，颇有几分洞见蕴涵其中。儒家讲“富之”之后，接着“教之”，讲“牧民之道”，虽然其说与宪政的驯服民意的方式不同，但认为民意需要“驯服”，则是共同的。

二、赫曼森对“驯服”民意的宪政设计所作的梳理

如何通过宪政制度的具体设计来实现对民意的“驯服”；“驯服”民意的渠道和方式有哪些；哪些是正当的“驯服”，哪些是不正当的“驯服”，关于此赫氏作有细致的分疏。

首先，赫氏认为对民意有成文的“驯服”形式和不成文的

〔1〕 关于政治儒学请参见：蒋庆：《政治儒学》，三联书店2004年版。

“驯服”形式。同时，两者又可进一步分为“制约性的”、“限制性的”和“平衡性的”三种样态。可用下表表示：

驯服民意的方式	成文的	不成文的
被制约（bounded）	程序性规定（形式）	公共精神、公民道德
被限制（limited）	基本人权（内容）	政治禁忌
被平衡（balanced）	分权	多元主义等

以下按上表所列各项，对赫氏所分疏的“驯服”民意的各种方式或因素加以介绍：

1. 民意的程序性“驯服”。关于此，赫氏认为：①民主中的程序性规定是民意自我强加的。这种自我强加，是出于理性的必要自律。因为没有程序性规范，民主根本无法运作；②程序性规定对民主的驯服，有积极性的驯服或制约和消极性的驯服和制约之分；③积极性的程序规定能促进民主：要么能保障民主制度的稳定，要么能提升民主的内涵和质量。前者包括选举和决策的程序，后者包括确保人民能充分思考、审慎选择的言论自由方面的规定。赫氏借用古希腊《荷马史诗》中的故事来说明其观点：奥德修斯让自己被捆绑在船的桅杆上，从而保护他不受海妖的引诱。积极性的规范与奥德修斯自我束缚的情景类似。

但是，如果这种程序性规定太过严格，致使人民无法参与到政治决策活动中来；或者如果这种程序性规定，一旦规定下来，就难以更改，被“套牢”了，不能解套，那这些程序性规定就成了消极性制约。消极性的制约，制约民众的政治参与，对民意是一种限制。赫氏认为，前代人制定的、限制今天公民参与政治的规范，就属于消极性限制。宪法法院，也可能对民意构成消极性限制。赫氏还把柏拉图和孔子的政治主张列为消极性限制之列。他原则上赞成杰斐逊（Thomas Jefferson）“死人无权”之说（the dead have no rights）。按赫氏的意思，消极性的制约，是对民意不正当的“驯服”。

2. 公民精神对民主制度运作能构成不成文性的制约。自由主义者，不论是“左倾”的罗尔斯（John Bordley Rawls），还是新自由主义者诺齐克（Robert Nozick），都认为国家的游戏规则应该是中性的，对公民个人的人生观应保持中立。民主制度就被认为是此种情形。用瑞典学者赫伯特·廷斯屯（Herbert Tingsten）的话说，民主制度是一种“超级意识形态”。这样一来，一个民主主义者，同时可以是保守主义者、自由主义者或社会主义者。

赫曼森认为此说并非没有问题，称这是一种“面对唱诗班的布道”（sermons to the choir）。他认为：自由民主制度在态度上是有积极主张的。它实际上是一种价值选择，这种选择对某些其他价值是排斥的。[1]因此，民主是以民主之外的某种东西为基础的。某种为民主承担责任的责任感和意识便是其基础。这种责任感和意识客观上不能条规化，不能列举出来，成为成文的条款。

这种责任感和意识就是公共精神，就是一种尊重程序的精神。如果缺乏这种公民美德，或者如果其他破坏性的意识广泛流行，就会对民主制度造成严重困难。[2]这种公民精神或公民道德，无法用宪法的条文规定使其产生。

---

〔1〕 赫曼森在其论文中提示，关于此问题可参瑞典学者巴利·布莱恩（Barry Brian）所撰“如何不为自由体制辩护”一文。（“How not to Defend Liberal Institutions”, *British Journal of Political Science*, 20, 1989, pp. 1 ~ 14.）

〔2〕 在瑞典会议上，乌普萨拉大学法学系安德斯·福格尔克劳（Anders Fogelklou）提交的“法律虚无主义”（Legal nihilism）一文，分析了俄罗斯传统中缺乏法治精神的情况，也可算是公民精神对民主能构成制约的一个例证。

以下对赫氏所讲的以上两点对民意的程序性制约或曰“驯服”略作评论。赫氏自称是一个“有原则的民主主义者”（a principled democrat）[1]，他主张“民主中的程序性规定是民意自我强加的”，正与其立场一致。但是，民意能否给自己强加上足够的制约，是否能自我“驯服”，是颇成问题的。很可能，民意需要某种“外部”力量来“驯服”。赫氏自己在其文中也提及，挪威政治学家扬·埃尔斯特（Jon Elster）就曾对民意自我“驯服”之说提出过质疑，断定：驯服的主体和客体是同一的——这是不可能的事。[2]

中国儒家思想，虽然在理论上认定人性本善，有其光明的一面，但从现实着眼，其对人性的看法也是不乐观的。荀子、董仲舒一系的政治儒学思想传统，对人性则明显地持悲观态度。[3]不认为人民能很好地自我约束，需要礼乐刑政驯服之。对赫氏的民意自我约束说，如果从儒家角度看，是不能完全成立的。但对公民精神之说，儒者应该赞同。西方有公民精神传统，因此民主可能易于推行。东方没有这种传统，所以应该慎重看待西式“民主”。当代曾有儒家学者提出，民主是“西方法”，不是东、西“共法”，这可以从赫氏那里得到某种程度的印证。此外，赫氏看出，西方的自由民主制度，并不是真正中立的，其如此宣扬，只是“对唱诗班的布道”。这也是很有洞见的。

杰斐逊曾说：“地球是属于活着的人的，不属于死了的人

〔1〕 会议间隙本人与赫氏交谈时曾问及他的政治思想立场，他作如是回答。

〔2〕 扬·埃尔斯特最初认为民众是可以自我驯服的，后来2000年出版新著（Ulysses Unbound: Studies in Rationality, Precommitment, and Constraints, Cambridge University Press），修正了其原来看法，认为驯服的主体和客体如果是同一的，则驯服成为不可能。

〔3〕 荀子主性恶，董仲舒持“民者，瞑也”之见（《春秋繁露·深察名号》）。

的"，"死者无权"。此说显然是比较短视的，而赫氏则同意杰斐逊此类说法。[1]这一点，站在儒学所主张的"历史文化合法性"上看，是很成问题的。英国大政治思想家埃德蒙·柏克（Edmund Burke）就曾提出过，社会契约不仅是今天活着的人之间的契约，而且是三代人（以前的人，现在活着的人和将来出生的人）之间的契约。[2]

3. 公民权利对民意的限制、"驯服"作用。赫曼森指出，虽然公民权利与民主在很多方面是密切联系的，但是它们之间也可能是互相对立的。在宪政民主体制下，公民的个人权利或曰人权经常被认为是对民主的一种制衡，用以抗衡多数统治对少数派的压迫。最明显的例子是财产权，它经常被宣扬为文明社会的关键要素之一。诺齐克就极力如此主张。权利分两种，"作为王牌的权利"［美国法学家德沃金（Ronald M. Dworkin）语］和政治权利。前者如个人自由，隐私，基本生存权。这些权利对民主是一种限制。政治权利、公民参政权则是民主制度的构成要素，是保证民主程序的权利。前者是对民主的制约，后者则是促进民主的。赫氏明确提出，民主最终只有工具价值，不是最终价值。人类尊严则可能是最终价值。

4. 政治禁忌对民主的不成文限制。赫氏认为，如果让政治

---

〔1〕 瑞典研讨会上，在点评赫氏之文时，本人曾追问他是否赞成杰斐逊"死者无权"之说，赫氏答曰他原则上同意此说。

〔2〕 柏克说："社会的确是一种契约……但是，不可把国家与胡椒、咖啡、白布、烟草或其他类似的无关紧要的商品交易中的合伙协议等量齐观，认为它是为暂时的小利益而设的，并认为它可以根据当事人的一时意愿任意解除。……由于历经多代人的努力也不能实现此种协议所设立的目标，因而，此种协议不仅仅是现在活着的人之间的协议，而且是现在活着的人、已故去的人和即将出生的人之间的协议。组成每个特定国家的每一契约仅是组成永恒社会的伟大的原初契约中的一个条款。"《传统与自由——柏克政治论文选》，蒋庆、王瑞昌、王天成译，商务印书馆2001年版，第64～65页。

冲突严重发展，民主制度可能无法运转。为此，政治家应该有所收敛，使某些问题避免政治化。也就是政治上有些禁区，应避免涉及其中，不使其成为政治关注的焦点，此即所谓“政治禁忌”（political taboo）。他引用美国法学家、政治学家史蒂芬·霍姆斯（Stephen Holmes）在其《激情与约束：论自由民主理论》[1]一书的观点说：有些敏感问题易导致严重分裂，会使其他政治讨论和活动受到损害或陷入僵局。在政治议程中，对此类问题应该有意识地适当回避。如美国政治史上的废除奴隶制问题、宗教自由问题、堕胎问题等等，都曾引发严重政治问题。赫氏的言下之意是：当我们没有充分程度的民主时，民主制则运转得最好。赫氏又举两次世界大战期间德、意民主政治破产的例子来说明问题。德、意缺少“公民文化”，实行高度民主，让民众广泛参与政治，致使民主制度从内部破产，产生极权。他还以荷兰政治学家阿伦德·利伊法特（Arend Lijphart）的研究结果来说明此问题：民主的模式可分成英国式的“多数制民主”（majority model）和瑞士式的“协作式民主”（consocial model）。后者民主程度要低些，但是像瑞士这种国家，不能实行英国式民主。因为民族成分复杂，民族分化严重。在那些民族分化严重的国家，要么实行协作式民主，要么完全没有民主。没有其他选择。对某些不够民主的制度，如果人民对它没有反对，或者人们没有意识到，就不要涉及此问题。赫氏对政治禁忌不甚认可，持保留意见，但是他提出的这个问题，具有相当大的现实意义。

本文认为赫氏三、四两点看法，很有洞见。儒家认为，一些基本道德，“天理”，不仅张三、李四不能违背，就是全世界

---

〔1〕 Stephen Holmes: *Passions and Constraints: On the Theory of Liberal Democracy*, University of Chicago Press, 1995.

的公民一致通过，也不能违背。也就是说，民主是有其界限的。赫氏所提出的限制民主的那些基本权利，未必就一定是“天理”，但是认识到民主不是最高价值，则是很可贵的。其对“政治禁忌”的提出，更具有洞见。哈耶克（Hayek）主张，不能让国家干预市场，不能搞计划经济，因为人类的认识有限，不能使资源达到最合理有效的配置。那么儒者和保守主义者也可以这么说：民主是一种理性的政治，但是理性是有限的，有些问题，通过政治讨论、政治理性并不能搞明白，或者目前尚不能搞清楚，那么就应该交给历史文化，交给礼俗习惯风尚，甚至交给偏见。因为，从古到今，各种文化积淀、思维方式，礼俗风尚习惯乃至偏见，也是在一种更为广阔的“市场”中进行博弈的结果，也是一种“自发秩序”。对此，政治应该谨慎涉足其间，有所“禁忌”。这对社会的和谐稳定和人民的真正幸福，可能更有好处。

实际上现代西方政治制度从某种意义上说是一种“计划”，一种理性建构；是对权力关系、社会关系等的一种安排和规划。这些权力和社会关系，在中国传统社会多半是由礼俗来调整的，所谓“以孝治天下”就是此种情形的典型反映。所以孔子有“奚其为为政”之说。[1]虽然现代社会完全舍弃理性建构，全靠传统礼俗习惯来整合社会不再可能，也不可取，但是也应该有所“禁忌”，不可任意破坏长期形成的原生态的礼俗。[2]

---

〔1〕《论语·为政》。“奚其为为政”中的前一个“为”字，可引申为“有意为之”、“理性建构”。因此，孔子的话含有政治不一定全靠理性建构、礼俗不可或缺的意思。

〔2〕费孝通在其《乡土中国》中曾论及，西方理性建构型的法制引到中国乡土社会后，打破了原有社会的正常秩序，造成某种社会失调和混乱。这与历史名胜、文物古迹的保护、修复的道理一样：保持历史原貌是最佳方案，拆毁原来遗迹新建以求“旧貌换新颜”则是下策，甚至是无知大胆的颟顸之举。

赫氏提出了“政治禁忌”问题，但是他原则上又不赞成这种禁忌。然而从儒家立场上看，“政治禁忌”倒是很值得注意的正面思考。

5. 分权对民主的制衡作用。赫氏提出，分权、公共权力的委托和二次以至多次委托等等，也会使民主打折扣。在西方三权分立政体下，民众所选举的主要是立法机构的成员。除了像美国这样的总统制国家，其行政首脑由民众选举产生外，其他内阁制等体制下的政府首脑，由立法机构产生。行政机构的大量官员一般由任命产生。司法机构的独立性，自不待言。这样民意对大多数国家机构的决策和运作过程的影响便相当有限。现代国家，某些行业相对独立，条块分割；还存在着大量政府授权成立的代理政府行使公共权力的机构，如赫氏所举的政治上独立的瑞典中央银行等。对这些领域民众往往鞭长莫及。

欲使国家有效地发挥其职能，分权和权力委托，是不可避免的。因此民意不得不受到某种“驯服”。但是赫氏又指出，民选的代表应该经常对各种职能部门和授权机构进行监督。如果听任各种公权机构各行其是，使民主制度失灵，便会出现对民意的不正当的“驯服”。

6. 多元主义对民主的不成文制衡。赫氏指出，当代社会许多集体决策并不是在国家权力之中进行的。许多民间社团或非政府组织都影响着人民的生活。多元主义是民主制度运作的必要条件。但是，多元主义也有其负面作用：既得利益组织可能自我封闭，以期获得更大利益，这样便会导致社会不公平。这些集团甚至会拒绝对话，影响到民主制度的运转。

本文认为，分权和多元主义，其对民意的直接的落实能产生制约作用。从儒家立场看，也是有利有弊的，关于此赫氏在其文中所作提示很有意义。儒家主张“大一统”，不主张彻底分权，也不主张彻底的多元主义。但是不反对国家机构分工制衡，也不反对民间社会、民间自治的存在和发展。甚至把政治权力分散到社会中，成为各种社会权力，认为这样可能是“无为而治”的最佳政治。“一统而分权”，“多元中的一元”等等应该是儒家“理一分殊”哲学观点所具有的应有之义。赫氏的探讨，对我们思考制度建设，应该有借鉴意义。瑞典是典型的民主社会主义国家，赫氏的思想既从自由主义那里汲取营养，同时又从保守主义那里获得灵感，其思想有某种中庸色彩。

三、对赫氏民意“驯服”思想的总体评论

赫曼森教授提出“驯服”说，并对其机制进行细致研究，这是对民主制度的更深层次的探讨。他对民主制度可能存在的悖论有所觉悟。但是，在他的政治思想中，似乎仍缺少超越向度。表现在：①认为驯服民意的动力源来自民意自身。主张民众应该如何被统治、民主应受何种程度的制约，最终由民众来决定。②他所说的“驯服”，实际上指的是能使民主受到种种折扣的各种或成文或不成文的制约因素。这些制约因素，有些他认为是正面的，如程序性规定、基本人权；有些他则认为是负面的，如政治禁忌等。因此，其所说的“驯服”并不是真正的驯服。③不赞成国教之说。其文中没有提到“国教”，但是通过会下、会后交流，知道他赞成2000年瑞典取消国教。[1]

此外，赫氏政治视角也明显缺少历史文化向度。如把前人

〔1〕 基督新教路德宗一直是瑞典国教，2000年其国教地位被废除。但是瑞典王室仍与教会密切关联着。

的规定看成负面制约，同意“死者无权”之说等等。与一般的左派民主主义者相比，赫氏具有更深的洞见；与儒家政治观点相比，其所谓的“驯服”，可能是很不到位的。

（曾发表于《首都经济贸易大学学报》2009 年第 5 期）

儒学讲演

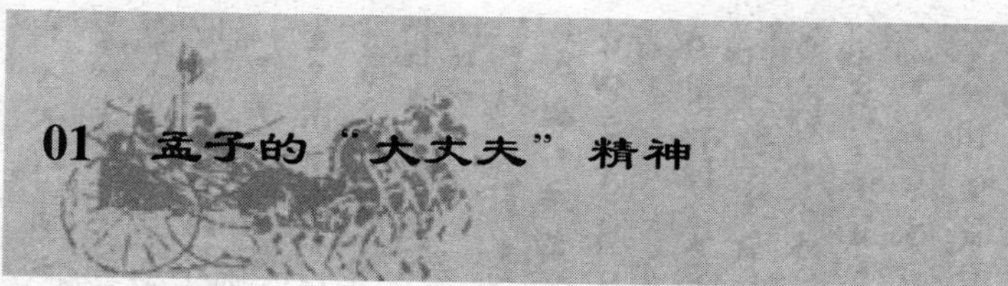

01 孟子的“大丈夫”精神

前　言

“实现中华民族的伟大复兴”是全体中国人的宏伟愿望。要实现中华民族的伟大复兴，需要做很多方面的努力，如科技的、经济的、军事的、政治的等等。但是，文化方面的复兴无疑也是重要的一方面。科技、经济、军事及政治制度可以说是民族复兴的硬件方面的事情，而文化可以说是软件方面的事情。他们具有同等重要的意义。文化范围很广，我们通常把文学、戏剧、电影、音乐、教育等视为文化领域，其实，这还是比较“表层”的文化，还有更深层的“文化”为其基础。这更为深层的“文化”就是一个民族的价值诉求、生命理想、道德信念、思维方式和审美情趣等。一言以蔽之曰民族的灵魂。现在要实现中华民族伟大复兴，就不能不复兴中国固有的文化，以固有的文化为基础，再造新的文化。

中国文化非常丰富，其主流便是儒家，主要表现在孔孟之道上。今天我们专门讲讲孟子。题目是“孟子的大丈夫精神”。

一、孟子其人其书

现在人们经常把儒家学说称之为“孔孟之道”，这是很有道理的。孔子是儒家学派的创始人，后世尊之为“至圣先师”。孟子是孔子思想的真正继承者、发扬者和开拓者，他对儒家学说的贡献仅次于孔子，后世尊之为“亚圣”。

劳思光先生的说法值得参考，他说：“孔子代表中国儒学之创始阶段，孟子则代表儒学理论之初步完成。就儒学之方向讲，孔子思想对儒学有定向之作用；就理论体系讲，则孟子是建立较完整之儒学体系之哲人。故在先秦哲学家中，孟子有极为特殊之地位。中国文化精神以儒学为主流，而孟子之理论则为此一思想主流之重要基据。”[1]

孔子生活在春秋末期，孟子比孔子晚出生约一百八十来年，正处在战国时代。孔子时代周朝的制度已崩溃，所谓“礼崩乐坏”即是。战国时，天下大乱。这个时代，各国如齐、楚、燕、韩、赵、魏、秦这“战国七雄”之间互相攻打，战争不断。国君们任用的都是些尚功利、善打仗或者喜欢纵横捭阖的人，如商鞅、孙膑、庞涓、苏秦、张仪等。当时的知识分子即所谓“策士”，都想投机取巧，渴望在某一诸侯国受到重用，升官发财。思想领域是“百家争鸣”，与政治上的混乱局面差不多。所谓诸子百家，就形成于此时。此时，杨朱、墨翟之言尤其流行。孔子的仁义学说处在绝续之交，处在危机之中。此时孟子有一种危机感，于是，挺身而出，以继承孔子思想为己任。孟子自己有一段话，将他自己的理想抱负讲得很明确。他是这样说的：

“世衰道微，邪说暴行有作，臣弑其君者有之，子弑其父者有之。孔子惧，作《春秋》。《春秋》，天子之事也。是故孔子曰：‘知我者其惟《春秋》乎！罪我者其惟《春秋》乎！’”

“圣王不作，诸侯放恣，处士横议，杨朱、墨翟之言盈天下。天下之言不归杨，则归墨。杨氏为我，是无君也；墨氏兼

〔1〕 劳思光：《新编中国哲学史》（卷一），广西师范大学出版社 2005 年版，第 117 页。

爱，是无父也。无父无君，是禽兽也……。杨墨之道不息，孔子之道不著，是邪说诬民，充塞仁义也。仁义充塞，则率兽食人，人将相食。吾为此惧，闲先圣之道，距杨墨，放淫辞，邪说者不得作。作于其心，害于其事；作于其事，害于其政。圣人复起，不易吾言矣。”

“昔者禹抑洪水而天下平，周公兼夷狄，驱猛兽而百姓宁，孔子成《春秋》而乱臣贼子惧。《诗》云：‘戎狄是膺，荆舒是惩，则莫我敢承。’无父无君，是周公所膺也。我亦欲正人心，息邪说，距诐行，放淫辞，以承三圣者；岂好辩哉？予不得已也。能言距杨墨者，圣人之徒也。”(《孟子·滕文公下》)

他的志向是要继承前圣，主要是孔子。孟子最推崇的人是孔子，说“自有生民以来，未有盛于孔子者也”，说“乃所愿则学孔子”。于是他也像孔子那样，周游各国，游说诸侯，希望他们实行仁政，并与当时的其他学派展开辩论。

孟子口才很厉害，当时有“好辩”之名。晚年见道不行，退而与学生万章、公孙丑作《孟子》一书，阐发的都是孔子的思想。孟子是孔子思想的真正的继承者。孟子的文章如大江滔滔，如泰山严严，俊拔颖挺，宏肆博辩。既是伟大的哲学作品，也是伟大的文学作品。一个知识分子不读孟子，可谓遗憾无穷！

《孟子》一书共有 7 篇，篇名取自该篇前几个字，具体地说，孟子七篇为：梁惠王、公孙丑、滕文公、离娄、万章、告子和尽心。七篇每一篇又分为上下，篇下分章。全书共 261 章，约有三万五千多字，《四书》之一、《十三经》之一。是中华典籍中最为璀璨的明珠之一，永远光芒四射！

孟子思想对后世影响深远。汉代学者赵岐称孟子为“命世亚圣之大才”。唐代大文学家韩愈写过一篇《原道》，是大手笔，里面提出了儒家道统说。他说：“尧以是传之舜，舜以是传之禹，禹以是传之汤，汤以是传之文武周公，文武周公传之孔子，孔子传之孟轲。轲之死不得其传焉。荀与杨也，择焉而不精，语焉而不详。”可见他认为孟子是孔子思想的真正传人。此点得到后人广泛接受。在后代，真正能吃透孟子思想并发扬其学问者是陆象山和王阳明。

二、孟子的“大丈夫”精神

现代大儒牟宗三先生曾以“尽心知性知天”来概括孟子的整个学问。这非常深刻，非常恰当。但是对我们初学者来说，这种说法非常高深玄远，不好一下子明白。

现在为让大家一下子就能把握住孟子学问的基本要领，我来个通俗的概括。孟子讲的学问是什么呢？答曰：“大丈夫”之学！即何谓“大丈夫”和如何成为“大丈夫”的学问。

“大丈夫”这个词，据我所知，孟子最先使用。当然孟子所谓的“大丈夫”有特定的含义。孟子的“大丈夫”与身体条件无关。《说文解字》“夫”字条下说：“周制以八寸为尺，十尺为丈。人长八尺，故曰丈夫。”孟子所说“大丈夫”不是指“身长八尺”之人。与性别也无关，不是指我们现在说的“汉子”；不是说大男子主义就是大丈夫精神。与权势无关、与财富无关，与能说会道的才能无关，与博学多才无关，甚至与雄才大略也无关，因为孟子明确说：“仲尼之徒无道桓文之事者”。

（一）居仁由义

孟子讲的大丈夫与什么有内在关联呢？与道德、操守、人之价值、人之尊严有关。一个人若能不失其赤子之心，坚信人之道德良知万古不灭，并在立身行事时不灭本心之良，杀一不辜得天下而不为；杀身成仁，舍生取义，宁为玉碎，不为瓦全；能伸能屈，能上能下，得志掌权时为民族国家天下尽心尽力，廉洁奉公，不得志处于贫贱地位时能抱定固穷之节，乐天知命，自得其乐，独善其身；不枉道事人，不曲学阿世；活得清清白白、坦坦荡荡，仰不愧于天，俯不怍于地，道德光辉畅于四肢，睟然见于面，盎于背——这就是孟子心目中的大丈夫。这种大丈夫孟子也称之为“大人”，也即孔子所讲的“君子”。他的反面当然是“小人”或“贱丈夫”。下面看看孟子自己是如何讲“大丈夫”、大人的：

孟子曰：“……居天下之广居，立天下之正位，行天下之大道。得志，与民由之；不得志，独行其道。富贵不能淫，贫贱不能移，威武不能屈，此之谓大丈夫。”（《孟子·滕文公下》）

孟子曰：“大人者，不失其赤子之心者也。”（《孟子·离娄下》）

孟子曰：“……故士穷不失义，达不离道。穷不失义，故士得己焉；达不离道，故民不失望焉。古之人，得志，泽加于民；不得志，修身见于世。穷则独善其身，达则兼善天下。”（《孟子·尽心上》）

孟子曰：“……仁义而已矣。杀一无罪非仁也，非其有而取之，非义也。居恶在？仁是也；路恶在？义是也。居仁由义，大人之事备矣。”（《孟子·尽心上》）

《孟子》书中相关言论很多，不一一列举。总之，孟子所讲的“大丈夫”，是以仁义为基础的。这“居仁由义”可谓“大丈夫”的第一个特点。

（二）发强刚毅

大丈夫的第二特点是“刚”——发强刚毅，壁立万仞。“富贵不能淫，贫贱不能移，威武不能屈”之论是经典之说，下面一则言论也很典型：

孟子曰："说大人，则藐之，勿视其巍巍然。堂高数仞，榱题数尺，我得志，弗为也。食前方丈，侍妾数百人，我得志，弗为也。般乐饮酒，驱骋田猎，后车千乘，我得志，弗为也。在彼者，皆我所不为也；在我者，皆古之制也，吾何畏彼哉?"（《孟子·尽心下》）

儒家所谓"刚"有坚毅不拔的精神，但是没有盛气凌人的习气，非张狂型人格，是"克己"型的。这从孔子的言论中就可明显看出。《论语·公冶长》篇：子曰："吾未见刚者。"或对曰："申枨。"子曰："枨也欲，焉得刚?"

孟子的大丈夫之"刚"即是孔子所称道的"无欲之刚"，体现的是某种"克己"精神。下面两则言论，言之甚明：

孟子曰："养心莫善于寡欲。其为人也寡欲，虽有不存焉者，寡矣。其为人也多欲，虽有存焉者，寡矣。"（《孟子·尽心下》）

孟子曰："爱人不亲，反其仁；治人不治，反其智；礼人不答，反其敬——行有不得者皆反求诸己，其身正而天下归之。诗云：'永言配命，自求多福。'"（《孟子·离娄上》）

（三）乐天知命

孟子所讲的大丈夫非常"刚毅"，但自己并不觉得活得很"累"。虽然"克己"，也不觉得活得很"苦"，而是很从容，很快乐。胸次有洒然之"乐"，这是"大丈夫"的第三特点。

孟子曰："口之与味也，有同耆焉；耳之于声也，有同听焉；目之于色也，有同美焉。至于心，独无所同然乎？心之所同然者何也？谓理也，义也。圣人先得我心之所同然耳。故理义之悦我心，犹刍豢之悦我口。"（《孟子·告子上》）

孟子曰："君子有三乐，而王天下不与存焉。父母俱存，兄弟无故，一乐也；仰不愧于天，俯不怍于人，二乐也；得天下英才而教育之，三乐也。君子有三乐，而王天下不与存焉。”（《孟子·尽心上》）

孟子曰：“万物皆备于我矣。反身而诚，乐莫大焉。强恕而行，求仁莫近焉。”（《孟子·尽心上》）

宋代大儒程颢《秋日偶成》一诗，很能表现孟子大丈夫的“乐”的境界，录此备参：

闲来无事不从容，睡觉东窗日已红。万物静观皆自得，四时佳兴与人同。

道通天地有形外，思入风云变态中。富贵不淫贫贱乐，男儿到此是豪雄。[1]

总之，大丈夫精神是：居仁由义、发强刚毅、乐天知命——智、仁、勇三位一体。

三、如何修炼“大丈夫”人格

（一）知性

孟子最伟大的贡献是明确地提出了性善。肯定性善才能明乎人禽之辨，才能确立人的价值、人的尊严的基础。只有确立性善，人生才有安心立命之处，才能实现最终的超越，获得生命的永恒意义。只有确立性善，人类社会才有光明之源，而不是一片漆黑。只有确立性善，人类历史才会有希望，而不是行走在死胡同。要修炼大丈夫人格精神，必须体会到人性本善的道理。

个人认为能否真切地体会到人性本善，是是否真正进入儒

〔1〕 程颢：《二程集》（上），中华书局《理学丛书》2004年版，第482页。

家堂奥的试金石。荀子讲性恶，虽然也在理论上成一家之言，但确如朱子所论，失去了“大头脑”。但是要真切体会到并坚信性善，并不容易。这不是看看教材就能解决问题的。

性善说实际上不属于科学上的定理，不是通过观察实验而得出的科学规律。不是通过考查古今中外的好人坏人，然后加以量化统计得来的。性善属人生方面的道理，甚至是信仰上的问题。要体会性善，眼睛不能老是向外张望，必须反求己心，谛听心灵深处的声音。看到别人受到折磨，我有一种怜悯之心；看到坏人干坏事，我有一种义愤之心；自己有时做了对不起人的事，我有一种惭愧之心；看到养育自己的父母，终日操劳，过不上安宁的日子，我有一种不安之心；看到有人虐待动物，我有一种难受之心；看到花草茂盛，鸟儿欢唱，我有一种愉悦之心；想到现实社会，有时有感世伤时的情怀，回首历史，放眼整个宇宙，有时有“念天地之悠悠，独怆然而涕下”这样的悲天悯人情怀和忧患意识。这种“怜悯之心”、“义愤之心”、“惭愧之心”、“不安之心”、“难受之心”以及“愉悦之心”、感世伤时、悲天悯人情怀，等等，都是性善的表现。

如果我们能虚灵不昧，不麻木不仁，反复体验这种心灵感触，就会逐渐体会到人性本善的道理。明代大儒王阳明说：“人与天地万物是一体的，看见幼儿快要掉入井中那一刹那，都会动怵惕恻隐之心；看见鸟兽在颤抖哀鸣，都会有不忍之心。而且不止如此，即使看见了没有知觉的花草树木遭到了无端毁伤，也会产生怜悯不安之心。甚而至于看见顽硬的砖瓦石料被毁坏，也会有怜惜之情的。这就是良知之心，就是性善的表现。”日本大儒冈田武彦先生曾说，只有你体验到了人性之善才能相信性善论，就是这样的道理。

人有恶的一面，如好逸恶劳、贪财好色、嫉妒自私等等，但这不是人之所以为人者，不是人所以与禽兽区别者，不是真正的人性，是人的生物性、动物性。下面看看孟子的言论：

孟子曰："人皆有不忍人之心……所以谓人皆有不忍人之心者，今人乍见孺子将入于井，皆有怵惕恻隐之心——非所以纳交于孺子之父母也，非所以要誉于乡党朋友也，非恶其声而然也。由是观之，无恻隐之心，非人也；无羞恶之心，非人也；无辞让之心，非人也；无是非之心，非人也。恻隐之心，仁之端也；羞恶之心，义之端也；辞让之心，礼之端也；是非之心，智之端也。人之有是四端也，犹其有四体也。"（《孟子·公孙丑上》）

孟子曰："恻隐之心，人皆有之；羞恶之心，人皆有之；恭敬之心，人皆有之；是非之心，人皆有之。恻隐之心，仁也；羞恶之心，义也；恭敬之心，礼也；是非之心，智也。仁义礼智，非由外铄我也，我固有之也，弗思耳矣。（《孟子·告子上》）

孟子曰："仁，人心也；义，人路也。舍其路而弗由，放其心而不知求，哀哉！人有鸡犬放，则知求之；有放心而不知求。学问之道无他，求其放心而已矣。"（《孟子·告子上》）

（二）尚志

要修炼大丈夫人格精神还必须有坚定、坚强的求"仁"的意志。必须拔出流俗，特立独行。追求仁义与追求名利权势不同。求后者对一己有好处，天下比比皆是，要求仁义大道，必须要有不同凡俗的意志和志向。如"舍生取义"之说就是大家熟悉的，再举几段：

孟子曰："待文王而后兴者，凡民也。若夫豪杰之士，虽无文王犹兴。"（《孟子·尽心上》）

孟子曰："人之于身也，兼所爱。兼所爱，则兼所养也。无尺寸之肤不爱焉，则无尺寸之肤不养也。所以考其善不善者，岂有他哉？于己取之而已矣。体有贵贱，有小大。无以小害大，无以贱害贵。养其小者为小人，养其大者为大人。今有场师，舍其梧槚，养其樲棘，则为贱场师焉。养其一指而失其肩背，而不知也，则为狼疾人也。饮食之人，则人贱之矣，为其养小以失大也。饮食之人无有失也，则口腹岂适为尺寸之肤哉？”（《孟子·告子上》）

公都子问曰：“钧是人也，或为大人，或为小人，何也？”

孟子曰：“从其大体为大人，从其小体为小人。”

曰：“钧是人也，或存其大体，或存其小体，何也？”

曰：“耳目之官不思，而蔽于物。物交物，则引之而已矣。心之官则思，思则得之，不思则不得也。此天之所与我者。先立乎其大者，则其小者不能夺也。此为大人而已矣。”（《孟子·告子上》）

孟子和孔子一样，推崇两种人，这两种人是入道的苗子，即狂者和狷者。狂者和狷者都有偏颇，没有达到中庸，但都有真精神，真性情，最不可取的是乡愿。

孟子曰：“孔子‘不得中行而与之，必也狂狷乎！狂者进取，狷者有所不为也’。孔子岂不欲中道哉？不可必得，故思其次也。”

“敢问何如斯可谓狂矣？”

曰：“如琴张、曾皙、牧皮者，孔子之所谓狂矣。”

“何以谓之狂也？”

曰：“其志嘐嘐然，曰，‘古之人，古之人。’夷考其行，而不掩焉者也。狂者又不可得，欲得不屑不洁之士而与之，是狷也，是又其次也。孔子曰：‘过我门而不入我室，我不憾焉者，其惟乡原乎！乡原，德之贼也。’”

曰："何如斯可谓之乡原矣？"

曰："'何以是嘐嘐也？言不顾行，行不顾言，则曰，古之人，古之人。行何为踽踽凉凉？生斯世也，为斯世也，善斯可矣。'阉然媚于世也者，是乡原也。"

万子曰："一乡皆称原人焉，无所往而不为原人，孔子以为德之贼，何哉？"

曰："非之无举也，刺之无刺也，同乎流俗，合乎污世，居之似忠信，行之似廉洁，众皆悦之，自以为是，而不可与入尧舜之道，故曰'德之贼'也。孔子曰：恶似而非者：恶莠，恐其乱苗也；恶佞，恐其乱义也；恶利口，恐其乱信也；恶郑声，恐其乱乐也；恶紫，恐其乱朱也；恶乡原，恐其乱德也。君子反经而已矣。经正，则庶民兴；庶民兴，斯无邪慝矣。"（《孟子·尽心下》）

尚志还意味着要不怕吃苦，不怕经历磨难，不怕艰难险阻。

孟子曰："舜发于畎亩之中，傅说举于版筑之间，胶鬲举于鱼盐之中，管夷吾举于士，孙叔敖举于海，百里奚举于市。故天将降大任于斯人也，必先苦其心志，劳其筋骨，饿其体肤，空乏其身，行拂乱其所为，所以动心忍性，曾益其所不能。人恒过，然后能改；困于心，衡于虑，而后作；征于色，发于声，而后喻。入则无法家拂士，出则无敌国外患者，国恒亡。然后知生于忧患而死于安乐也。"（《孟子·告子下》）

（三）养气

孟子谈到过"夜气"，又谈到"浩然之气"。"夜气"是人白天诸多事务了却之后，经过夜间平静的休息，清明在躬，心灵深处萌发的道德情感。如同水静之后，浊物沉淀，更加清澈一般。心灵在夜间容易清澈，道德意识容易萌发，这就是"夜气"。夜气比较微弱，可能白天应事接物多，不反思时，又不见了，如“牛山之木”一样。不使夜气放失，并扩充之，养护之，就会如火之始燃，泉之始达，并塞乎天地，成为一种“虽千万人吾往矣”的道德勇气——浩然之气！这样就无所畏惧，也就是“不动心”。养气同时也是养勇。这种气是由道德心灵生发出的，不是一般的大胆，更不是匹夫之勇。看孟子的原话：

孟子曰：“牛山之木尝美矣，以其郊于大国，斧斤伐之，可以为美乎？是其日夜之所息，雨露之所润，非无萌蘖之生焉，牛羊又从而牧之，是以若彼濯濯也。人见其濯濯也，以为未尝有材焉，此岂山之性也哉？虽存乎人者，岂无仁义之心哉？其所以放其良心者，亦犹斧斤之于木也，旦旦而伐之，可以为美乎？其日夜之所息，平旦之气，其好恶与人相近也者几希，则其旦昼之所为，有梏亡之矣。梏之反复，则其夜气不足以存，则其违禽兽不远矣。人见其禽兽也，而以为未尝有才焉者，是其人之情也哉？故苟得其养，无物不长；苟失其养，无物不消。孔子曰：‘操则存，舍则亡；出入无时，莫知其乡。’惟心之谓与？”（《孟子·告子上》）

关于养“浩然之气”，孟子有一段自白：

（公孙丑问曰：）“敢问夫子恶乎长？”

曰：“我知言，我善养吾浩然之气。”

“敢问何谓浩然之气？”

曰：“难言也。其为气也，至大至刚，以直养而无害，则塞于天地之间。其为气也，配义与道；无是，馁也。是集义所生者，非义袭而取之也。行有不慊于心，则馁矣……必有事焉，而勿正心，勿忘，勿助长也。无若宋人然：宋人有闵其苗之不长而揠之者，芒芒然归，谓其人曰：‘今日病矣！予助苗长矣！’其子趋而往视之，苗则槁矣。天下之不助苗长者寡矣。以为无

益而舍之者，不耘苗者也；助之长者，揠苗者也——非徒无益，而又害之。”（《孟子·公孙丑上》）

明代儒学家许孚远有“浩气元从集义生，勿忘勿助见真精”之句，这两句诗可谓对孟子“养气”说的精简概括。

知性即知天，体会到天命之性。既知性，又有坚忍不拔的意志以之为立身行事之则，同时又有无所畏惧之浩然之气。堂堂正正屹立在天地之间，于是就成了“大丈夫”。其最高境界孟子有所指点：

孟子曰：“……可欲之谓善，有诸己之谓信，充实之谓美，充实而有光辉之谓大，大而化之之谓圣，圣而不可知之之谓神。”（《孟子·尽心下》）

孟子曰：“……夫君子所过者化，所存者神，上下与天地同流，岂曰小补之哉！”（《孟子·尽心上》）

这就是大丈夫之极致。孟子本人就是典型的大丈夫精神的化身。坚守仁义，开导诸侯，勇担道统，有“舍我其谁”的大勇。

四、孟子大丈夫精神的现代意义

孟子倡导的大丈夫精神是中华民族最闪光的亮点，对塑造民族之魂功莫大焉。中华文化之伟大当然也表现在四大发明、诗词歌赋，音乐书法绘画、故宫长城等方面，但中华文化之更伟大之处，最集中地表现在其伟大思想家的思想上。孟子的大丈夫精神是我们文化中最宝贵的精神财富之一，永不过时。现代社会，国家一味追逐科技经济的效益，个人一味追求权势名利财富以及吃喝玩乐，仁民爱物的情怀少了，道德意识淡化了，人间温情少了，结果弊端丛生，了无生趣，岌岌可危。孟子的大丈夫人格精神对匡救这些人类社会面临的问题，有其重大意义！

（此题曾先后在北京师范大学、北京电影学院、北京大学等校之学生社团演讲过。亦曾刊于《钱选国学名著·孟子》，首都经济贸易大学出版社2007年版）

02 儒家的人极之学

引　言

历经"五四"的"打倒孔家店"、"文化大革命"的"批林批孔"等反传统、反儒学的百年沧桑之后，目前从民间到官方，儒学又悄然复苏，呈现出"一阳来复"之势。真可谓"野火烧不尽，春风吹又生"啊！

但是，真正塌下心来，认真研读国学经典、体会儒学精神的人，在国民的人口比例中恐怕还很少。"五四"、"文革"在人民头脑中铸就的"儒学是落后的封建意识形态"、"是封建专制的帮凶"，是"扼杀人性的吃人礼教"等思维方式仍然牢固地盘踞在许多人的头脑中，盘根错节，牢不可破。2011 年初天安门广场树起孔子塑像而遭到许多人的反对甚至谩骂，就是明证之一。

我个人认为，为孔子、儒学"平反昭雪"的工作任重而道远。因此自己一向很乐意也很荣幸在这方面略献绵薄之力。从 1997 年开始，本人一直在任教的学校开设四书选修课（改革开放以来在高校以弘扬的态度讲《四书》，我可能是最早者之一），也给研究生开"儒家文化"许多轮。此外也时常在包括北京大学、北京师范大学、一耽学堂、苇杭书院等大学和民间组织宣讲儒学。几年前去美国访学期间，也向国外朋友开讲座数次。

今天很荣幸又得到这个机会，向认同儒家之学的朋友交流一下儒学心得。儒学博大精深，而我的造诣不深，加之时间有限，今天只讲一点自己的体会。因为我们在曲阜圣城举行的活动叫“儒家文化修身营”，其中心是“修身”，所以我准备的题目是“儒家的人极之学”，可以说是儒家修身的基本义理和方法之学。

一、“人极”与“太极”

“人极”与“太极”是儒学中的“两极”。“人极”是相对于“太极”而言的。欲了解“人极”，先从“太极”讲起，比较方便，故我们先说“太极”。

我们都知道，“太极”之说出自《周易·系辞》：

“易有太极，是生两仪，两仪生四象，四象生八卦，八卦定吉凶，吉凶生大业。”

太，赞美之词。“极，栋也”（《说文解字》），本义是屋脊之梁。段玉裁：“引申之义，凡至高至远，皆谓之极。”（《说文解字注》）所以“极”含有至高无上、幽深玄远、绝对圆满等丰富含义。用《诗经·大雅·文王》中的两句诗来说明之，也很恰当，即：“维天之命，於穆不已。”用《中庸》上的“上天之载，无声无臭”言之，也可。英文可译为“the great ultimate”。

从哲学本体论上讲，“太极”就是万物的本体，万物存在的逻辑前提和根据，万物因此本体而获得其自性和意义；从宇宙论上讲，“太极”是万物之母，万化之源，万物因太极而生生不息，日新月异。因此，“太极”就是“道”，就是“天”，就是最终的“天理”。可与基督教哲学的“上帝”、“造物主”，柏拉图哲学中的“善的理念”（idea of the good），黑格尔哲学中的“绝对精神”等概念相提并论。

顺便说说本体论与宇宙论的不同。本体论是从本末上讲的，是从逻辑上说的，没有时间概念。当朱子说“理在气先”时，就是从本体论上说的，不是说今天有个理，明天生出个气。可用形影之喻明之。宇宙论是从万物的生成、万物是如何从本体那里生成来讲的，有时间的先后可说。可用母子之喻明之。用西方哲学说，本体论是关于 being 的问题，宇宙论是关于 becoming 的问题。在中国哲学领域，本体论与宇宙论，经常是合在一起的。

“人极”意谓最完美的人：“完人”，是“人”之理念。《大学》上说“自天子以至于庶人，壹是皆以修身为本”。儒家主张举国上下全民“修身”。修身不能盲修瞎炼，得有个目标，有个方向，有个样板、标准。这个标准，就是“人极”，陈荣捷先生将其译作“the ultimate standard for man”。

科学家或基督教把人看得比较低，但是儒家把人看得很高，修养达到极致可以“赞天地之化育”，“可以与天地参”。修养达到极致，就是“立人极”了。

“人极”之说，《周易》“六爻之动、三极之道也”之说已经含有。明确地将其指点出来作为修身的法则的，是北宋大儒周茂叔。后来又由明末大儒刘蕺山加以充分发挥而充其极。

周子《太极图说》：“圣人定之以中正仁义而主静（自注：无欲故静），立人极焉。”意思是说：以仁义中正为内容进行修身，达到最高境界时，即“尽乎天理之极而无一毫人欲之私”（朱子语）时，就符合了“完人”的标准，就把“人极”建立起来了。

周子之后，“人极”成了儒家的一个常用概念。常用“立人极”来指“成圣成贤”的修身活动。儒家的“人极”之说，蕺山先生发挥最为完备而透彻。他著的《人谱》一书，是专门讲“人极”之学的，是最重要的儒家修身文献之一。此书开篇就是《人极图说》，发挥“迁善改过以作圣”之意甚精，与周子的《太极图说》，先后辉映，珠联璧合，值得重视。

“人极”与“太极”两概念的涵义已讲明，那么两者的关系是什么？

1.“人极”本于“太极”。太极是天地万物之本，人极当然是以“太极”为基础。“一阴一阳之谓道，继之者善也”、“天命之谓性”，就是这个意思。

2. 人极表现太极，是“太极”的下贯于人。具体说是下贯于人心。山峙川流、鸢飞鱼跃、鸟啼花落、云卷云舒，从儒家哲学观点看，也是太极的表现与展开。但是人为万物之灵，人心对太极的表现最为昭著。孔子“人能弘道，非道弘人”，就是此意。

3. 本质上，人极与太极是“同质的”、“一体的”，是一事物的两面：太极指的是客观和超越（objective and transcendent）方面，人极指的是主观和内在方面（subjective and immanent）。两者是“一而二，二而一”的关系。如硬币之两面，人称之“I”和“me”。孟子“尽其心者，知其性也。知其性，则知天矣”即此义。

因人极与太极关系是如此，所以儒家有“德侔天地”、“大人者与天地合其德，与日月合其明，与四时合其序，与鬼神合其吉凶，先天而弗违，后天而奉天时”（《易·文言》）、“宇宙便是吾心，吾心即是宇宙”[1]、“人心正是宇宙生命本源的最大

〔1〕 陆九渊：《陆九渊集》（卷32），中华书局1980年版，第273页。

透露而已"[1]等说法。

儒家讲"天人合一"主要就是从"人极"与"太极"这种关系上讲的。

二、立人极的基础：天赋性善

虽然孔子没有明确提出"性善"之说，但是，实际上，在孔子那里，性善的意思已经呼之欲出了。性善说是由孟子明确提出的，此说符合孔子"仁学"的内在逻辑，是孔子思想的合理发展。此说后来成为主流儒家思想的基本学说，可以说是儒家思想的基石。下面看几则孟子道性善的言论：

"人皆有不忍人之心……所以谓人皆有不忍人之心者，今人乍见孺子将入于井，皆有怵惕恻隐之心——非所以纳交于孺子之父母也，非所以要誉于乡党朋友也，非恶其声而然也。由是观之，无恻隐之心，非人也；无羞恶之心，非人也；无辞让之心，非人也；无是非之心，非人也。恻隐之心，仁之端也；羞恶之心，义之端也；辞让之心，礼之端也；是非之心，智之端也。人之有是四端也，犹其有四体也。"(《孟子·公孙丑上》)

"恻隐之心，人皆有之；羞恶之心，人皆有之；恭敬之心，人皆有之；是非之心，人皆有之。恻隐之心，仁也；羞恶之心，义也；恭敬之心，礼也；是非之心，智也。仁义礼智，非由外铄我也，我固有之也，弗思耳矣。"(《孟子·告子上》)

"人性之善也，犹水之就下也。人无有不善，水无有不下。"(《孟子·告子上》)

人性之善从何而来？孟子说是"固有"。这个"固有"怎

---

〔1〕 梁漱溟：《人心与人生》，学林出版社1984年版，第123页。

么理解？是“遗传”么？不是。是“本能”么？从严格哲学意义上讲，也不是。这个“固有”，是说凡为人，必然会有，毫无例外，也毫无分量上大小多少之差别。尧舜不因其大圣而多一分，桀纣不因其凶顽而少一毫。这是作的先验的肯定。而遗传、本能则是经验性的，不是先验的，有时候会出现偏差。我们可以借助于西方“天赋人权”、“人生而平等”之说来帮助理解孟子所说的这个“固有”。孟子所说性善，类似于“天赋人权”意义上的“天赋”（也与佛教“一切众生借有佛性”之说类似）。实际上孟子也明确地说过：“耳目之官不思，而蔽于物。物交物，则引之而已矣。心之官则思，思则得之，不思则不得也。此天之所与我者。先立乎其大者，则其小者不能夺也。”（《孟子·告子上》）。文中“此”实指本心善性而言。

所以，我认为孟子主张的是“天赋性善”说。不是“本能性善”说，更不是“遗传性善”说。正如我们不能说人本能平等、人遗传平等一样，也不能说本能性善。当然，孟子有些话容易误会为好像是主张本能性善，如说“不学而能”等。但是如果深入孟子思想深处，明其义理纲维，而且有一定哲学训练，就能明白那些说法都是比喻性的。

性善是立人极的基础。如果人性只是“食色”这样的感性的存在和逻辑数理性的理智的存在，没有超越的善性，则不可能成就“与天地合其德、与日月合其明”的圣人。如像荀子那样，主张性恶，“其善者伪也”，则他主张的修养，就失去了前提。如“蒸沙成饭”，成为不可能。所以朱子批评荀子：性恶之说，失却根本。马一浮先生批评其“蔽于修而不知性”。

人性之善，是天之所赋，也就是说根于太极。所以反过来说，人性之善也是回到太极的基础。人能回到太极，人极就立起来了。

孔子说他“七十而从心所欲不逾矩”，《易经》说“大人者与天地合其德，与日月合其明，与四时合其序，与鬼神合其吉凶”，《中庸》说：“诚者，不勉而中，不思而得，从容中道，圣人也。”孟子说：“可欲之谓善，有诸己之谓信，充实之谓美，充实而有光辉之谓大，大而化之之谓圣，圣而不可知之之谓神。”（《孟子·尽心下》）又说：“君子所过者化，所存者神，上下与天地同流，岂曰小补之哉！”（《孟子·尽心上》），凡此都是对“人极”既立之后境况的指点。

儒家主张性善，并不是没有看到人性恶的一面。但是“恶”不是人的真性，不是人的尊严所在，不是人与动物的区别所在。可以借用佛教的词语这么说：性恶说是“俗谛”，性善说是“真谛”。所以张横渠先生说：“形而后有气质之性，善反之，则天地之性存焉。故气质之性，君子有弗性焉。”[1]

性善说比性恶说更深刻、高明。性善说不同于“世上人都纯洁善良”这种天真想法。为了方便，我们可以把“世上的人都纯洁善良”之说称作“世俗性善说”或“天真性善说”。

性恶说是对天真性善说的否定，而儒家性善说又是对性恶说的否定之否定，是更为深刻的。人一生其思想的深化往往需要经过一个曲折的过程。小时候，天真烂漫，认为世间一切都是美好的，人人都是善良的。这时认为人性善，属于“天真性善说”阶段。成人后，进入社会，看到各种勾心斗角、尔虞我诈现象后，认为天下无好人，就如恋爱失败后，女人说“没一个男人是好的”，男人说“没一个女人是好的”一样，完全失去信心。这时往往容易接受“性恶说”，进入“性恶说”阶段。有些不甘于此的人，会继续反思：如果性恶，人间之善从何而

〔1〕 张载：《张载集》，中华书局《理学丛书》1978年版，第23页。

来？为什么人都推崇善，高唱“让世界充满爱”，自欺欺人么？为什么恶行不能打动我们的心灵，让我们咬牙切齿，而善行则总会拨动我们心弦，让我们潸然落泪？为什么作恶使我们总是心中忐忑不安，目光黯然，而行善让我们心中泰然，光明磊落？经过这么一番反思和体验之后，就可能更上一层楼，“山重水复疑无路，柳暗花明又一村”，从黑暗中发现光明，最终肯定“人性本善”，进入“真正性善说”阶段。

我有时用陶渊明的《桃花源记》这篇名文来比况人生的这几个阶段。“忽逢桃花林，夹岸数百步，中无杂树，芳草鲜美，落英缤纷”——此时一切美好，可比“天真性善说”阶段。“林尽水源，便得一山，山有小口，仿佛若有光。便舍船，从口入。初极狭，才通人”——此时进入黑暗的洞穴，漆黑一团，这时相当于“性恶说”阶段。下面“复行数十步，豁然开朗。土地平旷，屋舍俨然，有良田美池桑竹之属。阡陌交通，鸡犬相闻。其中往来种作，男女衣着，悉如外人。黄发垂髫，并怡然自乐”——这时“出于幽谷，迁于乔木”，进入了“真正性善说”阶段。进入这种境界的人，和没有进来过的人是很不一样的。因为桃花源里面“男女衣着，悉如外人”，人们经常把儒家的性善说误认为是“天真性善说”，说儒家幼稚，法家深刻，其实儒家性善说不是幼稚，而是对性恶说的超越，比法家者流更深刻。或者用柏拉图的洞穴之喻来说：法家还在洞穴之中，儒家是出了洞穴见到了天光的人。法家不相信，是因为他没有见到过天光，只见到了“爝火”。

英国诗人布莱克（William Blake）先后写过两部诗集，即《天真之歌》（Songs of Innocence，1789）和《经验之歌》（Songs of Experience，1794）。前部诗集性质上属于儿歌：里面写人性中的爱心、同情心和人生的欢乐。天光云影，一片欢乐。整个人间，无限美好，似乎没有意识到有丝毫邪恶。后部诗集，则着墨世间的苦难和悲惨，充斥着人性的邪恶，不可救药。

“天真性善”说可以与《天真之歌》相比拟。因为天真、无知，缺乏阅历，不“洞明世事”，认为一切都是美好。《经验之歌》可与性恶说相比拟。因为有了“经验”，体验到了现实的“恶”，更为“洞明世事”了。布莱克就到此为止了，而儒家则更进一步，在世间的黑暗中，发现光明、肯定光明、肯定性善。可谓“暗中见光”，是否定之否定。因此儒家性善说不是天真性善说。

实际上，性善说是儒家的信仰，是儒者心灵的超拔。是开启天眼，仰望星空。性善不是量化统计用科学归纳法所得出的科学结论，而是具有宗教体验和信仰意义的“开悟”。下面引两段现当代中日两国大儒的言论为证：

钱穆说：“中国人之教，乃教人立志为学，其所学则为道。孔子曰‘志于道，据于德，依于仁，游于艺’是也。其道则曰为己之道，以达于人道，通于天道。其发端则在己之一心，其归极亦在己之一心。故若谓中国有教，其教当谓之心教。”[1]“心教”，信仰此心之善也。

冈田武彦说：

Evilness is selfishness in the human mind. Goodness, on the other hand, is what firmly exists in human nature itself. The question that then arises, however, is, Which is more fundamental, evilness or goodness? When we look at the real world, it seems easy to agree with the concept that human beings are evil. This is particularly the

〔1〕 钱穆：《中国学术论衡》，岳麓书社1986年版，第13页。

case when you think in terms of societal problems or international affairs. With these kinds of conditions it almost appears necessary to accept the evilness of human nature. The same might be said in terms of the desires of children. Though there are such factors, the basic fact of the human community living together requires the recognition of the goodness of human nature. The real understanding of this goodness must itself be the product of a deep inner experience. The idea doesn't come from a rationalistic observation of human conduct. It must in fact be considered in terms of religion itself. Thus, though there are many things that might lead us to a belief in the evilness of humans, we must accept the belief in the goodness of human nature. Without the belief, the world itself would not survive. Mencius' idea that all human beings are good is developed from a religious understanding of humankind. It is not on the basis of observation, but a firm belief in what must be the nature of humanity. [1]

本人译文：恶为人心中之私欲，而善则人性中之固有。然善恶两端何为人性之本？环顾世间，似乎性恶之说显而易见。目击社会及国际事务，尤其易作此想。此情此景，人性之恶似乎必然无疑，甚至可于孩童之欲考见之。虽然，人类群居之基本事实，必使吾人肯认人性之善。对此善性之真实领悟实乃吾人内心深刻体验之结果也。性善之说非出于对人类行为之理性观察，必须以宗教眼光视之方有以明之。故虽恶相多端，驱人以性为恶，然究须信奉人性本善。如若不然，则乾坤或几乎息矣。孟子性善之说实发乎吾人对人类之宗教性理解。非基于事

〔1〕 Rodney Taylor, *The Confucian Way of Contemplation, Okada and the Tradition of Quiet-Sitting*, University of South Carolina Press, 1988, pp. 193 ~ 194.

象之观察，乃源于对人类本性之坚定信仰也。[1]

此外，康德的一段名言也可用以帮助理解儒教的性善信仰：

Zwei Dinge erfüllen das Gemüt mit immer neuer und zunehmender Bewunderung und Ehrfurcht, je öfter und anhaltender sich das Nachdenken damit beschäftigt: Der bestirnte Himmel über mir, und das moralische Gesetz in mir.[2]

（邓晓芒译文："有两样东西，人们越是经常持久地对之凝神思索，它们就越是使内心充满常新而日增的惊奇和敬畏：我头上的星空和我心中的道德律。"）

康德把道德律与上天之繁星相提并论，使人惊奇敬畏。我们可把儒家的本心人性与上天相提并论，有宗教内涵。儒家讲敬，讲畏天命，讲戒慎恐惧就源于此。

以性善为基础进行修德，最终可以立人极，同乎太极。这就是《周易》所谓"穷理尽性以至于命"（《说卦》）、"原始返终，故知死生之说"（《系辞》）。如此，便可安心立命，齐一生死。所以孔子说"朝闻道，夕死可矣！"此即儒家"人极之学"的精义。

三、立人极的方法

立人极的方法，先贤论之甚多，尤其是宋明儒学中之工夫论，就是专讲此的。周子说"圣人定之以中正仁义而主静（自注：无欲故静），立人极焉。"这一句话不仅提出了"人极"之

〔1〕［美］Rodney Toylor：《儒家冥想法：冈田武彦与静坐传统》，南卡罗来纳大学出版社 1988 年版，第 193～194 页。

〔2〕*Kritik der praktischen Vernunft*，Academieausgabe：Band V，Seite 161.

说，也提示了立人极的方法，即：如果把自己的身心定在仁义上，不受私欲的干扰，人极就立起来了。后来朱子、阳明等说“尽夫天理之极而无一毫人欲之私”，可以说是周子之话的再版。可以说，立人极的方法很简单，就是“存天理，去人欲”。但是，此对初学者来说，是不容易把握其头脑的。蕺山先生的《人谱》可以说是儒家工夫论的集大成之作，其中他按照由本到末——由内到外——由微到显这样的逻辑，谈了六个做工夫的步骤。即：一曰凛闲居以体独，二曰卜动念以知几，三曰谨威仪以定命，四曰敦大伦以凝道，五曰备百行以考旋，六曰迁善改过以作圣。大家下去可研读。下面讲几条个人的思考和体会，供大家参考：

（一）静心养气

孟子：“学问之道无他，求其放心而已矣。”又说：“我善养吾浩然之气。”还提出“夜气”说。宋明儒主张静坐，“观喜怒哀乐未发前气象”等。高攀龙和刘蕺山都著有《静坐说》。当代日本儒者冈田先生反复强调“兀坐培根”，著有《静坐与坐禅》一书。这种方法，牟宗三先生名之“超越的内在体证”。

（二）逐事体验良知

临事时，总会意动念生。所动意念，如果合乎良知，便毅然行之；如果是私欲驱使，良知之体会马上觉察之，然后决然正之。行之既久，则良知之体愈加光明，私欲退听愈远。最终可达“从心所欲不逾矩”之境地。

孔子“安心”之说，曾子“三省”之说，《大学》“如好好色，如恶恶臭”之说，孟子“强恕而行”之说，以至宋明儒“省察”、“随处体验天理”、“知善知恶是良知、为善去恶是格物”等说，其中心意思都是如此。此一工夫牟宗三先生名之“内在的逆觉体证”。

（三）节欲克情

声色犬马之欲，嫉妒愤懥傲惰之情，皆当克制。《论语》有“克伐怨欲不行”之说，孟子有“养心莫善于寡欲”之说。还说：“耳目之官不思，而蔽于物。物交物，则引之而已矣。”周子说“无欲故静”等等都是此意。庄子有“其嗜欲深者其天机浅”、老子有“五色令人目盲；五音令人耳聋。五味令人口爽；驰骋畋猎，令人心发狂。难得之货，令人行妨”等说，可参考。传统所说“酒色财气”（嗜酒、好色、贪财、逞气）之“人生四戒”，也符合修养之道。

（四）约身以礼

体验良知、克情节欲都是很有弹性的工夫，有时拿不准尺度，这时得参考一些既定的规范，此规范即礼。礼虽然不是僵化不变的，但是经圣贤审订、社会上行之已久的规范，符合人心人情，则有重大指导价值，不可轻易违反。

《诗经·相鼠》：“相鼠有皮，人而无仪。人而无仪，不死何为?”，“相鼠有体，人而无礼。人而无礼，胡不遄死?”孔子说：“不学礼，无以立。”又说：“非礼勿视，非礼勿听，非礼勿言，非礼勿动。”

“无以立”，我体会有三层意思，一是“无所投手足”，二是“无法在社会上立身，不能成独立人格”，三是“不能在求道之路上，立定根基”。

古代的很多礼，现在仍有重大意义，如《礼记·玉藻》上说：“足容重，手容恭，目容端，口容止，声容静，头容直，气容肃，立容德（中立不倚，俨然有德之气象），色容庄，坐如尸，燕居告温温。”（闲居色尚和善，教人使人时，要温和）。

（五）读书明理

前面几项工夫，都是身心修炼上的，属于“行”上的事。

但是还不够，还得有“知”上的事。因此需读书来开发智慧，明澈大道。经典及大儒的书，乃至其他文明圣哲的书，阅读思考，可以帮助觉悟，也能帮助变化气质。不在多，而在精。反复阅读思考，可受“思之思之，鬼神通之”之效。朱子说：“至于用力之久，而一旦豁然贯通焉，则众物之表里精粗无不到，而吾心之全体大用无不明矣!”

以上五点，一是铺垫工夫，二是积极工夫，三是消极工夫，四是夹持工夫，五是思辨工夫。交相互发，可臻人极。

儒家人极之学，意蕴深广，是中华文化最精彩之处，也是对人类思想的伟大贡献。我坚信，此学不仅永远不会过时，而且一定会不断光大，乃至“光披四表”。还是白乐天的诗句：“野火烧不尽，春风吹又生!”

（此文2011年春曾讲授于首都经济贸易大学“人文讲堂”，2012年秋讲授于曲阜“儒家文化修身营”）

儒者传论

01 蒋庆先生学述

蒋庆，字勿恤，号盘山。1953 年 10 月生。籍贯江苏徐州，出生、成长于贵州贵阳。

青年时代，值“文革”之厄。文教荡然，无缘深造。初中毕业后，入工厂做工人。四年后应征入伍，至云南楚雄为兵丁。服役三年半，退伍返家。此时“文革”结束，高考恢复。遂于 1978 年考入西南政法学院。四年后毕业，留校任教。1988 年，调至深圳行政学院供职。

蒋先生大学所习为法律之学，然不乐以此为业。其学泛滥百家，以儒为宗。坚持“学在民间，道在山林”之立场，与目下学制学风成方枘圆凿之势，格格难入。遂于 2001 年，坚请提前退休，栖身林下，修道讲学，守先待后。

早年好辞章，后喜深湛之思，折节读书，究心古今中外有关宇宙、人生、历史文化等方面之学问。出入儒释道耶诸大教之间，上下求索学问之真谛。久之，乃安于儒教之学，以之为生命学问之依归。

儒学本吾国立国之教，百年来，几经波折。幸海内外尚有以梁漱溟、熊十力、唐君毅、牟宗三等大儒为代表之新儒家学派，出而为中流之砥柱，守护、阐发此学。20 世纪 80 年代，蒋先生倾心新儒学，肆力阅读新儒学诸大师之著作，受其沾溉。亦曾谒访梁漱溟先生，受其勉励与鼓舞。1989 年发表于台湾地区新儒家学派刊物《鹅湖》上之《中国大陆复兴儒学的现实意义及其面临的问题》一文可谓蒋先生此一时期之代表性作品。此文指出：中国未来之出路在儒学之复兴。虽然儒学之本根植于祖国大陆，然鼎革之后，儒学传人乘桴海外；经唐、牟等大儒之努力，儒学在海外得以发扬光大。目下需以海外之新儒学“反哺”祖国大陆。文长亹亹数万言，言词剀切，痛快淋漓。可谓之为“文革”后儒学复兴之宣言，堪与四十年前牟、徐、张、唐等大儒所发表之《为中国文化敬告世界人士宣言》相辉映。

1989年后，基于个人认识，蒋先生渐不慊于新儒家，以为其学专言宋学而有忽于汉儒，未能窥孔教之全；其“新外王”复不得吾国礼乐政教之本，徒以西洋外来之民主法治为外王，于吾国之固有政治智慧未能善加绍述，有“变相西化”之嫌。乃究心经学，以汉之今文经学实为儒家政治智慧之渊薮。攻苦有年，成《公羊学引论》，于1995年公之于世。断之曰：

“吾儒之学，有心性儒学，有政治儒学。宋明儒学为心性儒学，公羊学为政治儒学。二学性质不同，治世方法各异。然二学均得孔子之一体，在儒学传统中自有其应有之地位与价值。惜千余年来，心性儒学偏胜，政治儒学受抑。时至今日，心性儒学宗传不断，讲论不息，大儒辈出，政治儒学则无人问津，学绝道丧，门庭冷落。职是之故，孔子道术既裂，儒学传统不全，如车之只轮、鸟之独翼，国人只知吾儒有心性儒学，而不知吾儒有政治儒学。”（《公羊学引论·自序》）

拈出“政治儒学”，是蒋先生之特识，不仅对自由主义西化派蔑弃传统之民族虚无主义是一声有力之棒喝，对以牟宗三先生为代表之新儒学所表现出之可能之偏颇，亦有矫正意义。“政治儒学”之提出无疑为儒学在当今世界之新发展、当今学界之新景观，亦蒋先生学术立场之贞定也。

《公羊学引论》问世之后，蒋先生即一直致力于“政治儒学”之发掘、阐释工作，并思考如何立足政治儒学以回应当今中国之学术问题、政治问题、制度建构问题、中西文化问题以及儒学之未来发展问题。多年后，将所思结果汇为一书，此即2003年出版之《政治儒学——当代儒学的转向、特质与发展》也。此书将《公羊学引论》未尽之意，详予推阐。究极天人，折衷今古，衡论东西，力以王道政治为天下倡，极富创见，对当代思想界已产生重大影响。蒋先生提出：王道政治乃至任何合法之政治秩序必须同时具备三重合法性基础，即超越之基础、文化之基础及民意之基础：

“（王道政治之外王理想）以‘天下归往的为民思想’来确立政治秩序合法性的民意基础、以‘法天而王的天人思想’来确立政治秩序合法性的超越基础、以‘大一统的尊王思想’来确立政治秩序合法性的文化基础。无论古今中外，凡政治秩序欲合法，必同时具有此三重合法性的基础，即必同时具有民意（世俗）、超越（神圣）、文化（传统）的合法性基础，缺一必不能合法。”〔1〕

蒋先生以“政治儒学”名世，然心性儒学亦其素好，造诣湛深，撰有《心学散论》若干篇行世。东瀛冈田武彦先生是当代世界儒学界之大儒，其学尚体认，重切己受用，与明儒中之江右学派相近，走“超越的逆觉体证”之路，以“归寂证体”为宗。蒋先生与冈田先生有道交，深受其影响。牟宗三先生之以阳明学为底里之“道德的形而上学”，蒋先生则不甚喜之。蒋先生惯于以传统心性儒学之直指心体、直抒胸臆之言说方式论学谈道，以为繁富新巧之思辨分析、九曲十折之义理演绎易致学问流为概念之知解解析系统，无当于身心。因此曾

〔1〕 蒋庆：《政治儒学》，生活·读书·新知三联书店出版社2003年版，第210页。

谓牟先生之学为“歧出之王学”。此说于牟先生之学恐未必平恕，然于此亦可觇蒋先生心性之学之传统特质及其易简之风也。

蒋先生于发明大道之同时，亦不惜力于儒学之普及教化工作。曾倾两年之力，编就《中华文化经典基础教育诵本》。诵本内容皆采自儒典中之醇之又醇者，有其一以贯之者行乎其间。洋洋十二册，播布社会，厥功且不赀矣！

长久以来，痛感今世之学校无力胜弘道之任，未可培植学行兼备之儒士，乃发大愿，仍前儒旧贯，创办民间书院。苦心孤诣，颠踬奔走竭蹶筹谋近十年，所创阳明精舍卒告其成。地处黔中龙场，明代大儒阳明子成道之地也。书院屋舍挺然翼然，兼有山水之胜，清肃雅洁，俨乎儒教道场。此数十年来吾国人所未之或闻之鸿举也！

先生为人精健昂奋，发强刚毅。以礼约身，不越儒者矩矱。满腔仁心，时而出之。悲愿宏志，塞乎天地。与人接，和乐恭安。接引后学，循循善诱，即之如沐春风。闲居之际，间亦一弄箫管。一曲既罢，林樾寂寂。

赞曰：吾儒之学凋零日甚，幸梁、熊、唐、牟诸大儒出乎其间，守死善道，讲论不辍，使吾儒大道得延续不绝于一线。今春秋代谢，诸老师大儒皆归道山，仪型藐焉无复可资仰瞻，每令学者心生山川寂寥之慨。值此绝续之际，蒋先生特力拔起，卓然挺出，兢兢体道弘道，数十年不稍弛懈，其悲愿之大，骨力之坚，用功之勤，体道之深与夫陈义之高远宏富，环顾今世，指不屡屈也。噫，能不令人扼腕欣慨！

（曾发表于《读书时报》2004 年 7 月 28 日）

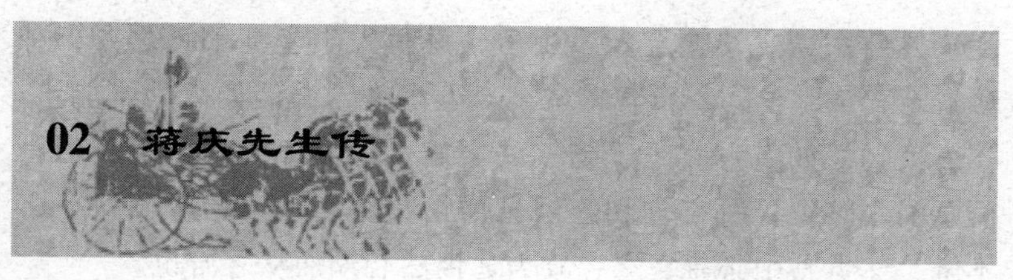

02 蒋庆先生传

缘　起

白乐天诗有云："野火烧不尽，春风吹又生。"漫长岁月，历经几度创伤与屈辱，儒学近又悄然呈复苏之象。鼓动此春风之最有力者，前者无疑系海外新儒家；而近时登台致力儒学复兴者，则大陆之儒家诸子也。

大陆儒家诸子中，蒋庆先生无疑为复兴儒学运动之领军式人物。其人因身处儒学复兴事业之前锋而"名满天下"，然亦因其儒学立场之鲜明而果决、保守而坚定，亦"谤满天下"。盖当国人之误解儒学、漠视儒学乃至敌视儒学者彼彼皆是，不足怪也！

2006年夏6月，范瑞平、洪秀平二平先生邀海内外学者数十人相聚珠海平和书院，研讨蒋庆先生儒学思想，并拟结集诸学者论文出版行世。范先生语区区曰："文集之出，综述蒋子其人其学之文尚付阙如，不可少也。足下从蒋子游为时最久，披蒋子之启沃最多，于蒋子其人其学，亦知之周详。文非吾子不办，君其为之！"

范先生之语，触我旧怀。区区之从蒋先生游，始于求学西南政法学院时也。彼时蒋先生以深思高举之故，蛰居歌乐山房，键户读书不授课，人罕遘其面，后进如余者不知有其人也。同窗唐宏兄，贵州人也，有高识，先知蒋先生其人，亟称之，乃随唐兄拜访焉。某晚至歌乐山房，见蒋先生坐拥书城之中，神凝气定，谈起学问，目若耀星，声若洪钟，滔滔如水泻不能止。伟言大句，如雷霆直下，脑气为之震荡。又如大棒大喝，俗骨旧肠为之破裂。所言多刊落俗见俗情冥契真宰之旨。当时余多不解，然觉其中必有真意，故为之惕然心动而从之游也。

后区区游学糊口于北，蒋先生卜居于南。虽天涯暌隔，然可传书而教也。且蒋先生每北上，相聚辄推心置腹，教我不倦。日居月诸，尔来倏忽逾二十载矣。平居读蒋先生书，想其为人，未尝不油然生敬重钦慕之情也。夫如是，则范先生之命我，有由然也。

然余赋质近狷者流，木讷迂拙，不善任事。近年每见媒体议蒋先生短长，辄不多置喙。一则因气质使然，一则以云不蔽日，久之自明，不劳周章也。

复次，余又赋质顽钝而疏懒，仰钻先生之学而未能深，师法先生之高风而弗能及，有负蒋先生之教者亦复甚多，恐言之粗劣失次，不足副天下同人之望也。

再者，昔梁任公服膺顾亭林之为人，尝欲为之传而自叹笔力孱弱，不足以描摹其精神风骨。实则近世文章家走笔雄健俊利如横槊舞剑，莫任公若也；至传亭林，则有搦管不胜之叹！今蒋先生精神气魄、清操劲节与学问规模不让亭林，而余才学笔力，不及任公万一也。如此而传蒋先生，得无折足覆餗之虞与？故范先生之命虽非出偶然，区区闻之犹未敢遽应也。

然范先生期余之意甚殷，却之不情也。蒋先生之行实，余终不当如此闇默而无言也。虽才拙不敏，然天下甚大，俊彦多有，焉知来者之不如今也？今撰此文，示世人蒋先生之为人，俾后进知典型所在，亦弘道之要务而区区不可旁贷之责也。因忘其拙陋，成此小传。

一、少年时光：嬉戏山水 乐天任真

蒋庆先生，字勿恤。退守阳明精舍后，尝以盘山叟自号。精舍之前有山矗立，据形势之要。传古时尝有驻军扎营盘其上，故名营盘山，省曰盘山。蒋先生筑精舍于此，因以为号焉。

1953 年 10 月 1 日生于贵州省贵阳市。父故籍江苏徐州丰县，即汉高祖出生之地也。早年参加八路军，1938 年转战冀鲁豫抗日，1949 年随刘邓大军自赣入黔，后转业安家贵阳。先后为官贵州省监察厅、民政厅、法院等机关，为人温厚和善、不多言语、廉洁奉公、恪尽职守，而无官场习气。喜读书，晚以书法自娱。母氏出遵义书香之家，聪明开朗、乐于助人。蒋先生为人既有温厚沉重之质亦具活泼开朗之趣，盖有父母影响存焉。

因蒋先生出生革命家庭，为干部子弟，其童年生活条件与环境较为优越，故可无忧无虑，欢度美好童年时光也。

七岁入贵阳毓秀小学读书。周围学童家境多贫寒，蒋先生以干部子弟置身其中，优势显著；且无官宦人家子弟不良习性，为人厚道友善，极有亲和力，与其他孩童打成一片，极童趣之烂漫。

因蒋先生生有淑质，兼以父母善导，小学期间表现出众，甚得老师、同学欢心，以故尝任少先队中队长也。

蒋先生自幼喜音乐，擅吹拉弹唱。小学三年级时即参加校乐队，任首席胡琴演奏。校乐队之导师，即蒋先生之班主任，甚器重之，故蒋先生此时活跃于班级与乐队之间，有如鱼得水之乐也。蒋先生常邀同学至家中演练音乐，节奏激扬、旋律跌宕之际，时或兴致勃发，不能自已，则操锅碗瓢勺诸物件以为打击之乐，填然鼓之，不知手之舞之足之蹈之也。

日后蒋先生尝发论曰：乐为人心最高境界，为生命最高成就。是故乐亦为社会、政治、世界、宇宙之最高理想与境界。由此言之，中国儒教文明即音乐文明，中国文化亦即乐文化也。（见《盘山论乐》，未刊稿）蒋先生对音乐之意蕴有如此深透之体认，或与幼时音乐生活不无关系与！

1966 年，蒋先生小学毕业，进贵阳十七中学读初中，而“文革”亦于是年发动。蒋先生不喜政治活动，而山野玩耍之趣，则深好之。此时既无课业，除学校不时支农从事体力劳动外，其他时间皆可自由放任。蒋先生因得纵其天性，游戏山水之间焉。

云贵高原矗立神州西南，气候温润，草木畅茂，群山耸峙，丘峦起伏，逶迤纵横，绵延于云天之杳渺，气象万千。大江小溪，萦绕其间，或砉然冲飑，或淙淙流淌，灵秀之气，缥缈弥漫，透人肌骨。筑城坐落其间，得山水之胜也。蒋先生家即背依城边之黔灵山，秀出物表，百鸟集焉；山下有湖，四季碧波荡漾，鱼虾殖焉。暇时蒋先生辄偕同诸伙伴终日放荡山水之间，尽其游戏之乐。上山爬树，摸鱼捞虾，养鸽捉鸟，设局嬉戏，任真率性，乐甚也！

无课堂之拘束，无作业之劳神，无升学之压力，无亲长“望子成龙”之期盼，伴着灵山秀水，踏着音乐节拍，蒋先生度过无忧无虑之少年时光矣。

二、工厂岁月：机修工人 诗人“书贩”

1970 年蒋先生初中毕业。常例初中学制三年，蒋先生当于 1969 年毕业。依当时政策，城市学生毕业即当“上山下乡，接受贫下中农再教育”。然贵州1970届学生则属例外。时中苏边境冲突升级，贵州为战略大后方，即所谓三线建设地区，众多北方工厂内迁，故为加强三线建设，抗击苏修，贵阳1970届中学毕业生不下农村插队，皆进工厂做工人。故蒋先生被分配至贵阳农机铸造厂，先当铸造工人，后当机修工人，时年十七也。

此年龄之青年，值风华初绽，慕新奇，逐时尚，喜张扬个性，蒋先生亦如是。摩托车，当时之时尚也。工厂距贵阳市十余公里，为往返方便计，蒋先生购一摩托车，复置时尚皮衣，布满大小衣兜。蒋先生常着此装，口袋携足摩托驾驶者所用器械，骑摩托车奔驰于城中马路。“文革”时代，此即非常新潮之明星形象也。今蒋先生一身对襟服装、裹脚布鞋，如清季遗老状，当日故友见之，真不知客从何处来也。

当工人一年余，终日与机械打交道，蒋先生甚觉无趣。时厂有一技术员黄君，西安支黔大学生也，嗜古诗词，与蒋先生友善。某夏，两人下乡支农，为农民修柴油机。某夜星光灿烂，二人躺稻秆堆上，观满天繁星。黄君吟李白诗，至“天生我材必有用”句，蒋先生怦然心动，顿悟此生不可碌碌无为而空掷虚度，须立大志成就一番大事业。盖此时蒋先生已自觉其赋有不群之才，亦觉人生一世当担引重致远之任，不当轻偎玩忽以待尽也。然此时蒋先生对其所立之志，所谓大事业，皆不甚明确，不过为人类幸福服务、不可自私度过一生之笼统人生观而已。虽然，自闻黄君吟诗后，蒋先生即立志坚定，发奋读书矣。当时吟诗者无心，而听诗者有意。此事黄君终不知之也。

此时蒋先生读书，用心最多者为古典诗词。不惟涵泳鉴赏之，亦模习写作之。常登黔山临筑水写诗填词，亦远游专事吟哦之事。所写多抒情立志之篇，然时亦不免“为赋新词强说愁”也。时有数位同好，常至蒋先生陋室切磋诗艺，交换诗作，常一时兴起，引吭高吟，旁若无人，邻人多以为怪。盖此时蒋先生之理想即做一诗人也。

不久，蒋先生学诗渐入佳境。今《明心诗稿》中载最早一诗为1972年春所作《黔山早读》一绝，曰：

曙色苍苍宿雨收，春山无处不清幽。
行人未解登临意，直待书声出石头。

朝气蓬勃、独领风骚而又悠然自得之青年学子形象于此可见矣。

另一古体《秋日登高》则具发扬蹈厉、意气凌云之势：

登高出世界，壮观天地间。
举头长啸罢，俯首写诗篇。
把笔凭玉宇，清风拂红颜。
披襟且岸帻，极目望苍天。
黄云几万里，滚滚去东南。
青峰数千叠，绵绵接日边。
今我凌绝顶，感此心浩然。
山河无限好，何用哭逝川。

此蒋先生1973年秋独登黔灵山之关刀岩所赋也。刘宾客《秋词》有“晴空一鹤排云上，便引诗情到碧霄”句。时蒋先生年二十，书生意气，挥斥方遒，真如云鹤凌空也。

当工人数年中，蒋先生先后亲炙数位前辈，其学问、人格及境遇于蒋先生深有影响。蒋先生之外祖母，即其一也。

外祖母出身书香之家，平居读古书做诗词以为常。蒋先生外祖父为北京大学早期毕业生，民国间贵阳中医界著名人士，早逝。外祖母长居北京，晚年回筑定居，蒋先生遂得聆其謦咳，沐其风仪。

“文革”时外祖母已七十有余矣，犹常作诗填词读古书。某日，蒋先生见外祖母读《明史》，甚异之。因当时古书被视为封建糟粕，而外祖母竟敢读之。蒋先生睹此情景，心胸为之一开，知读书时禁未必不可犯也。外祖母亦常与蒋先生长谈人生理想，勉其以古人为典型，多读书，立志做有为之人。由是蒋先生受外祖母潜移默化者深矣。

另有一盛老先生，绍兴人，早年为考科举苦读《四书》《五经》，并肆力书法，长于诗文。后科举废，赴上海读音乐专业。1949 年后受迫害，被贬于贵州省图书馆抄写善本书。

蒋先生常往盛先生家求教诗文，时盛老已年迈体衰，卧床褥不起，然谈兴甚浓，常娓娓论诗终日无倦意，时或谈至天黑不开灯，二人暗中对语，家人返家始罢。时在“文革”，盛老心境寂寞凄凉，长谈可慰其晚境也，而蒋先生之古典启蒙亦自此始矣。时蒋先生少年气盛，常登山临水赋诗言志，诗稿多呈盛老点评批改。自盛老往复批改中，蒋先生始渐悟为诗门径。盛老对蒋先生之书法亦寄厚望，尝赠蒋先生诗，勉其“铁划银钩兼致力，兰滕二序一人传”。虽日后蒋先生用心书法不多，然受盛老之沾溉亦已多矣。蒋先生初见盛老年方十八，盛老八十余，相结忘年之交，前后逾时二载云。

蒋先生与另一老先生之交往亦因诗词之缘，然蒋先生从中感受更多者乃时代之可悲可痛也。

一日，蒋先生于贵阳街头电杆上见一手写告示，言有人欲教授古典文学。蒋先生甚奇之，前往问讯。至后见陋巷破屋过道中一蓬发垢面老妪，表情呆滞，坐靠火炉侧，其旁置一扁担两箩筐。破屋中有一戴眼镜者，约六十左右，头发花白，坐小凳上为数位年轻人授课。此头发花白戴眼镜者非他人，乃贵州师范大学中文系系主任也！因年长体弱，不堪农村劳力之事，加之儿子自杀，妻子受刺激精神失常，倒流回城，靠收破烂为生。因收破烂不敷生活，遂教人古典文学收取微弱费用补贴生计。蒋先生因工作之故，无时间系统听课，然仍拜此先生为师。所为诗文亦常请先生批改，古典诗文境界因之又更上一层矣。

今观蒋先生《明心诗稿》、《明心词稿》，文采斐然，可继古人之诗学传统；其散文、联语，亦皆不失法度而情理交融。其辞章之学之深厚素养奠定于此时也。

诗圣杜子美云："读书破万卷，下笔如有神"。有志为诗人之蒋先生，此时与书籍，尤其中国古书，结下不解之缘。蒋先生嗜书，私人藏书甚富。其书籍收藏之好，起于做工时期也。蒋先生做工人时，厂中金刚石被盗。蒋先生被调至厂保卫科协助破案，复被派往旧货市场"金沙坡"伺察动静。不经意见一古旧书市在焉。此处各类书籍甚夥，既有外国文学名著，亦有国学典籍。蒋先生发现此市场后甚喜，在其间徘徊出入几两年。此两年内，蒋先生不惟搜购书籍，时亦转让书籍，终日乐在其中，不遑他顾。即旧友邀其游乐，亦不往，至旧友咸呼其为"书贩子"。然蒋先生亦乐得"书贩子"之名也。某次，一戴眼镜年可四十余之中年男子至书市，欲售一批民国时出版之音乐理论丛书。每册书中皆有眉批，密密麻麻，遍布书页。此中年人怀抱其书语蒋先生曰："昔日卖衬衫买得此书，今日迫于生计则又不得不出卖此书，不知吾书将归谁家也。"言讫，抚其书而伤之。蒋先生睹此，未加翻阅即买下此书，而出价愈出恒常。中年人接钱，掩泣而去。后此批音乐书转入一贵阳青年音乐爱好者之手，此音乐爱好者日后竟成中国著名作曲家。此书既因蒋先生而得尽其用，昔日卖书中年人知之，则必不伤怀矣。

两年中蒋先生搜得不少珍贵古旧书，如民初石印线装《明儒学案》、《铜版四书》、《曾文正公全集》及清刻本《范文正公全书》、《昭明太子文选》等。所搜书中，儒书颇多，蒋先生时发箧读之。虽无甚解，然生命受儒理浸润涵养于无形之中，儒根潜然植焉。日后蒋先生儒学事业之发皇，自此始也。其出入诸教最终归宗儒门，亦因此时读儒书之潜在熏习之力故也。

两年中蒋先生经眼古旧书既多，于古旧书之版本与内容亦具品鉴之力，且养成搜购古旧书之习惯。后蒋先生每至北京，辄邀余至报国寺、潘家园、琉璃厂、灯市口及中关村等旧书市访书，常满载而归，盖由来已久也。

三、军营生涯：深夜篝灯苦读马列

"文革"时代，青年人多向往军队，遂萌参军念头，欲于军中锻炼改造，实现"为人类幸福服务"之志向，成就一番血性疆场之男儿事业也。遂于1974年年末报名参军，入伍至云南楚雄某援老抗美部队服役，后被分配至汽车修理连修汽车。

时部队条件甚为艰苦，新兵须自己开山取石，修建营房、操场。蒋先生力恶其不出于己，干劲十足。因炼就一手摔二锤的好功夫，农村战友见之敛手咨嗟，自叹弗如也。

入伍后蒋先生读书益勤，真可谓"钉子精神"，每一分钟均不虚度。体力劳动休息时间纵十分钟，亦取随身所带《资本论》读之。有战友甚或长官以自衒求售讥讽之，不顾也，仍如饥似渴读之，求真理故也。

部队纪律，晚十点熄灯后必须就寝。蒋先生读书欲强，不欲睡，视睡眠为虚耗时间，遂以纸蒙电筒，纸上开一小孔，躲进被中以一线亮光读书，以防排长连长查夜发现也。每日至夜十二点始寝息，如此以为常。

为争取读书之时间与条件，将先生一年后任连队文书。任文书可不住班排，得一小枪弹保管室独居。直至退伍，前后逾时两年半。部队通例，文书只任一年，因蒋先生积极申请，得任两年半之久，前此未有也。

任文书后虽独居一室，然晚十点亦须熄灯，仍不得读书。贵阳籍战友危开建君为其特制一煤油灯。熄灯时至，即用书报等遮住向窗光亮，室外不见室内灯光，故熄灯后得继续读书至十二点。除生病外，如是两年半至退伍，未尝一日间断也。蒋先生此时有《夜读偶成》一绝，可见夜读情景：

推灯掩卷夜将阑，斜月窥窗睡眼看。
听得春虫三两语，一篇挥就兴悠然。

时部队中惟马列毛著作可读而无虞，蒋先生为“追求革命真理”，实现“为人类幸福服务”之志向，决意读马列原著。入伍后二年所读，均此类书也。此期间所读马列原著甚夥，计有《资本论》、《剩余价值理论》、《工资价格与利润》、《共产党宣言》、《家庭、私有制与国家的起源》、《国家与革命》等。且读之用心甚苦，有心得，辄眉批书中。一书读罢，全书小字密密麻麻，无复空白矣。因读马列勤，曾受长官嘉奖焉。

《资本论》等马列原著，极西人理性思辨之能事，素以枯燥艰涩著称。虽专业研究人士，亦多望而生畏。蒋先生以一“文革”初中生（实小学生）之基础苦攻之，足可见其魄力勇气之非凡。而蒋先生日后之哲学思辨能力，磨砺于此也。

退伍前一年，始由贵阳带旧书摊所搜古书至部队读之。读古书犯部队唯马列可读之禁，然蒋先生独居一室，终日闭户，长官不知其所读何书也。为防长官发现，蒋先生于书桌上始终放一马列书或其他革命书籍。长官有事叩门进屋，即速将古书

塞入抽屉。长官累见桌上放马列革命书籍，亦觉可怪，然不便追问。故至退伍，如是读古书一年多，始终未被觉察也。

当是时，蒋先生终日闭户读书不外出，数月发话仅数语。一日有家乡人来，相聚时竟张口不能言说，语言能力几丧，始悟读书自闭太过矣。后稍改，心有郁结或休息时，便至山林中拉琴唱歌，兴尽乃返。

蒋先生入伍时怀抱建功立业造福人类之大理想。其一九七五年元月《从戎别筑城诸友》诗云：

北风卷地白雪飞，千叠关山映落晖。
一别筑城江海去，远离故友同心违。
从今投笔戍边土，来日请缨功论谁？
料得明朝相思处，月光如水满征衣。

何其豪迈也！蒋先生本具诗人气质之人，与军队行伍生活固有间也。故累兴归去来兮之叹，长怀故乡明月之思。此时心境多发于诗词，亦赖诗词之排遣，稍得安宁也。此时诗词甚多，如“夜半征人无寐，独立向天窗。举目常凝思，千种心肠”（《八声甘州·夜吟寄友》）、“抱影无眠兴独步，谁怜寒夜望乡人”（《寒夜吟》）诸句，皆当时心境写照也。

此时蒋先生虽陷入失望苦闷，然仍坚信马克思列宁主义、毛泽东思想为人类服务解放全人类之理想不谬，谬在现实。毛、周去世，其极为悲痛，立志一生效法毛、周，为人类幸福服务。然已知部队非实现此理想之地矣，故部队提拔之为团部文化干事，坚拒之；荐之读总后勤部天津汽车学校，固辞之。惟退伍回地方读书，方可遂其愿也。

一九七八年夏五月，蒋先生退伍回贵阳。此时真理标准问题讨论展开，思想界稍呈宽松气氛，蒋先生之思想历程亦将有所转进也。

四、大学时代：沉醉西学 人权卫士

蒋先生初回贵阳，一时未安置工作。时邓小平主政恢复高考，蒋先生遂在人武部报名参加高考。不意准备一月，仓促上阵，竟考上重庆西南政法学院。西政，当时全国唯一重点法学院校也。

20世纪70年代末80年代初，全国各大学校园中思想及学术气氛十分活跃。西政诸生心情之兴奋激昂，与他校等。课堂之上各种观点交激互发，甚为热烈。一时间一片“文艺复兴”、“启蒙运动”之气氛弥漫校园。人道主义与自由民主人权等西方思想，成为当时之民间显学。

民主墙时期，贵阳有“启蒙社”，传播自由民主人权思想。蒋先生出封闭之军营入大学呼吸到校园清新空气后，遂浸淫潜沉于自由民主思想者日深。一时意气风发，慨然有澄清天下之志。此时蒋先生最倾心者为卢梭、洛克等西方自由民主人权思想，且于青年马克思、法兰克福学派、南斯拉夫实践派以及萨特、加缪、海德格尔等带人道主义倾向之著作，亦如饥似渴读而好之。每遇学校班组讨论会，辄据自由民主人权思想批判中国现实，几乎言必称人权，因之有同学送其别号曰“蒋人权”，谐“讲人权”之音也。

是时，蒋先生读青年马克思《经济学哲学手稿》及西方马克思主义理论，对青年马克思之“异化理论”尤感兴趣。真正马克思主义重人性，讲人道，是人道主义之马克思主义。斯大林主义重阶级，讲专政，是极权主义之马克思主义，故非真正之马克思主义。讲异化、重人道、尊人性之马克思主义才是真正马克思主义。为正本清源，发天下之覆，遂撰《回到马克思》

一文，希望重新找回马克思主义之信仰。时在1980年，蒋先生大学二年级时，比王若水所撰《人是马克思主义的出发点》一书早一年也。

文章观点新锐，结构宏大，论证有力，激情奔涌。于校园板报公开后，如一石激起千层浪，轰动强烈。对已自梦中觉醒者，可谓醍醐灌顶；对将觉而尚未醒者，则不啻有力棒喝。文章所表达者实众人之心声，惟他人或欲言而不敢言，或欲言而无力言而已。

彼时全校各班皆有“班刊”，诗歌、杂文、时评、论文、小说，剧本无所不有，真可谓小小百花园也。思想解放之端倪，时代步伐之先声，皆可于此见之。而蒋先生之《回到马克思》则其中之代表作，乃“新三届”（1977、1978、1979年）最具震撼力之论文，亦新启蒙运动史上之大手笔也。

五、歌山幽居：生命内转 由俗向真

1982年蒋先生大学毕业，以偶然原因分至中南政法学院任教。因中南政法学院尚在筹建，故作为中南政法学院人员暂留西政工作。后因蒋先生眷恋歌乐山幽居生活，不愿赴中南政法学院，遂长留西政六年。歌乐山者，西政校园西面之高山也。古松苍翠，奇峰峭拔，山腰处建有员工宿舍，蒋先生居焉。

留校后，因“法制史教研室”主任杨景凡先生为人正直，待人宽厚，对蒋先生多有保护，故蒋先生要求到“法制史教研室”任教，讲授“西方政治法律思想史”课程。然因“西方政治法律思想史”涉及自由民主人权等思想，而时值“反资产阶级自由化”时期，校方要求审查蒋先生讲稿；审查后无思想问题始许上课，而其他教师之讲稿则无需审查。蒋先生觉其不公，故拒绝校方审查讲稿。结果留校最初几年只能置身局外，不得上课。

如此处境，自然令人失望。因受现实刺激太深，视庸众芸芸如痴如愚不可与之言，故亦不欲与之群。遂栖身歌乐山房，遗世独立，逍遥天外，独与天地精神往来。常相与为伴者，佛典、耶教之籍也。

司马迁尝曰："夫天者，人之始也；父母者，人之本也。人穷则反本，故劳苦倦极，未尝不呼天也；疾痛惨怛，未尝不呼父母也。"此时，蒋先生用心方向与生命历程发生重大转变，即：裁断众流，折向内在生命本真之反求，倾心宗教超验精神性之体证，以期实现生命之调适上遂，贞乎至道之一本，回归万物之母。此时蒋先生开口必言"道"语"悟"，从事反本之学故也。

此一生命方向之内转，绝不可以流俗所谓"逃避现实"视之。此一转变实乃精神生命之凝定再生与翻转超升，心灵由此从污浊恶世与利欲诱惑中凌空拔起，奋力指向终极关切，追寻生命之超越意义与究竟价值也。《易》所谓"穷理尽性以至于命"，其此之谓乎！求得此超越意义与究竟价值，脚跟方可立定，一切事为乃有究极依止，人生始有真正大业可言。前儒所谓"不翕聚则不能发散"是也。

此时蒋先生孤心直往，刊尽声华，若以克尔恺郜尔之人生三阶段方之，蒋先生此时进入"宗教阶段"矣。蒋先生入大学前之纵情辞章似"美学阶段"，大学时期之心仪自由主义人权观念与追求青年马克思人道理想则与"伦理阶段"相仿佛也。

由于精神生命发生如此转向，此时蒋先生被周围之人视为歌乐山上一大怪人。不上课、不开会、不看报、不出门、不考研、不出国、不写文章、不评职称、不谈政事、不打听消息，

举凡一切外务俗事，摒之不问，俨然一方外人也。整日或伏案苦读，或盘腿打坐，或冥思遐想，或仰观星月，或俯听溪泉，或坐对林莽。其所造，实栖心道境，默会理窟。

当是时也，儒释道耶之经典教理及西方生命存在之学等一切归根复命希圣达天之“修道”之学，蒋先生皆好而究之。吸引蒋先生者初为老庄之学。老庄，尤其庄生之学，蝉脱世俗之外，逍遥与天同游，其精神气味与蒋先生之心境甚为吻合，此不待言也，故蒋先生此时尝自称“虚无先生”。

此外，西方之存在哲学，蒋先生亦甚好之，而嗜之尤深者则克尔恺郭尔氏之存在神学也。克氏绕过理性向内探究自我之真实存在以回归主观性，在主观性中实现生命上达超越之思路，蒋先生遇之而有相见恨晚之感，故曾书“保卫主观性”五字为座右铭也。

其后，佛学进入蒋先生之精神世界。佛学难攻，人皆视为畏途。然蒋先生受强大内在生命力之驱动，勇猛精进，攻之不遗余力。当时佛书难觅，蒋先生先于重庆古旧书店购得一批佛教典籍，然文繁义奥，未敢遽读。1984 年夏游嵩山少林寺，听永定法师谈佛理，遂于嵩山上立志读佛书。《赠少林寺永定法师》一诗中所言“今夕同君语，还家好读经”即指此也。

此后四年，遂以读佛书为主。外语亦弃而不习，在歌乐山上一心学佛，尝誓曰：“不成正觉，不下歌乐”。著述之事，亦绝之不为。盖谓若非一旦豁然贯通，证成无上正等正觉，则所著文字无非尘垢秕糠也。是时有学界朋友劝蒋先生不必傲世太过，随俗作文撰述又何妨，然蒋先生正色曰：“不得正道，不著一字。”其不苟著述有如此者。

佛、道之学，蒋先生不仅读其书悟其理，且修其功持其戒。故读佛书之同时，亦曾打坐、断肉、异床。而道家内炼之术，

亦尝试修之。

蒋先生此时心境之超越凡俗悠然自适，于1985年夏《山居偶吟》一诗可见之。诗曰：

歌山连月雨，昨日放新晴。
小谷清风满，孤峰白霭横。
花间蜂蝶舞，叶底鸟蝉鸣。
斜坐南窗下，闲观摩诘经。

佛典中之最繁难者当属唯识诸书。蒋先生昕夕用功于此，常至深夜两三点，又不善料理生活，饮食草草了事，营养严重不足，遂至大病，体虚至几不能行。时夫人正进修沪上，急回渝治疗调护，久乃平复。自是读佛书始稍知节制矣。

蒋先生读佛书历四载余，自谓虽未尽阅三藏十二分教，然佛理已明于心。既入其里，则亦知其尺之所短也。尝言："吾入佛教殿堂，爱其琉璃世界，喜其清净无生，故知其富且美也。然不欲居之，盖吾非佛家根性也。以理言之，佛教无历史文化意识，而吾人之烦恼乃历史文化中之烦恼而非只情识生命之烦恼。此烦恼佛家无以治之，唯儒教可解决也。"由是儒教在蒋先生心中之位置升矣。

于基督教，蒋先生亦尝读其经、究其理，并几乎入其教而为其徒。1985年上半年，蒋先生因参与筹建"南开大学法学研究所"，调任天津南开大学工作半年。此期间至劝业场古旧书店访书，见架上旧英文书籍中多耶教书。当时蒋先生已对耶教怀有兴趣，故购之颇多。后乃重温英文而读之，已翻译出版之《基督的人生观》（三联书店）、《政治的罪恶》（改革出版社）二书，均源出于此。

蒋先生此时读耶教书，已不觉沉浸其中，甚而至于"造次必于是颠沛必于是"。一日于南开大学食堂排队候餐，见芸芸众生熙熙攘攘，忽思耶稣以无罪之身为吾人承担无量罪恶，遂大感动，泪水夺眶而出不能止。其后一周，神情恍惚，沉浸于耶稣拯救恩典中。盖是时蒋先生对耶教原罪与拯救观念已有深切体认，此后读耶教书遂无间断。

移居深圳后，有耶教朋友热心引介蒋先生入教，并谓蒋先生虽未入教而其对耶教之体认已足证明其人已为实际上之教徒。乃教蒋先生行祷告之礼。然念祷告词至“主”一语，蒋先生结舌不能出。复行之，仍如有锁在喉，不得发声。几番如此，遂作罢。推原当时情景，盖孔子已默然为蒋先生精神生命之主，其生命中不能有两主，故有祷告至“主”一语结舌不能出声之状也。蒋先生后撰《基督信仰与中国文化》一文，乃此时心境之学理化表述也。后该朋友又主动为蒋先生成功联系免费至国外大学留学学神学，蒋先生不欲往，谓：“我愿在中国学孔子也。”

先是，蒋先生幽居歌乐山时，正值高校“留学热”，蒋先生既不关心亦不闻知。后因留学名额少，激烈竞争之下，难以调停，学校居然将一公费留美名额付与蒋先生。众青年教师愕然，然蒋先生谓：“美国无孔子无释迦，吾不愿往也”。

此后谈及耶教，蒋先生每谓：“余有入基督教之愿望，然每欲入基督教时，辄觉身后有孔子及整个中国文化往回拉，不得入。如此进退挣扎者若干年，终未能成基督徒也。”因蒋先生有此番心路历程，故其对耶教学理有同情深入之了解，并对耶教之思想与历史始终保有浓厚之兴趣，此与未经此番心路之学人隔膜于耶教者，大有不同也。

儒学，尤其宋明以降之心性儒学，其内在超越性甚为显著，其中之主观性、内在性、精神性、神圣性，亦即宗教性，更是显之又显者。故除释道耶及西方生命存在之学外，心性一系之儒学，亦为蒋先生此时期用力方向之一。唯此时尚未自觉以之为安心立命之依归，而是出入于各大宗教之间，徘徊瞻顾而无最终皈依也（其《基督的人生观》译序及书中注语即其明证）。虽然蒋先生接触儒书甚早，自当工人时既已读儒书，然其早年之读儒书，大底仅视儒书为一般古典文化读物读之而已，尚未顺性命之学理路抽绎而依止之也。至1984年，得唐君毅先生书读之，并由之进入新儒家之义理殿堂，情况始起变化矣。

1984年蒋先生在西南师范学院朋友、重庆人王康先生家初见唐君毅先生著作，并闻悉“悼唐风波”。旋即被唐先生儒者人格感动，即赋《读唐君毅先生事迹有感》一诗，云：

读罢先生事，掩泣声哽咽。
男儿不弹泪，未到心惨裂。
悠悠我中夏，礼乐昭日月。
斯文一扫尽，天地亦伤色。
哀哉赤子意，壮矣英雄业。
韩子回狂澜，朱公继前烈。
我辈炎黄种，心流轩辕血。
哲人逝未远，伐柯有其则。
遥遥观音山，凄凄茔草白。
悲风吹我泪，祭酒孤冢侧。

王康先生乃唐先生外甥，其母为唐先生之妹。唐先生每于海外出版著作，必寄大陆三套：梁漱溟先生处一套、母校北大图书馆一套、重庆女弟家一套。蒋先生于王康先生家见唐君毅先生诸代表作并借读之，然后知有所谓港台地区新儒家者。之后更设法访得牟宗三先生、徐复观先生书读之，始受港台地区新儒家影响，并日益认同之。

既知新儒家，乃益觉大陆学绝道丧之甚，认为鼎革之后大

陆无儒学，真正之儒学在港台之地区，慨然曰：“弘扬港台新儒学使之披风大陆，余之志也。”此时（1984 年）蒋先生即以一人之力独自于大陆研究新儒学，而大陆官学机构以国帑从事此一研究，则数年后事也。

与此同时，蒋先生亦访得梁漱溟、熊十力等上代新儒家代表人物之书而读之。当时梁、熊两先生鼎革前所著书，图书馆均打包封存不外借，得之匪易也。适有一友人谢幼田先生，任职四川省社会科学院，通过关系转借出梁先生《东西文化及其哲学》、熊先生《新唯识论》两书，携至重庆朋友间传阅。蒋先生遂将二书复印读之。当时蒋先生读二书之心情，直如“洞天石扉，訇然中开”，真理朗现，兴奋莫名也。梁、熊二子之学，皆出入佛学，承续心学，与蒋先生此时裁断众流遥契真常之理路气味相投，故读其书能有如是之感也。

后又经邓小军先生引介，得于西南师范学院拜见熊、梁弟子曹慕樊先生（1912 年～1993 年，号迟庵，四川泸州人。熊、梁弟子。鼎革后任教西南师范学院，于中国古典文学、目录学、儒学、庄学、佛学造诣湛深。邓小军先生有《回忆曹慕樊老师》一文，可参）。此后即常往西师就儒学问题请益于曹先生，由之闻悉众多熊、梁往事逸闻及学术思想，深受影响，继先儒复兴儒学之志益坚焉。1985 年复经曹慕樊先生介绍，于往天津途中至燕都梁漱溟先生寓所拜谒梁先生。梁先生年迈，家人嘱谈话时间以一小时为限。不意梁先生见蒋先生后，谈兴甚浓，滔滔不绝三小时，意犹未尽。见梁先生后，蒋先生感梁先生已完成其历史使命，而复兴儒学之责当在我辈，任重道远也。临别，梁先生勉蒋先生读阳明学书。自此，始留心阳明学。由是溯流而上，与儒学大传统接榫矣。

章太炎先生回顾其生平学术，有“始则转俗成真，终乃回真向俗"之说。克尔恺郭尔之所谓"宗教阶段"，以儒者视之，则非圆成之境，只可谓"转俗成真"阶段也。必再进一境，至于"回真向俗"，乃为圆满。自读新儒学书后，蒋先生内心孤寂冲突、幽闭焦灼之情视以前有所缓解，对人事之厌烦亦不如昔日之剧烈，中和之气时有透露，盖"回真向俗"之几也。

先是，有朋友读北大者返渝，言重庆地僻，难有施展；为前程计，当考研进北京名校；甚至谓："不进北大，不知何为读大学"。故累劝蒋先生考北大。然蒋先生此时正勇猛精进于究玄决疑，不暇旁顾；复谓鼎革后北大已无儒师传道解惑，故进北大不能解决其安身立命问题，遂应之曰："北大有孔子乎？吾愿考孔子之博士，不愿考北大之博士也。"自是绝口不言考研考博进名校事，终日栖身歌山读圣贤书如故。其高狂有如此者。

六、移住海滨：一变至道 新儒出山

1988 年，蒋先生移居深圳，供职深圳行政学院。深圳乃新兴工商城市，其气氛蒋先生之不喜。其移居乃出父命。蒋先生两弟在港，父母欲靠港而居，故促其调深圳，以便家人团聚也。既居海滨，与港台新儒家学人之交流开始矣。

耶教友人既导之行祷告礼而结舌不能出声，蒋先生乃悟孔子已然成为其生命深处之主宰，遂一心归宗儒门，安之不迁，可谓一变至道矣。

自 1989 年迄今，蒋先生遂八字著脚，全副身心投入儒学义理之发明与弘扬、儒学教育事业之开启与拓展，而卓然成当代大陆儒学事业中之泰山乔岳矣。

归宗儒门之初，蒋先生首先致力于在大陆弘扬新儒家之学，与罗义俊、邓小军两先生同声相应，道义相辅，一起构成海外新儒家反哺大陆活动之中坚力量。此时大陆其他研究海外新儒学之学者尚多，然其发心动念之纯、认同之切、持守之坚，能出此三先生之右者，吾未之闻也。

是时，蒋先生致力儒学复兴事业之悲愿宏志已渐为学界知悉与理解。1989 年 5 月，香港浸会大学举行儒耶对话学术会议，蒋先生应邀参加。在港开会之余，复于法住书院为牟先生祝寿宴会上得拜见新儒家巨子牟宗三先生，不胜欣慰也。

此番香港之行，系蒋先生首次以儒者身份与学界公开交流。一代大儒出山，作雄狮吼矣！

此次香港会议之主题为“后现代世界之终极关怀”，而蒋先生认为，因儒学尚未成功解决其发源地即现代中国内地所面临之问题，故言儒学之终极关怀如何应付后现代世界提出之问题，为时尚早。研究儒学在后现代世界之现实意义，不如研究儒学在中国大陆之现实意义之为切实与紧迫也。于是撰《中国大陆复兴儒学的现实意义及其面对的问题》一文提交会议，并宣读之。之后又连载于港台新儒家学派之刊物《鹅湖月刊》。

《中国大陆复兴儒学的现实意义及其面对的问题》系蒋先生论证及擘划儒学复兴事业之大手笔。文章首先论定中国大陆目前所面临之最大问题既非政治民主，亦非经济发展，更非观念更新，最大问题乃复兴儒学以激活并贞定民族精神。接着就大陆复兴儒学之可能性问题展开分析，指出唐君毅先生生前所预期之海外新儒家将儒学“反哺”中国大陆之时机已经来临，儒者当戮力以赴之。然后，对目前中国大陆亟待对治之种种问题，如意识形态问题、价值虚无问题、民主政治问题、经济发展问题与教育危机问题等，予以揭明，并指出儒学既兴，诸般问题皆有以对治之。

文章“一棒一条痕，一掴一掌血”，以堂堂之阵、正正之旗，发亹亹数万言肺腑剀切之言。如风雨雷电交发并至，振聋发聩，非半温不热客观研究之时文，乃倾注儒者万觚热血之宣言也！

蒋先生此文之主张与理路与新儒家学派之主张与理路基本一致。1958 年牟宗三、徐复观、张君劢、唐君毅四先生联名向世人发表《为中国文化敬告世界人士宣言》，是为港台新儒家之儒学宣言。四十年后蒋先生向世人发表《中国大陆复兴儒学的现实意义及其面对的问题》，可谓大陆新儒家崛起之儒学宣言。前后辉映，薪传不断也。虽日后蒋先生别开“政治儒学”之新生面，在外王问题上与新儒家之见不相吻合，然此乃纯粹学术见解问题，非有意于兄弟阋墙也。蒋先生每谓：值此儒家花果飘零之际，不忍起争于港台新儒家先贤，然儒学义理又不可不明，不得已也。“知我罪我，留待后人也”。故蒋先生与港台新儒家之争，类乎荀孟之争与朱陆之争，实为儒学内部义理之判教与厘定，非排斥否定之争也。义理固有不可不明者，然蒋先生之学得力于港台新儒家者甚多，故蒋先生读其书而敬其人，对港台新儒家先贤怀有深厚感情。1996 年年底蒋先生应《鹅湖杂志》之邀赴我国台北参加“第四届新儒学国际会议”，与《鹅湖》诸师友欢聚论学之余，赴唐、牟二先生墓园祭吊。当时蒋先生低徊墓前，悲情涌动，有感曰：“大师已去，小子何依。海天茫茫，感触良多。吾辈可不奋起弘扬斯道，思有以继之者乎！”（1997 年 1 月蒋先生致笔者书）又，今日阳明精舍复夏堂祭祀牌位中，设有梁先生、熊先生、马先生牌位，复设有唐先生、徐先生、钱先生、牟先生牌位。会讲祭祀，焚香行礼，蒋先生与港台新儒家先贤常精神交感冥通，不因学术观点有异而不敬拜其人也。当今世界，祭祀港台新儒家先贤者，恐唯有阳明精舍也。蒋先生对港台新儒家先贤之深厚感情，于此亦可见矣。虽然在对儒学之具体理解上蒋先生未亦步亦趋前贤之步武，然实乃以开创新局面之方式弘扬前贤之理想，成就儒者之大业也。从“为天地立心，为生民立命，为往圣继绝学，为万世开太平”之儒者大眼光观之，蒋先生后来与新儒家见解之异，乃同中之异，非“道不同不相为谋”之异也。从今年（2007年）蒋先生接受《南都周刊》第152期专访中，亦可看出蒋先生对港台新儒家之态度也。蒋先生曰：

你问到近年来文化保守主义的兴起与近代以来几次文化保守主义思潮有着怎样的关系，我认为共同点都在于为复兴中国文化而努力，只是因为时代的原因，复兴中国文化的侧重点有所不同而已。当时在中国“救亡”的处境下，先贤们对中国文化只能做到“心性的保存”或“形上的保存”、“学术的保存”，尚无条件做到“政治的保存”，所以他们的保守主义倾向于抽象的文化方面。但是，他们在他们所处的时代已经尽到了他们最大的努力，我们应该对他们的这些努力怀抱崇高的敬意与同情。而现在，“救亡”的任务已经基本完成，中国开始走向富强，中国的历史处境发生了很大的变化，中国人已经有信心有能力来思考“中国政治”的问题并重建“中国政治”。所以，中国文化保守主义中的政治保守主义维度才得以突显，中国才有条件对自己的文化传统进行“政治的保存”。从这个意义上说，近年来中国文化保守主义的兴起是对近代以来几次文化保守主义思潮在精神方向上的延续与继承，或者说发展与推进。

蒋先生为弘扬儒学，殚精竭虑，八面出击，功绩卓著。《公羊学引论》、《政治儒学》、《生命信仰与王道政治》、《以善致善》、《儒学的时代价值》、《龙场会语》等著作，文稿之撰写，《基督的人生观》、《政治神学文选》、《自由与传统》、《政治的罪恶》、《道德的人与不道德的社会》等他山攻错之籍之独译与合译，法度谨严、内容丰富之系列读经教材《中华文化经典基础教育诵本》之编纂，大型儒教交响乐《太和圣音》之策划与义理章节之构思，甲申、丙戌等会讲活动之操办、阳明精舍之构建与运转、修文阳明祠修葺及阳明铜像塑造等工程之促成，往来海内外各地数十次之演讲，与夫儒教重建运动之构想与发起，其中之荦荦大者也。

2004 年为所谓“中国文化保守主义年”，作为当代文化保守主义之代表人物，蒋先生此年最繁忙劳累，硕果亦最丰：继《政治儒学》在海内外出版后，《生命信仰与王道政治》在台湾养正堂出版，《以善致善》在上海三联出版，十二册《中华文化经典基础教育诵本》在高教社出版（出版后引起全国读经大讨论），并撰文参加各种学术研讨会或在各种论坛发表演讲，如构思十年之重要论文《王道政治是当今中国政治的发展方向》在杭州“当代儒学国际会议”上宣读，《以中国解释中国——回归中国儒学自身的解释系统》一文在深圳大学“西方学术背景与当代中国哲学研究会议”上宣读，《中国大学“通识改革”与中国书院传统的回归》一文在广州南沙“开放时代论坛”上宣读，《儒家文化是建立中国法律制度的道德基础》一文在中国政法大学“中国民法典论坛”上宣读，《中国文化的危机及其解决之道》一文在贵州财经大学“人文论坛”与西南政法大学“金开名家法学论坛”上宣读，《儒学的真精神与真价值》一文在第五届深圳读书月论坛上宣读；并接受深圳《晶报》、上海外滩画报、北京中国青年报、《原道》学人、香港凤凰卫视等媒体与学术团体之一系列学术专访（专访题目分别为：《读经、儒教与中国文化的复兴》、《读经与中国自由主义》、《谁是有文化意义的中国人》、《读经与〈中华文化经典基础教育诵本〉》）；此外，是夏在阳明精舍蒋先生全力主持被称为“中国大陆新儒学”形成标志之“甲申龙场会讲”（即中国文化保守主义峰会），会后又与王瑞昌、任文利、王天成诸位在阳明精舍就儒学面临之重大问题论学廿余日。凡此皆在中国学术思想界、新闻传播界乃至整个社会产生重大影响之事件，蒋先生只身任之，厥功伟矣！然蒋先生之体魄亦因之几不可支矣。是年入冬后始气虚体弱，次年构疾。迩来戢影慎出，以此也。为振起斯文，尽瘁矣。

七、政治儒学：再铸学统 别开生面

20 世纪 80 年代，蒋先生所读儒学诸书，皆系以安心立命为旨归之新儒学及宋明性理学之书。受新儒家影响，其所驰骋之儒学天地亦不外新儒学所划定之界域；其所归宗之儒学，实际上亦“祖述程朱陆王、宪章梁熊唐牟”形态之儒学也。

《书》曰：“洚水儆余。”蒋先生因思所以扭转之道，故而有“政治儒学”之构建也。此一因缘，蒋先生于 1990 年 1 月致牟宗三先生书中言之甚明：

庆去岁赴港与会，不意得仰见先生，是庆之幸也。庆尔来常读先生书，想见先生之为人。此刻一睹先生风采，其心情可想而知矣。唯席间仓促，行程匆匆，未暇就心中难题请益先生。返深后，情志激奋，心绪不宁，不知中国与吾儒出路何在。殷忧深思，孤心凄苦，半载有余。而后乃坚定志向，重振信心，知中国之问题仍是儒学问题，离儒学中国之问题无由获解。于是重温儒学，力图再阐吾儒精神生命。然经忧之后，庆之关注始由心性转向外王……庆昔居渝，始好西学。后悟西学美则美矣，未能解决中国问题。时幸得闻熊先生、梁先生之学，心情为之一振，始知中国故学有不可弃者在。后又于唐先生家人处闻唐先生之学与先生之学，愈信吾国故学至刚至大，乃吾族精神生命之体现，遂归心儒学。庆此时归心之儒学，乃心性儒学也。遭变之后，庆思路亦为之一变，由心性转向外王，以为当今中国最大之问题乃外王问题，此问题不解决，儒学在中国之复兴亦无望。儒学若不能在中国今后之外王大也中有所作为，不为中国今后之政治发展提供坚实之理论基础，儒学将难为广大国人认同接受。是故，儒学现代发展之关键端在于儒学能否开出新外王。鉴于此，庆窃以为有必要对中国儒学传统进行全面之检讨认识。

庆以为，中国儒学有两大传统，一为孟子一系之心性学传统，一为春秋公羊学一系之外王学传统。此二传统岁均由孔子开出，然二统之关注重点、入手方法、对人性之体认以及对后世之影响均不同。庆此时所究心者乃春秋公羊学，以为儒学在当今中国要开出新外王，断不能舍春秋公羊学而获全功。（台版《政治儒学》，第548～549页）

“春秋公羊学一系”儒学传统，即蒋先生所谓儒学大传统中之“政治儒学”传统也。

某日，蒋先生观看香港电视新闻，见美国国会议员之接见流亡海外民运人士，趾高气昂，仿佛自由民主由其施舍，而民运人士低声下气，卑躬领受。此画面对蒋先生刺激甚大，以为无论自由民主如何之好，亦不能乞讨；吾国在政治上必须有自己独立之价值与尊严。此后乃反思吾国究竟有无独立之政治智慧、政治思想与政治资源，并反省港台新儒学对中国问题之政治解决方案，遂由心性儒学转入公羊学之研读。后得出正面肯定结论，“政治儒学”由此而作也。

所谓“政治儒学”，乃相对“心性儒学”而言者。“心性儒学”重在解决尽心知性知天、穷理尽性至命之个体生命超越转化与安顿依止问题，孟子以下之程、朱、陆、王直至当代新儒

学属之。“政治儒学”重在解决如何顺承天道改制立法、制礼作乐以及建立政治制度之合法性、社会秩序之合理性等制度架构问题，荀子以下之董子、何邵公以至清季庄方耕、刘申受、龚定庵、魏默深、康长素属之。蒋先生所重开之“政治儒学”即是在继承公羊学传统之基础上参考可资借鉴之西学资源并考诸中外政治现实所构建之外王学也。

20 世纪 80 年代末期，蒋先生开始研究公羊学。1993 年将研究心得撰成《公羊学引论》。因出版事务延宕，1995 年 6 月始出版。“是书立言论事，一以公羊义理为准，故是书为公羊学著作，而非客观研究公羊学之著作。公羊学为今文经学，故是书亦为今文经学。”（《公羊学引论》之自序）此书实康南海之后百年来第一部继承公羊学、取法公羊学之公羊学著作也。

中国近世学界之研究古学，皆以纯客观之态度对之作科学考古式之研究，如隔玻璃橱窗察视文物，无情感投入，无价值认同，更无所谓“微言大义”之发掘而致用乎现实者。治古学者只知史学而不知经学，《公羊学引论》出版前对之作学术评审时，出版社在偌大之中国竟觅不到一评审之人，只勉强找一自认不谙公羊而治《左传》之老先生敷衍了事。蒋先生之书以今文经学立场言公羊学，阐发公羊学之时代价值，明确宣称“非客观研究”，真可谓别具一格之当代“通经致用”之学也。

是书甫出，传至台岛，即因公羊家立场引起毓鋆老先生重视。毓老早年受教于康南海，在台建有“奉元书院”，几十年均以“今文家法”在台民间讲公羊，以为大陆公羊传统早绝。忽见大陆有公羊家著作问世，甚惊异，认为非有师传亲授不能如此。因蒋先生居广东，毓老便推测康南海学统未断，蒋先生为其师法之民间秘传，遂遣弟子携《公羊学引论》复印本赴广东寻访蒋先生，欲与南海学统接榫也。后辗转得见蒋先生，知非南海学统之民间秘传，南海学统之师传在大陆实已断绝，蒋先生乃私淑者也。虽然，毓老仍望与蒋先生会面，因蒋先生赴台不便，毓老遂约其至深圳与蒋先生会面。宾馆与日程已定，惜毓老以九十高龄忽患感冒不适，不宜远行，乃罢。毓老急欲亲往会蒋先生，得无欲觅《春秋》托命之人乎？故蒋先生深为感动也。蒋先生虽未能亲见毓老，然有此一段因缘，蒋先生之精神与毓老之精神已隔海相通矣。后蒋先生《政治儒学》与《生命信仰与王道政治》二书之在台岛刊布，即得于毓老弟子之力也。

1995年《公羊学引论》之出，标志蒋先生之“政治儒学”问世。2003年《政治儒学》在我国台湾出版，次年在大陆出版，2004年复有《生命信仰与王道政治》在我国台湾出版。《政治儒学》与《生命信仰与王道政治》系蒋先生“政治儒学”之展开与充实。两书尤其是《政治儒学》一书在当今中国学术思想界影响甚大。自此之后，“政治儒学”作为一新学统始立于中国学术之林，无论中国学人接不接受“政治儒家”之义理价值，而“政治儒学”一词则俨然成一新铸之学术关键词而人人言之矣。

“政治儒学”体系宏大浑成，义理深微繁富，且许多内容蒋先生尚在探索中，兹不暇详论。举其大端，有“以天统政说”、“王道政治说”、“大一统说”、“心性群治二分说”、“道统高于政统说”、“天赋圣权说”、“儒士统治说”、“合理等级秩序说”、“儒教宪政说”、“儒教立国说”、“三重合法性说”、“儒教议会三院说”、“儒家文化本位说”、“政治保守说”、“以善致善说”、“夷夏之辨说”、“复古更化说”、“时中智慧说”、“复魅说”、“文实说”，等等。凡此诸说，有直承公羊学旧说者，如大一统说、夷夏之辨说等；有对公羊学本有义理加以总结并出之以时人易解之措辞而成者，如道统高于政统说、心性群治二分说等；

有参考儒学及其他学统之精神结合时代问题而新创者，如三重合法性说、复魅说等。凡此诸说义理相联，有机结合，构成一别开生面之儒学新学统矣。

此学统与宋明儒学系统之不同显而易见。宋明儒学为与佛教相颉颃，专意发明孔门正心诚意希圣达天等内圣之旨，于外王之学无所发明。宋明儒虽亦有其政治见解与主张，然皆系循“壹是皆以修身为本”之理路言之者，政治问题被约化为心性问题，失其独立意义。蒋先生所阐发之“政治儒学”系将政治问题从心性领域独立出来加以处理，显非宋明儒学之故辙也。

此新学统与港台新儒家之学亦明显不同。此中可言者甚多，今仅就内圣与外王之关系一端论之。以牟宗三先生为代表之新儒学虽然未将政治问题约化为心性问题，提出两者之间系“曲通”而非直通，并以“良知坎陷说”解释之。然经由良知坎陷之曲折而成就之政治领域，实际上已成完全独立之领域，其与天道性理只具形式上之联系，天道性理之具体内容并不能灌注于政治制度之结构中。根本原因在于“良知坎陷说”乃牟宗三先生为弥缝近世知识世界与道德世界之裂变、既成全两者又绾合两者而提出之逻辑假定也。大儒苦心虽可理解，然此一逻辑假定，虽然理论上颇为圆满，但不具实质意义也。因良知坎陷之后政治领域实质上完全独立于天道性理，故新儒家所成就之制度乃全然西方自由民主制度，体用发生断裂矣。虽然新儒家可辩解曰“自由民主制度之建立乃儒者内圣之学之内在要求”，故内圣外王并未断裂，然细思之，恐未必然也。若以亚里士多德“四因说”格之，此“内在要求”之说只相当于“四因说”中之“动力因”，而“目的因”、“形式因”与“质料因”皆不与焉。正因缺少后三因，故最终成就之外王为西方自由民主制度，与天道性理无内在联系，与民族精神相脱离，因而亦与自由民主主义之西化派殊途而同归矣。

蒋先生之“政治儒学”虽主张政治与心性两分，但强调“天道下贯”之义理形态，即客观超越之天通过“以天统人”之方式形成汉儒所谓“依天裁事”、“设官法天”等下贯渠道，从而将天道之旨意价值灌注于政治领域也。循此所建立之政治秩序乃直接体现“天道天理”之神圣礼法秩序而非近代世俗化之政治秩序，循此所建立之政治制度乃具有中国儒家文化特色之礼乐刑政制度而非西方式之民主制度。如此，则与牟先生所言“良知坎陷”之结果迥乎不同也。

再者，蒋先生之“政治儒学”虽祖述汉以来之今文经学与公羊学，然并非“照着讲”，而是立足中国乃至世界现实之大问题，在把握传统今文经学之大经大法基础上有所发明创新也。此非公羊家发掘孔子“微言大义”因时“通经致用”之“家法”乎！除此继承中学传统外，蒋先生对西方政治思想之精华亦有所汲取。且不论其他，耶教中天主教之政治哲学、伯克、迈斯特之保守主义以及民主思想中之议会主权学说是其显者也。要之，蒋先生之“政治儒学”乃是究天人之际、通古今之变，取东西文明之长而成之儒家新学统也。此套学统，其结构或未必已臻完善，其论证或尚存罅隙不足，然已于当代思想界拓展一新天地，别开一新生面矣。蒋先生尝谓：“一种理论之提出，其价值在于开出一学术新路向，待后人共由而证成之，而不在解决此一理论面临之所有具体问题也。”此则蒋先生自道其学也。

蒋先生“政治儒学”所揭橥之王道政治，在当今中国之自由主义、社会主义、新儒家之外，标示出中国政治发展之第四条道路。此乃儒家政治理想沉寂一百年后首次进入公共话语领域，表达出儒家独特而强烈之政治诉求。或许有学者畏其陈义

太高，难以落实，然欲使现实政治不致迷失方向，酿成人类大患，吾人不可不悬此王道理想以为政治祈向之鹄的也。

除荀、董、何一系之公羊学外，蒋先生亦特好文中子“河汾之学”，谓荀、董、何之学乃“政治儒学”中之“王官学”，“河汾之学”乃“政治儒学”中之“帝王学”。“帝王学”所以实践“王官学”者也，无“帝王学”“王官学”则不办。故蒋先生虽远处龙场，然亦向往河汾，其《龙岗望月》诗云“何日汾水上，独照续遗编”可见也。蒋先生之意，居今之世欲重建具有儒家特色之“中国政治”，当寄望于他日之房、杜、魏也。

八、阳明精舍：学在民间道在山林

在儒教文明之学术与教育传统中，除官学传统外，尚有一私学传统。两传统之不同在于，官学由政府控制，与国家行政取士制度相辅而行，旨在培养官吏，入学者以其为晋身之阶、干禄之途，不必以修己弘道济世安民为矢志也。官学自有其自身价值与必要性，然因其与禄利结合紧密，无独立之精神、自由之思想，系为人之学而非为己之学，故不能担当弘扬大道传承真学之任务。私学乃大儒为讲学弘道所创，不受科条律令牵制，不受功名利禄左右，学者受老师大儒人格学问之感召，负笈来学，只求明道，不作他想。学者于此鸢飞鱼跃，云卷云舒，真几呈露，天机活泼。一真一俗，迥然不同也。先秦之庠序，汉代以降之太学国子学，戊戌维新以来官方借鉴西方教育体制所经营之大学，皆官学传统也。

私学传统启自孔子杏坛设教。其后两千余年，或盛或衰，或隐或显，其统绪绳绳不断，儒家之道统学脉赖以传承光大。宋明之世，大儒辈出，书院蔚起，天下翕然从风，儒道大畅。

此其最盛之时也。沿流至于满清，思想钳制亟严，文狱频兴，私人自由讲学之风浸息，所存者大底“尽入我彀中”之利禄官学而已。此时书院之名或存，然多与科举利禄纠结一起，名存实亡，不足以担当承续弘扬道统之任也。清末康长素之长兴讲学、民国章太炎之苏州讲学，以经学为主；抗战中马一浮之复性书院讲学、梁漱溟之勉仁书院讲学，以宋学为主。此四子者，讲学皆承明道济世安民之精神，洵有再兴宋明私人讲学遗风之象。昔或迫于时局或困于资财等客观原因，皆未得久行其道。

随现代性在中国社会浸渍日深，韦伯所谓“理性化铁笼”已在中国社会铸成。号称体现自由精神之现代大学与研究机构亦在此铁笼笼罩中。教学内容世俗化、功利化、浅薄化与夫学术活动计量化、科条化、快餐化，日深一日，不知伊于胡底也。

面对如此情景，蒋先生守死善道，不更其守。职称不申评，课题不填报，办班不参与，股市不涉足，确乎“儒行”中人也。虽然此可成就大丈夫之人格，然欲于此境中弘扬大道，讲明正学，甚不利也。于是乃发心于官学之外另辟私学，以承孔子以来民间自由讲学之传统。蒋先生所构建之阳明精舍，即为了此宏愿也。

1980 年代在重庆西政任教时，蒋先生思效法先儒办书院以保存儒家道统学脉，然无机缘也。移居深圳后之 1992 年，结识深圳某集团公司董事长，其人表示愿出资在广东惠州办“东亚儒学院”。岂料此人终无诚意，蒋先生劳顿年余，最终搁浅。1995 年蒋先生复与日本“将来时代国际财团”联系，望其能出资在贵州龙场兴办“国际阳明书院”，请冈田武彦先生出任名誉院长，后因国家政策不准外国人在国内办文教事业而不果。1996 年与香港“法住文化书院”院长霍韬晦先生言及此事，霍先生又有意出资在龙场接办“国际阳明书院”，且已与县政府签订具体投资合同，然又因政府官僚作风长期拖延而作罢。此数次挫折耗去蒋先生数年时间与大量精力，遂对企业、政府、外资办儒家文化事业不抱任何希望，乃发愿以一介书生之力独自兴办书院。

1996 年，蒋先生于贵州阳明先生悟道之龙场购得百余亩荒地，拟建书院。土地已备，经费何来？蒋先生一读书人，终日惟事书册，不事生产，艰于资财。于是四处奔走，多方化缘，筹募营建书院费用。蒋先生之人格精神、才华学识素为同学朋友亲戚故旧所熟知，其宏愿悲怀亦素为彼等所敬重，故多得其助焉。

蒋先生之筹资活动，其性质纯为私人馈赠，捐者不附加任何条件，无丝毫回报可得。在此商风席卷、儒门淡泊之时代，无论施者抑或受者，非有过人之精神、惊人之意志其何以行之！然蒋先生因儒缘竟能行之！虽甚艰难，尚可推进也。或有委屈，为图远大，可不计也。蒋先生尝言：“孔子为行道干七十二君而不遇，余始干几人不遇，与孔子相较如何哉？余之遇多矣！”又言：“吾何人，可受世之助耶？助者非助我也，助孔子、助阳明、助儒家、助中国文化也，吾为孔子长揖谢诸友也。”自 1996 年始，六七年间，募得一块砖钱，墙上即加一块砖；募得一条梁钱，房上即上一条梁。款项支绌，且筹谋；善缘既来，即赶工。点点滴滴，断断续续，至 2000 年主体建筑“奉元楼”终巍然耸立于青山绿水之间，书院复起矣！

深圳大学游建西先生谓：“自古惟闻道家化缘修观，佛家化缘修庙，未闻儒家化缘修书院者。盖儒家化缘修书院，自蒋先生始也。”诚哉，斯言！可谓知蒋先生者也。然值此儒门衰颓之际，儒家之化缘修书院，视佛道两家之化缘修庙修观者，其难易不可以道里计也。

因书院规模不大，取足读书讲学即可，故名精舍。以毗邻阳明证道之地，故名阳明精舍。东汉即有儒师自命山中读书讲经之舍为精舍，蒋先生取“精舍”一名，其渊源亦甚深远也。

精舍依山而建，面积十亩有奇。由桂竹园、性天园、乐道园、俟圣园、仰山园、默园等组成。诸园天然起伏，错落有致。精舍脚下有水域一片名鉴性湖，净如明镜，常有白鹭翻飞其上，观之忘机也。

精舍各门户及诸楹柱皆悬有楹联，书法皆出诸名家，撰写则出诸蒋先生。联语属辞既工，理趣亦富，乃文情哲思融为一体之艺术精品，玩之其味无穷。不见其人，不读其书，不听其议论，仅观此数楹联，亦可想见作者为人也。奉元楼之复夏堂前之联曰：

五经藏理窟，立人文万世根基，常道常繙承道统；
六艺蓄义海，开性教九州学脉，恒心恒现继心传。

乐道园之勉仁堂门联曰：

天心月满时，有孔颜之乐；
檐下雨疏处，正尧舜所思。

俟圣园之明夷堂柱联曰：

道自白云深处起，文不在兹乎；
学从绿野满时来，质之将复矣。

桂竹园之水云轩柱联曰：

山月出时，清箫一曲乾坤静；
松风过后，浊酒半杯天地宽。

阳明精舍建成以来，四方道友前来问学讲道、感受书院精神者无间断。2004 年夏甲申龙场会讲（即媒体所称“中国保守

主义峰会”）及2006年夏丙戌龙场会讲，乃精舍建成以来举行之规模较大之会讲也。蒋先生尝言“学在民间，道在山林”。精舍实鼎革五十年来中国第一间真正之儒家民间书院与斯文托命之所也。

精舍为讲习高深儒学义理、传承道统学脉之所。然蒋先生之儒学教育活动并不局限于此，对儒家经典普及之基础工作亦甚用力，曾倾两年之力编就一套十二册儿童读经教材《中华文化经典基础教育诵本》。所选内容上自《五经》《四书》下至宋明大儒之作，皆儒学经典中之尤为切要者。词精理粹，一以贯之，与杂凑之普通文化教育读物性质不同，播之社会，功德无量也。此教材之出，即引发中国持续一年之读经大讨论。虽间有不赞成者，然赞成者居多。非特掀起一场读经热潮，更使读经理念深入国人之心矣。推原蒋先生之心，训蒙养正，中国文化复兴之希望当寄之于未来也。

蒋先生以“政治儒学”名世，然“心性儒学”亦其素好，尤好阳明良知之学，造诣湛深。东瀛冈田武彦先生乃当今世界儒学界大儒，其学尚体认，重受用，与明儒中之江右学派相近，走“超越逆觉体证”之路，以“归寂证体”为宗。蒋先生与冈田先生有道交，深受其影响。而牟宗三先生以阳明学为底里之“道德的形上学”，蒋先生则不喜之。蒋先生惯于以传统心性儒学之直指心体、直抒胸臆之言说方式谈学论道，以为繁富新巧之思辨分析、九曲十折之义理演绎易致学问流为概念之知解解析系统，无当于身心。因此曾谓牟先生之学为“歧出之王学”。此说于牟先生之学恐未必平恕，然于此亦可觇蒋先生喜好传统心性之学活泼近思之风格与直接简易之工夫也。蒋先生此一为学风格，于阳明精舍“存心斋”一联亦可见之：

为道须枯槁一番，刊尽声华，从此海阔天空，鸢飞鱼跃；
存心要静默终日，养全性体，而后风清云淡，山峙川流。

九、结语：斯文干城

熊十力先生言：“感触大者为大人，感触小者为小人。”蒋先生者，有大感触之人也。其大感触即目睹中国文化命途多舛，花果飘零，而怀天地悠悠怆然涕下之悲情并誓将致其全副精神以振起之、复兴之、光大之也。

中国文化肇始于伏羲，成型于周初，中经孔子之整合、纯化、提升而臻于美富。惜孔子生春秋乱世，有德无位，乃寄微言大义于《春秋》。及汉世董子出，孔子之志始差有落实，后此两千年中华文明之规模于焉奠定，而光耀寰宇之汉唐文明因之而起也。宋后始衰，晚明尤甚，竟招满清入主之祸！清季西人驾铁舰携火炮至，文物典章随之。国人始乱其步武，群慕西化，儒学危矣。

孔子曰：“文王既没，文不在兹乎？天之将丧斯文也，后死者不得与于斯文也；天之未丧斯文也，匡人其如予何！”值此中国文命屯蹇之时，几十年来蒋先生深究儒家义理，开发政治儒学，营建阳明精舍，倡导少儿读经，四处讲学弘道，呼吁“以中国解释中国”，承前圣先贤之志振起斯文也。蒋先生实今世之斯文干城也。

匹夫而援家国民族之陷溺，一身而谋亿万生民之福祉，千载之下而承列圣列贤之道统学脉，生乎今世而忧千秋万代天下之命运，伟乎人也！大哉儒乎！

（附识：此文之作，蒋先生本人对文中所涉事实多有核正；蒋先生之亲戚范必萱女士、小学同学张建建先生及部队战友张秋林先生通过电话接受作者采访，提供信息。在此一并致以谢意！)

2007年8月撰于京南郊外之淡甘书屋
(原刊于任重主编：《儒生》第二卷，中国社会科学出版社2012年版。)

03 李慎之先生试论

李慎之先生去世了。一时间，许多有心之士相继著文发论，缅怀其人格形象，激扬其精神风骨，平章其学术思想，并由之反思中国的历史和现实，拟议中国走向世界、走向未来的道路。李先生的去世，在民间思想界、学术界激起了一场不算小的冲击波。本人在此期间比较集中地拜读了李先生的诸多宏词伟论和一些他个人的行实资料。掩卷之际，不禁为其大气磅礴的人格形象所感染，为其家国天下的情怀而扼腕，为其睿智的思想和犀利的笔锋而触动。不必讳言，与此同时，对他的一些思想观点，私心未安不敢盲目苟同者也颇为不少。李先生走了，但是他念兹在兹的问题仍在。他是个有典型意义的思想家，认识、研究和评析李先生其人其学，与认识和把握中国的命运息息相关。因此，本人也不揣浅陋，写下此文，谈谈自己拜读李先生诸鸿文后的感想，同时也算是对一代思想家之去世的追思。

一、中国文化哺育熏陶出的士大夫

李先生去世后，有学者在缅怀文章中称李先生为具有中国“士大夫精神”的思想家，是位中国的“士大夫”。据说李先生生前也曾自称“士大夫”。读罢李先生的行实资料，本人觉得，就其人格风范，气度襟怀、志趣向度、情感体验等“生命实存”方面看，李先生身上的确散发着传统中国的“士大夫精神”，委实是当代中国的一位“士大夫”。

士和大夫在周代乃有官位者之称，其后随着孔孟之教在人心及社会的浸滋日深，兼用为有德望、有识见、有学养者之称，且以德、识、学而言者日渐重于以官阶职位而言者。士和大夫合而成一词，用以称中国文化中的精英分子，其意蕴与孔子所言“君子”，孟子所言“大人”、“大丈夫”等相差无多。对中国社会及其制度影响至深且巨的儒学讲“学而优则仕”，故传统中国社会中之居官有位者大多为德、识、学方面出类拔萃的士大夫。

欲认定李慎之先生具有“士大夫精神”，是当代的“士大夫”，有必要对中国社会所谓“士大夫”及其代表的“士大夫精神”作一分疏，有一个清晰的认识。而后考察李先生其人，看其是否体现或何种程度上体现了传统中国的“士大夫精神”。

通观中国历史上的“士大夫”群体，可以看出此类人人格大体具有如下特征：

第一，“士大夫”是有德者。古来之士大夫皆特重“德”，他们自觉到人之所以为人不在圆颅方趾之形、饮食男女之性，而在真诚恻怛之情、居仁由义之心。士大夫不一定是道德哲学家，对德性生命之形上根据未必下过穷极微渺的极深研几工夫；对具体的道德原则和规范，未必在学理上作过细入毫末的思辨分析。但是，他们对德性生命有自觉，是古昔相传的、社会公认之德目的忠实的服习者，认真的践履者。重道义，轻利欲；尚品操，薄苟偷。敬以直内，义以方外。明通而公，襟怀洒然。无偏无党，坦坦荡荡。他们践履道德，虽未必能优入“与天地合其德，与日月合其明，与四时合其序，与鬼神合其吉凶”之圣、神之域，但是心宽体胖、睟面盎背的“德气”是不会没有的。“德”是构成“士大夫”的必要条件。寡廉鲜耻，纵欲败度，巧言令色，胁肩谄笑，此等人不论其官位如何之高，权势如何之重，都是不配称“士大夫”的。

第二，士大夫重礼教。“道德”乃人内在之质性，“礼教”乃显于外之法度规矩，节文度数，也是人之所以为人而不为禽者之“人文”。两者互为表里，相须为用。《诗》曰：“相鼠有皮，人而无仪。人而无仪，不死何为?”孔子云：“君子博学于文，约之以礼。”又曰：“不学礼，无以立。”故古来作为有德者之士大夫，必然要以礼约身，循礼而行，并以礼教训子弟、教家人，以礼教规亲朋、劝好友，使之化行于社会群体，以期收到敦人伦，醇风俗之功效。所不同者，只是礼教之具体内容会因古今生活方式之嬗变、殊方异域情事之不一而有所因改损益而已。中国乃礼教之国，礼教之内容至大至广，大至国家典章制度，小如个人之出处、进退、辞受、取与以至日常生活之洒扫应对饮食起居，皆有“礼”行乎其间。士大夫于此无有不三致其意者！士大夫因以礼约身，故为人畏而重，和而乐。望之俨然而不可犯，及与之交接，则又和似春风，有其特有的人格魅力。

第三，士大夫是有学养有识见者。明末清初的士大夫顾亭林以“博学于文，行己有耻”八个大字自勖教人，这实际上也是士大夫之准绳。前所论道德礼教，为“行己有耻”之属，学识则大致属“博学于文”之列。士大夫近于现在所谓“知识分子”。虽然宋儒陆象山说过“虽目不识丁，也得堂堂正正做个人”之类的话，但是，作为一个士大夫，不仅要有德，而且也需要有相当的学养和识见。士大夫都是读书人，他们渴求知识，关心文教，往往明天文、察地理、通古今、广见闻。博闻强记，满腹经纶。然而，虽然士大夫勤读书，有丰富的知识，但并非死读书之学究，更不是今所谓一般的专家学者。士大夫不仅有知识，更有“识见”。有识见表现为能从杂多的知识中看出更高的原理原则，从中获得某种综合的、整体性的把握，以之丰富自己的智慧。有识见还表现在能透过事物之表层，绕过枝节，透及事物之深层底蕴，把握住其根荄大本，达到某种深度的认识。识见比学养更难得。因为“学”只是一种求知的努力，有如北齐颜之推所说“钝学累功，不妨精熟。”只要肯努力，达到“精熟”的地步，成为专攻一艺之专家，不是太难；只要泛观博览，俯仰掇拾，成为博学多闻的杂家，也颇易就。故士大夫之可重不仅在于有学养，更在于有识见。由于士大夫有学养有识见，故议政发策，常能独具慧眼，深中肯綮。剖判事理，多能烛察表里，切其款要。因此，士大夫之意见言论多能受到大众的重视和信赖。

第四，士大夫有强烈的入世精神和淑世情怀。士大夫不是功利主义者，不是孜孜于个人成功，猎取名利角逐权势的人。但是，由于他们怀有民胞物与之情，关心民瘼疾苦，抱有治国平天下的理想，所以皆愿在政治上有所作为，在社会上有所建树。屈原“长太息以掩涕兮哀民生之多艰”，陈子昂“念天地之悠悠，独怆然而涕下”，杜甫“致君尧舜上，再使风俗醇”，范仲淹“先天下之忧而忧，后天下之乐而乐”，东林诸子“家事国事天下事事事关心”，顾炎武“天下兴亡，匹夫与有责焉”等等都是士大夫忧国、忧民、忧天下的淑世情怀的写照，表达了他们拯斯民于水火，广济苍生的宏志悲愿。因此，士大夫一般情况下愿意出仕任职，为国家、社会尽力。而且，由于其德才学识出类拔萃，多数情况下也能居有一定的官阶职位。不过由于他们严出处进退之节，守正不阿，正气凛然，不苟偷诡随，不趋炎附势，当政治黑暗之时，也甘愿被贬受黜，或自动离职，或干脆不求仕进，退居林下。在野或修道讲学，或泽披乡里，或以清议影响时政。总之，“可以仕则仕，可以止则止”，以守正自处，尽其天职为律身之则。

不言而喻，士大夫是儒教中人物。

现在看李慎之先生。当然，由于李先生生活及活动于传统政治社会架构解体、“礼崩乐坏”、反传统声浪震天动地、甚嚣尘上之20世纪，即使想成为典型的“士大夫”，也未必能遂其所愿。不过，由于传统士大夫的流风余韵并未彻底灰飞烟灭，在他成长时期的20世纪上半叶的中国社会，尤其多有留存，尚有一些如李先生的老师陈寅恪这样的老辈仪型可以观摩师法，所以李先生尚能有所承续，受其沾溉。从上述传统中国士大夫的四方面的特征来看李先生其人，可以看出，李先生虽不必为典型的“士大夫”，但如此称之，“虽不中，不远矣”。

李先生身上具有上述士大夫的第三、第四两个特征，是再明显不过了。喜欢读书，学问博洽，闻见丰富。不论是中国古书，或是异域典籍，皆深嗜之。不仅“好学”，而且“深思”。目光犀利，见解相当深透，有常人所不具的识力。他拒绝评职称，不愿以专家学者自居，这其中也许不无自谦之意，但恐怕主要是为了孤标高韵，表示自己是具有“通识”的贤者，而非以一才一艺自鸣矜高的“一曲之士”。从他的论著言论看，李先生是可以当得起学富识深的“通人”之称的。

李先生客厅有悬联曰：“已知诸相皆非相，欲待无情还有情。”这是典型的士大夫淑世情怀。李先生早年投身革命，中岁居官尽职的同时，直言极谏，指陈时政。晚年更是老当益壮，奋不顾身，挺身而出。蔑弃高官厚禄，为生民之福祉，民族之盛衰，社稷之命运，天下之前途安危而辗转反侧，大声疾呼。他曾对部下说：“真正的‘知识分子’，应当是那些关注人类命运的人，比如我。”[1]李先生具有强烈的“以天下为己任”的入

〔1〕 赵梅：“细节中的教诲——怀念李慎之老师”，载《李慎之先生纪念诗文》，思想评论网：http：//www.sinoliberal.com，最后访问日期：2004年1月1日。

世精神和淑世情怀，这一点在他的一生，特别是晚年，表现得再突出不过。

毫无疑问，李先生是位有“德”者，而且他的“德”大体上还是孔孟所提倡的那些基本道德。人称“他非常非常讲良心，对那些有恩于他的人，他一辈子记在心里，即使明知其人有所不善，也是嘴下留情。”[1]对朋友一片古道热肠。友人落难，为之潸然泪下，曾手提蓝布包到友人所居破寒窑中送上自己的中山装[2]。对后学晚辈，关心呵护，和蔼可亲，并乐于诱掖栽培。其友人评论说：“慎之先生的做人理念既包含中国士大夫的‘仁和恕’，又包含英国绅士风度。”[3]

至于中国传统的礼教，因为李先生主张重新回到“五四”启蒙，当然要反之。但是，礼教根本上是反不掉的。礼教的具体内容需要因时损益，但是，从原则上讲，礼教是不能反的。不可能认为礼教天生就是“吃人”的，应当去之净尽而后快！包括鲁迅、胡适在内的这些“五四”健将在立身处世方面也不能彻底“摆脱”礼教，成为“赤裸裸”的“自然人”。李先生待人处世也不能彻底“摆脱”礼教，甚至比当代其他人表现得还远为明显，而且对“礼”还有某种程度的自觉意识。有人在回顾李先生为人风貌时说：“他是讲究礼节的，记得他嘲讽过一位鼓吹传统文化的青年学士给他打电话，‘有时间找你聊聊’。他说我们小时候都是肃立在父母一边的，连起码礼节都不知道的人谈何传统文化！他说过，李鸿章倘若活过来，恐怕已不认

〔1〕 华贻芳：“痛悼慎之”，载思想评论网：http：//www. sinoliberal. com，最后访问日期：2004年1月1日。

〔2〕 参戴煌：“永念慎之兄”，载思想评论网：http：//www. sinoliberal. com，最后访问日期：2004年1月1日。

〔3〕 奚瑞森：“良知和道义的勇气”，载思想评论网：http：//www. sinoliberal. com，最后访问日期：2004年1月1日。

识中国人了。"[1]一晚辈学者来拜访时，李先生还对其礼数有所挑剔，说他"你举止基本合格"。论者谓李先生有一颗关怀平民的心，而他的旨趣和境界却是贵族式的，士大夫式的。[2]重礼教正是"贵族"、"士大夫"的重要特征之一。礼教范围至广，虽然我们在李先生身上所看到的非常有限，但可以看出礼教的精神在他骨子里还是去不掉的。

李先生不无自豪地称自己是"中国最后一位士大夫"，从以上所论看，可谓大体名实相符。李先生特别说自己是"最后一位"，虽未必恰当，但是这更能说明他对已往的士大夫是有继承性的，与古来的士大夫精神是一脉相承，息息相通的。关于李先生，尚有"道义英雄"，"知识分子的良心"，"纯粹的知识分子"，"精神贵族"，"真正的理想主义者"，乃至"名士气节"、"硕儒典范"等等说法，这些说法都可涵盖在"士大夫"这一名下。

"士大夫"是饱蘸浓染着中国文化特色的人格，是中国文化，尤其是传统儒教所哺育熏陶出的精英。有论者说："不管承认与否，先生身上所流淌的传统文化血脉显而易见。"[3]孔子"三军可夺帅，匹夫不可夺志"，孟子"我善养吾浩然之气"，"富贵不能淫，贫贱不能移，威武不能屈"，乃至王阳明的"无声无臭独知时"等儒家思想，他不仅常言之，而且也构成了他的真正的精神支柱[4]。如更具体论之，李先生属于儒者中的

---

〔1〕 李郁："悼念李慎之先生"，载《李慎之先生纪念诗文》，思想评论网：http：//www. sinoliberal. com，最后访问日期：2004年1月1日。

〔2〕 参见盛洪："最后一个士大夫"，载《李慎之先生纪念诗文》，思想评论网：http：//www. sinoliberal. com，最后访问日期：2004年1月1日。

〔3〕 冷眉："面对慎之先生的愧疚"，载《李慎之先生纪念诗文》，思想评论网：http：//www. sinoliberal. com，最后访问日期：2004年1月1日。

〔4〕 李先生友人林孟熹在"自许高才老更刚——忆慎之"中提及李先生曾把阳明的此句诗悬作书斋之横匾。阳明原句中作"独知时"，林在文中引作"独识时"。此据阳明原句。

“狂者”人格，与孟子以下心学中的人物之气味很接近。值得一提的是，不仅李先生的人格是儒者型的，而且他的某些观点也与儒学观点一脉相承。如他相信灵魂是不死的，并具体论之曰：“宇宙是永远进化的过程，而人是宇宙之心，人贵为宇宙之心。人心与天心是相通的。所以，人的进化也应该是无止境的自我完善与自我实现的过程。此为天道，亦为人道。人的生命就是源于宇宙的大生命而为宇宙进化过程中的最高产物。人不但是宇宙的产物，而且是宇宙进化的推进者，甚至是宇宙意志的执行者了。”在他看来，这还是中国文化或中国哲学的最高精神。〔1〕此等看法与孟子“尽心知性知天”，《中庸》“赞天地之化育”乃至陆象山“吾心即是宇宙，宇宙即是吾心”等“天人合一”思想是非常接近的。(只是依儒家理论，人心不在进化之列。唐君毅先生曾对此有论说。)

李先生是中国文化尤其是儒家文化哺育熏陶出的人物。他出身于传统知识分子家庭，一直对研究中国传统文化怀有兴趣，对中国文学哲学有相当深的造诣〔2〕，曾一度“迷于新儒学”〔3〕，自称“半个新儒家”〔4〕。他关心中国传统道德的继承和发扬，对“先辈仪型”一往情深〔5〕，因此他成为当今的一位“士大夫”，绝非偶然。

---

〔1〕 李郁：“悼念李慎之先生”，载《李慎之先生纪念诗文》，思想评论网：http：//www. sinoliberal. com，最后访问日期：2004 年 1 月 1 日。

〔2〕 参见李郁：“悼念李慎之先生”，载《李慎之先生纪念诗文》，思想评论网：http：//www. sinoliberal. com，最后访问日期：2004 年 1 月 1 日。

〔3〕 何方：“悼慎之”，载《李慎之先生纪念诗文》，思想评论网：http：//www. sinoliberal. com，最后访问日期：2004 年 1 月 1 日。

〔4〕 许良英：“痛悼挚友、同志李慎之先生”，载《李慎之先生纪念诗文》，思想评论网：http：//www. sinoliberal. com，最后访问日期：2004 年 1 月 1 日。

〔5〕 李慎之：“做学问首先要做人——匡亚明先生印象”，载《李慎之文集》，思想评论网：http：//www. sinoliberal. com，最后访问日期 2004 年 1 月 1 日。

二、激而横决去此取彼

“士大夫”是中华文化孕育滋濡出的精英人物，可以说是中华文化的代表者、体现者和托命者。李慎之先生既是中国士大夫式的人物，按常理他应是中国文化的坚定的护持者。但是，我们都知道，李先生，特别是晚年的李先生，从其发言著论来看，几乎是个中国文化的彻底否定者，西方文化的全盘拥抱者。何以会如此呢？其中的原因可能比较复杂。

李先生在“新启蒙”的影响下，青年时代参加了新民主主义革命运动。新政权建立后，他成为一名高官，与闻机要。数十年间，对高层的决策机制了如指掌。历经腥风血雨的政治运动，对新体制下人民及知识分子所受到的苦难和折磨，默而识之，戚戚于心。并且本人曾被打成“右派”，对现实之黑暗有刻骨铭心的感知。这样，对新体制的专制和极权性质有了逐渐深入的体会和认识。到晚年更是“大彻大悟”——一切都是谎言，冠冕堂皇的所谓新民主，实际上是有史以来最最残酷的极权与专制结合体。因为西方的自由主义政治思想是极权专制的天然克星，于是就对症下药地拥抱上了这种西方思想。其结果自然是：回到“五四”，重新点燃启蒙的火炬，高扬民主、科学、自由、法治、个人主义、个性解放等等西方主流价值，重新发现胡适、陈独秀，“现代化就是美国化”，等等。

由于自由民主等实际上是西方文化的产物，中国传统中没有这些，李先生就把本族传统文化一言以蔽之曰“专制主义”，视其为当代极权专制的母体而施以不遗余力的挞伐。李先生曾自称：“我的文章影响最大的是《风雨苍黄五十年》，但真正有所贡献的是《中国的文化传统和传统文化——兼论中国的专制主义》。"[1]的确，这两文可说是李先生最具影响力的文章。前文痛心疾首，字字血泪，表达了李先生对几十年来的"最最专制"的痛切感受和愤懑之情。后文所表达的反传统思想则是此种痛切感受和愤懑之情所催化出来的产物。其间有一定的逻辑联系。在李先生眼中，眼下的"最最专制"不是突然刮起来的"黑旋风"，而是渊源有自。它来自秦始皇以来延续达两千余年之久的"皇权主义"专制文化，有其源远流长的历史文化根源。在李先生看来，这种现实中目击而遇的极权专制不啻为传统文化发展之极致，所达到之顶峰，是两千余年来中国专制文化的集大成者。

李先生又是富有世界眼光的人。一生不仅读中国书，也同时博览西方文籍。国门封闭几十年而重开之后，他有机会周游西方诸大国，对西方近代自由思想，民主政治，开放社会知之颇深。如此，李先生所处的时代际遇，与"五四"人物所处时代际遇，有很大程度的可比性。因此，对"五四"思想自然产生强烈共鸣。这样一来，号召回归"五四"，重新点燃启蒙火炬，反传统，慕西化，就可以说是顺理成章的了。在李先生那里，和在其"五四"先驱那里一样，西方与东方犹如平面几何学上的两个对顶角，尖锐对立，如冰炭水火，此消彼长，必不相容。而西方代表着人类社会发展的光明前途，是世界潮流之所向，是人类进步的康庄大道。中国文化则是黑暗蒙昧专制奴役的渊薮，不可疗治。中国要有救，只有去此取彼这一条路！

李先生的人格精神是中国传统"士大夫"式的，其"身上所流淌的传统文化血脉显而易见"，因此，在心灵深处，他对传

〔1〕 段跃："永远的尊严——痛悼李慎之先生"，载《李慎之先生纪念诗文》，思想评论网：http：//www.sinoliberal.com，最后访问日期：2004年1月1日。

统文化不可能全无认同，甚至一度称自己是个“半个新儒家”[1]。但是，由于对现实之专制感受太深，受现实刺激太烈，所以最后还是不顾一切，义无反顾地拥抱西方近代以来的自由主义文化。李先生的友人在悼念文章中的一段话，颇能披露一丝李先生的心迹：

他（李慎之）有一阵竟对新儒学着了迷，时常与我谈起一些有关问题。对此我坚决反对，认定儒学不论新旧，都是中国现代化道路上的障碍。后来我要在纪念李一氓的文章中借题发挥，批一下儒学，并征求他的意见。他来函不但表示支持，还作了点反思。他在信中写道：“大概六七年前，李一氓曾给上海的蔡尚思写过一封信，反对新儒学与说传统文化好的人，认为不能从五四倒退。我当时也有点迷于新儒学（主要是我那时认为，文革破四旧反传统是五四的延续，是反传统过了头的表现，因此有此思想）。但是后来发现有些人是打着最最革命的旗号，复辟最最反动的传统。五四精神对中国不是不够，而是没有扎根。因此幡然悔悟，力主发扬五四精神，重视启蒙，因此有近年来的一些文章。”[2]

李先生是中国文化哺育滋养出来的“士大夫”，现在他又转身痛斥自己的母体文化，是否不可思议？并非如此。人的精神生命有不同层次。李先生身上流淌着中国文化的血脉，从生命实存、情感体验，立身行事的风范及人格气质上讲，他是中国精英文化、儒者风范的体现者。但是，这可能是精神生命中的潜在层面，犹如心理学上的潜意识。由于“身在此山中”，其本

---

〔1〕许良英：“痛悼挚友、同志李慎之先生”，载《李慎之先生纪念诗文》，思想评论网：http：//www.sinoliberal.com，最后访问日期：2004年1月1日。

〔2〕何方：“悼慎之”，载《李慎之先生纪念诗文》，思想评论网：http：//www.sinoliberal.com，最后访问日期：2004年1月1日。

人对左右着其行止举动的潜在的生命存在层面不一定能达到通明透彻的自觉。这种情况与一个作家能创作出很优秀的作品，但同时未必一定能对其作品的美学意蕴、所属风格流派作出深入的分析形成自觉的认识有类似之处。李先生自称是“中国最后一位士大夫”，这是某种程度的“自觉”，但是并未达到澄澈透明的程度。他很可能只是从“心系天下，关心民瘼疾苦”这一较抽象而宽泛的层面认定自己是“士大夫”的，没有自觉到他这样的士大夫是与中国文化有内在的血肉联系，不可分离的。只是觉得“士大夫”就是通泛的仁人志士，中国有之，西方文化传统乃至任何文化传统中皆可有之。所以李先生未必深切地意识到深入到他骨髓血脉中的中国士大夫精神是中国母体文化遗传给他的东西。

李先生向往西方自由主义思想，这则是他精神生命的外层、表层，即言说的、自觉的层面。他目击极权专制，意识到自由主义是极权专制的克星，因此而且仅仅因此而呼喊号召、高谈阔论自由主义。民主可以克专制，自由可以克极权，个人主义可以克铁板一块的集体主义，法治可以克长官意志。这些显而易见，黑白分明，所以他认得真切，看得准确，所以就信心而行，义无反顾地为民主自由、个人主义和法治扛旗领军，勇猛前驱。若从其生命实存上看，他未必是个自由主义者。

自由主义，诚如某些当代中国自由主义者所言，是一种“低调论证”——“卑之，勿甚高论”。但是李先生是很喜欢“高论”的。他指责“中国最没出息的是大学生，年纪轻轻就想着吃喝玩乐升官发财”[1]，并经常痛斥当今社会道德沦丧。如

---

〔1〕 孙大午：“珍贵的史料，不息的强音——再一次痛悼李慎之先生”，载《李慎之先生纪念诗文》，思想评论网：http://www.sinoliberal.com，最后访问日期：2004年1月1日。

果是自由主义者，对此则应是出言很谨慎的，甚至应该三缄其口才是。李先生无疑是位理想主义者，是个生活清贫的精神贵族。希慕大同社会，高言全球价值一体化，此也与安于现实，只求个人之自由和福利以及最终以个人福利为约化对象的公共福利，不作“抬望眼，仰天长啸，壮怀激烈”之状的自由主义者的姿态气味相左。自由主义者多为价值多元论者，李先生则认为“自由主义是最好的，最具普遍性的价值”。自由主义在哲学上多承续休谟（David Hume）以来的经验主义不可知论，或用美国学者托马斯·墨子刻（Thomas A. Metzqer）的术语说，是“悲观主义认识论者”（epistemological pessimist）。李先生不是哲学家，也很少表达他的哲学观点，但从他的言说方式及崇尚“无声无臭独知时”来看，判其为“乐观主义认识论者”要比判其为“悲观主义认识论者”稳妥得多。

李先生生命的里层、深层是中国“士大夫精神”，其生命的表层、外层是“自由主义”之言说。里外未能一致，有所错位。所以，一方面他身上流淌着中国文化的血脉，另一方面又反对中国文化，向慕西方自由主义。这也是一种“做人”与“做学问”的不一致，并非不可思议。

李先生身为中国“士大夫”而挞伐中国文化不遗余力，向慕西方自由主义唯恐不及其极，这不仅不是不可思议，而且从更高层面上看，从某种意义上讲，还有其一定的逻辑联系。可以说，他呼喊自由主义是他“哀民生之多艰”、“以天下为己任”的士大夫精神的表现。这毋宁说也是一种“中体西用”，只是李先生未能对此有明澈之自觉罢了。张之洞一代的洋务派之所以要“洋”，是出于忧国忧民、保教保种之士大夫精神；康、梁言西学兴西政，也是出于忧国忧民、保种保教之士大夫精神；孙中山之“三民主义”中，“民族主义”据其首，整体而言，

“三民主义就是救国主义”[1]，也与士大夫精神关系甚密。甚至胡适、鲁迅这样的“五四”人物，也不是无家国意识、民族意识，以自由民主为安心立命的抽象的“世界公民”。他们身上也流淌着中国文化的血液，甚至可说是“民族魂”。他们终生为中国之崛起而殚精竭虑，其动力之源未必不是来自中国之士大夫精神；他们安心立命之本，未必不根植于中国文化所提供之精神价值之中。对李慎之先生亦可作如是观。张之洞、康、梁是自觉的“中体西用”论者和实践者，胡、鲁以及李先生，则是不自觉的“中体西用”论之实质性的表现者。面对血雨腥风般的政治，蒿目漫天谎言的社会，意识到“国将不国”，“民将不民”，于是，作为数千年来的文化基因而浸润于其血脉骨髓的士大夫精神被刺激、被激活，开始苏醒并发生作用了。自由主义思想可以救国救民，可以落实“治国平天下”的理想，舍此而奚择焉！这就是在李先生及其“五四”先驱身上实际表现出的逻辑性。他们反中国文化，其动力实际上源于中国文化之折射。其号呼西方自由民主，实际上为的是民族及民族文化之复兴与壮大，为吾族吾国巍然屹立于世界民族之林而不败。李先生曾表示，“孔颜孟荀、程朱陆王的思想，只有在中国彻底清除了专制主义之后，才能大放异彩。正像基督教只有在革掉了教会与教皇的专横腐败以后发扬光大一样。”[2]很明显，民主自由在他那里，某种程度上是一种“手段”。这一点也许是李先生与当今那些不读中国书，对中国文化毫无体认，中无所守，略无民族

〔1〕 孟庆鹏编：《孙中山文集》（上册），团结出版社1997年版，第60～61页。

〔2〕 李慎之：“中国文化传统与现在化——兼论中国的专制主义”，载《李慎之文集》，思想评论网：http：//www.sinoliberal.com，最后访问日期：2004年1月1日。

意识和自觉，一味追逐西风，废弃国界族界，高论抽象的自由民主之普世价值的自由主义者的根本区别之所在。伊拉克战争爆发，李先生在病榻上密切观察着，但始终慎之又慎，直至驾鹤而去，也未曾轻易表态。此与那些漂浮无根的自由主义者的姿态颇不相同。这就是因为他有民族主义、爱国主义情怀和士大夫精神在起着无形的平衡作用。

李先生身上流淌着中国文化的血液，虽然对此他没有通明洞达的自觉，只是在较大的程度上作为潜在的、默运的动源在影响着他的思考和行为，但是有时这些潜在的文化动源也难免会程度不等地浮现到自觉的意识层面一些，成为他言说的内容。两种谱系相异的思想文化在他心中的不同层面，此起彼伏地、此强彼弱地，或自觉或不自觉地在他心灵中搅和着起作用。因此，即使在自觉的言说层面，他的思想也显现出许多矛盾之处，尽管他晚年成了型的思想不外“反专制，争民主”六字而已。[1]

关于中国文化，李先生有所谓“传统文化”与“文化传统”之分。据他的解说，“文化传统”显然是贯穿于杂多的“传统文化”之中的一以贯之之“道”。那么这个“道”是什么呢？是专制主义——“中国的文化传统可以一言以蔽之曰‘专制主义’”[2]。实际上这等于把中国文化判了死刑。关于中国哲学，李先生也认为它是专制主义的帮凶：“一部中国哲学史或者

---

〔1〕 李先生曾说：“此生纵再活十年，也不过‘反专制争民主’六字而已。”见苏绍智：“一位纯粹的知识分子——悼李慎之先生”，载《李慎之先生纪念诗文》，思想评论网：http：//www.sinoliberal.com，最后访问日期：2004 年 1 月 1 日。

〔2〕 李慎之：“中国文化传统与现代化——兼论中国的专制主义”，载《李慎之文集》，思想评论网：http：//www.sinoliberal.com，最后访问日期：2004 年 1 月 1 日。

中国思想史怎么样也脱不了专制主义统治一切的模式”。[1]这是一种说法。同时，李先生又有另一种说法。他说：“作为一个中国人，我原则上相信，作为中国文化的核心的中国哲学，能够给当今中国的文化危机和全球的文化危机开出一条最好的解救的道路来。”[2]“作为一个中国人，我天然地认为中国哲学最符合未来的全球价值，比如‘道’的概念就比‘神’的概念更好。”[3]这两种说法之间的矛盾是显而易见的。作为自由主义的“领军人物”，李先生坚持认为“人人都有追求自己的快乐和幸福的自由……在各种价值中，自由是最有价值的一种价值”。[4]但同时他又责让国人道：“难道我们真的已经把列圣先贤教导我们的把社会责任置于个人利益之上的道德规范践履躬行，‘无丝毫亏欠’了吗?”[5]

细读李先生的文章，可以发觉他的许多结论经不起推敲，前后不一乃至龃龉之处相当多。不过，李先生也承认，他不是个严谨的学者，因此，在这方面我们不必锱铢较量，挑他的不是。不过仔细研究他的诸种论说，包括那些不无矛盾的论说，也有一种若隐若现的红线，一种逻辑性，贯穿其中。那就是：当面对国内的政治现实时，多讲中国文化、儒学的不是；当面对国际社会或谈论全球化问题时，则经常提到中国文化、中国古圣先贤的长处。当面对“上面”的政治制度时，多讲自由主

〔1〕 李慎之：“中国文化传统与现代化——兼论中国的专制主义”，载《李慎之文集》，思想评论网：http：//www.sinoliberal.com，最后访问日期：2004年1月1日。

〔2〕 李慎之：“全球化与中国文化”，载《太平洋学报》1994年第2期。

〔3〕 袁伟时：“从顾准到李慎之”，载《李慎之先生纪念诗文》，思想评论网：http：//www.sinoliberal.com，最后访问日期：2004年1月1日。

〔4〕 李慎之：“自由主义传统在中国的发轫与复兴”，载《方法》1998年第8期。

〔5〕 李慎之：“全球化与中国文化”，载《太平洋学报》1994年第2期。

义、个人主义的重大价值；当面对“下面”道德败坏的社会、斯文扫地的世风时，很少提起个人主义、自由主义，而不时提起道德理想、传统美德。当论说世界性的“病态社会”、生态危机时，提起中国哲学、“道”甚至“天人合一”；痛斥20世纪中国发生的文化大革命时，则殃及中国哲学，直至文天祥式的民族精神。贯穿其中的红线无疑是爱国主义、士大夫情怀。把握住这条红线，李先生的种种看似不可理解的论说都可迎刃而解了。这进一步印证了这一点：李先生继承“五四”前贤反传统促民主是基于现实刺激，未必是真正的反传统者，也未必是真正的自由主义者。反传统也好，号呼西方式的自由民主也好，都不外乎是传统士大夫精神之曲折而复杂的表现。简单地说，李先生是因为激而横决，而去此取彼。

三、李先生的“五四”迷思

李慎之先生因现实政治的刺激而折向自由主义，因折向自由主义而回归“五四”，重新点燃启蒙的火炬。他认为“‘五四’先贤的思想倾向就是三百年来早已成为世界思想主流正脉的自由主义和个人主义”〔1〕。

由于李先生心中有一团愤懑之气窝于心窝，所以很难平心静气地考察事实真相、研核义理。很多情况下是用鼓动性的言论作出简单而武断的结论，其激急之状与“五四”人物如出一辙。

（一）对传统政治未能出之以平情的态度

以嗤之以鼻的态度说中国文化，一言以蔽之曰“专制主

〔1〕 李慎之：“重新点燃启蒙的火炬——〈中国启蒙文粹〉序”，载《书屋》1999年第6期。

义”，这是李先生有名的论断之一。实际上此说问题多多。

首先，这种态度缺乏历史眼光，是以目下的状况责难历史，是以今人的观念非难先人。诚如钱穆先生所言，我们“不该单凭我们当前的时代意见来一笔抹杀历史，认为有历史以来，便不该有一个皇帝，皇帝总是要不得，一切历史上的政治制度，只要有了一个皇帝，便是坏政治。这正如一个壮年人，不要睡摇篮，便认为睡摇篮是要不得的事。但在婴孩期，让他睡摇篮，未必要不得。”〔1〕自由人权思想及代议民主制度是近代西方产物，也有其历史性。此前的漫长历史中，君主政体是世界各民族普遍存在的权力结构形式。这是与古代人的思想观念、经济科技发展状况及整体情实相适应的政体，可以说是适宜的政体。因此，不可动辄指斥。应该开阔心胸，以历史的眼光对待之。先人也有权利与今人平等地享有人的尊严，今人不可轻率地以倨傲的姿态数落先人。而且，自由主义政治既是历史产物，它是否就是完美的、终极的和永恒的“理想国”，也很难说。后之视今，犹今之视昔。现代人的观念也未必就是终极真理，不会被后来人的观念取而代之。

其次，这种态度缺乏实践的眼光，是以抽象的西方政治学上的定义、概念裁割中国历史上的政治现实，而未充分顾及丰富复杂的实情和古人的实际感受。柏克说：“政治理性乃是一种计算原则——以道德上的眼光，而不是以形而上学或数学上的思维方式，对真正的道德量度进行加、减、乘、除运算。”〔2〕又说：“只有没有理性的人才会用抽象的定义和普遍的概念来支配自己”，“在道德或政治问题上，不能用理性证明任何普遍性的

---

〔1〕 钱穆：《中国历代政治得失·前言》，三联书店2001年版，第7页。

〔2〕 埃德蒙·柏克：《自由与传统——柏克政治论文选》，蒋庆、王瑞昌、王天成译，商务印书馆2001年版，第72页。

东西，道德或政治事务不接纳任何形而上学的抽象。处理道德问题的方式不像处理数学问题那样采取推理的方式，道德问题要比数学问题广泛深邃得多，故处理道德问题时允许例外，并且要求根据实际情况随时进行修正”。[1] 柏克的这些话实在很有洞见。看见中国历史上的政治有一个君主，而君主的权力又没有受到成文法上的硬性限制和制约，满足了“专制”概念的内涵和外延，因此就下结论说传统政治统统是“专制主义”。看见中国人没有自由民权观念，有忠孝观念，满足了“奴役”概念的内涵和外延，因此便说传统中国政治是清一色“奴隶主义”[2]。专制主义和奴隶主义都是可恶的，因此中国传统政治一无是处。任你文天祥有多么伟大的民族精神，但因为你是专制主义下的忠君爱国，不符合自由民主的概念——对不起，那就不足挂齿![3]这种思路正是柏克所说的以形而上学的或数学上的抽象的思维方式来看待政治问题。

最后，由于李先生用抽象的概念来比量裁割传统中国政治，因而看不到其“善”的一面。柏克说：“判断人类幸福或痛苦的依据是人类的感受和情绪，而不是关于他们权利的任何理论。因此，幸福和痛苦就是立法者的行动涉及人民时应该遵循的标准。这一准则将自然而然、不可避免地引导我们面对一个民族的独特的情况，引导我们了解人民的想法、爱好、习惯和一切

---

〔1〕 埃德蒙·柏克：《自由与传统——柏克政治论文选》，蒋庆、王瑞昌、王天成译，商务印书馆2001年版，第308页。

〔2〕 李先生在“中国文化传统与现代化”中说：“所谓专制主义，只是用一个名词来说。它也可以一分为二地说，那就是在上的一方面是专制主义，而在下的一方面是奴隶主义。”

〔3〕 李先生在“中国文化传统与现代化”一文中痛斥中国专制主义时，也殃及文天祥的忠君爱国精神。

使生活千差万别、各具特色的环境条件。”[1]可以说，中国历代政治制度大抵是切合于中华民族的特性和特殊环境、基于中华民族的福祉而生长出来的。钱穆先生说：“其实中国历史上以往一切制度传统，只要已经沿袭到一百两百年的，也何尝不与当时人事相配合。又何尝是专出于一二人之私心，全可用专制黑暗四字来抹杀?”[2]李先生从抽象的权利理论出发，看不到柏克所谓“真正的道德量度”的大小，将中国政治定性为“专制主义”后，从里到外从上到下，都是满目漆黑。如果从“真正的道德量度”来衡量中国的政治实情，它未必像李先生想象的那样漆黑。中国的皇帝之权虽无宪法上的明文限制，但并不是全无制约的。明代之前，宰相制度实际上把皇室与政府分开了，这是一种重要制约。其他如天人感应观念、仁政思想、皇室遗规、史官传统、谏官之制、士夫清议乃至疆土之广、丁口之众以及技术之落后，无不构成对权力中心的制约因素。虽然此等制约性质上是“软性的”，但未尝不可起到“以柔克刚”之效。中国自汉代起即以一定的标准实行公开的选举考试制度来选拔官吏，使民间人才、平民百姓都有机会进入政府，其上下互动之路是相当通畅的。而进入政府者多为饱读诗书的士大夫、知识分子。历代中国政府，既非贵族专权，也非武人专政，更非商贾把持，因而政府之非理性成分、粗暴成分相对减少，开明、文明程度相当之高。钱穆先生说，传统中国政府是“崇尚文治的政府”、“士人政府”，这不是凭空捏造。就地方而言，有乡治之尚德主义，乡绅、族长对地方事务有相当影响，使百姓能在相当程度上安居乐业。中国百姓之乐利虽无《权利法案》之类

〔1〕 埃德蒙·柏克：《自由与传统——柏克政治论文选》，蒋庆、王瑞昌、王天成译，商务印书馆2001年版，第305页。

〔2〕 钱穆：《中国历代政治得失》，三联书店2001年版，序，第7页。

的保障，但实际上享有法律之外的“天然”自由。都说中国人一盘散沙，换个角度看，何尝不是自由！而且除清代外，百姓还享有相当大的言论自由。稍加思量就可明白，如果中国几千年来的政治纯粹是黑帮统治的“黑社会”，中国人又怎么有可能繁衍成占有如此辽阔地域的、生息出如此之众员数的、孕育出如此灿烂文化和创造出如此辉煌文明的中华民族？甚至从丝竹管弦、说唱弹词、蹴毬击剑、摴蒱博弈、双陆象棋这些玩意儿上也可觇中国人并不总是在阴森森的专制阴霾中苟延残喘地活命的！

（二）未能洞识纲常名教之深义

李先生对中国文化中的纲常礼教的深义未能深入把握，接着“五四”人物“吃人的礼教”之说对之攻伐不遗余力，多有未当。

如果戴上自由主义之有色眼镜来看，纲常名教束缚个人自由，忽视个人权利，的确通身是病，了无可取，应去之净尽而后快。但是，如果放开眼孔，以思想史、哲学和伦理学上的眼光视之，就能触及其精义，发现未尝不可将其推陈出新，“化腐朽为神奇”。

陈寅恪在《王观堂先生挽词并序》中说：“吾中国文化之定义具于《白虎通》三纲六纪之说，其意义为抽象理想最高之境，犹古希腊柏拉图所谓 Idea 者。若以君臣之纲言之，君为李煜亦期之以刘秀；以朋友之纪言之，友为郦寄亦待之以鲍叔。其所殉之道，与所成之仁，均为抽象理想之通性，而非具体之一人一事。”李先生极其服膺其师陈寅恪，认为其师如此把握中国文化，非常精辟，常引而称之。但是李先生引用其师之言与其师之用意正相反。李先生引此言是为批判中国文化，他在三纲六纪中看到的是彻头彻尾的、要不得的专制和奴役，而陈先生提

到三纲六纪则是为称扬中华文化，这从挽词中赞扬王国维“一死从容殉大伦”等语中可以再明显不过地看出。

李先生对三纲的理解实非“青出于蓝”之见，其眼光远不及“寅恪师”的高远、深邃。

贺麟先生撰有《五伦观念的新检讨》一文，对“三纲”作了如理合度的衡定。贺麟先生认为，“三纲”说成于西汉，它是从孔孟的“五伦”说发展而来的。“三纲”说是“五伦”说的合乎逻辑的“最高最后”发展，是“五伦”观念的核心。“三纲”说比“五伦”说“来得深刻而有力量”。“五伦”观念反映出的是交互之爱，是一种相对关系，进展为“三纲”，则成为绝对之爱，是一种绝对无待的关系。“五伦”的关系是自然的、社会的、相对的。在此情形下，假如君不尽君道，则臣自然就会不尽臣道，也无尽臣道的义务：“君之视臣如土芥，则臣视君如寇雠。”父子、夫妻关系亦复如是。这样一来，只要社会上常有不君之君，不父之父，不夫之夫，则臣弑君，子不孝父，妇不尽妇道之事，无论事实上还是理论上，皆可以发生。因为这些人伦关系都是相对的、游移的、无常的。如此则政治关系、人伦关系、社会基础仍不会稳定，变乱随时可以发生。“三纲”说要求一方绝对遵守其分位，实行单方面的爱，履行单方面的义务，这样即可避免人伦陷入相互的循环报复、讨价还价的不稳定关系中。贺先生还指出，自“三纲”说兴起之后，“五常”作为“五常伦”解之意义渐被取消，作为“五常德”解之意义渐次通行。“五常伦”之说不能维持人与人之间的长久关系，因为人是有生死离合的，人的品行是万有不齐的。而“五常德”之说则是维持理想上的长久关系的规范。不论对方的生死离合，不管对方的智愚贤不肖，我总是绝对守我自己的分位，履行我自己的常德，尽我自己应尽的单方面的义务。不随环境而改变，不随对方而转移。这样，人伦基础稳定，社会基础稳定。常德是行为所止之极限，相当于柏拉图的理念或范型，也就是康德所讲的人应不顾一切经验中的偶然情况而加以绝对遵守奉行的道德律或绝对律令。也就是说，“三纲”说将人对人的关系转变为人对理、人对分位、人对常德的单方面的绝对关系。说君为臣纲，是说君这个“共相”、君之“理”是为臣这个职位的纲纪。说君不仁臣不可以不忠，就是说为臣者或居于臣的职分的人，须尊重君之理、君之名，亦即是忠于事，忠于自己的职分的意思。完全是对名分、对理念的尽忠，不是做哪个暴君的奴隶。

贺麟先生认为，这一最为今人所诟病的旧礼教“三纲”说，不仅有与如柏拉图的思想、康德的思想这样的西方正宗的高深的伦理思想相符合的地方，而且有与西方向前进展、向外扩充的近代精神相符合的地方。如西洋近代浪漫主义者之爱女子，即是竭尽其单方面的爱，纵为女子所弃，而爱亦不稍衰（与“三纲”的不同只是男女易位而已）。又如西方近代革命家之忠于主义，对于人民竭尽其片面的宣传启导之责，虽遭政府迫害，群众反对，而不失其素守。又如西方基督教徒近代的传教，之所以能普及环宇，也是因为许多传教士能忠于其信仰，竭尽其单方面的义务，以播扬教义。虽一再遭异教异族人的杀害，但不渝其志，不改其度。“三纲”说的本质是注重纯道德，是尽职守、忠位分的坚毅精神。如果说“三纲”说有弊端，是“弊”在其形式，即将其律法化、他律化了，而不是出于自由意志和真情之不容已。

因此之故，贺麟先生说：“由五伦到三纲，即是由自然的人世间的道德进展为神圣不可侵犯的有宗教意味的礼教。由一学派的学说，进展为规范全国全民族的共同信条。三纲精蕴真义的纯理论基础，可以说只有极少数儒家的思想家、政治家才有所发挥表现，而三纲说在礼教方面的权威，三纲说的躯壳，曾桎梏人心，束缚个性，妨碍进步，达数千年之久。但这也怪不得三纲说本身，因为三纲说是五伦观念的必然的发展，曾尽了它历史的使命。现在已不是消极地破坏攻击三纲说的死躯壳的时候，而是积极地把握住三纲说的真义，加以新的解释与发挥，以建设新的行为规范和准则的时期了。”〔1〕

贺麟先生对“三纲”说的衡定确为平情之论。李先生对以“三纲”说为中心的纲常名教予以简单的否定，实在是未明其精义深义使然。“三纲”等礼教，虽然因律法化、他律化而有其弊端，但是其过未必大于其功。它保持了国家和社会的稳定、长治久安，对中华民族之灿烂而悠久广大的文明之形成，与有功焉。

对国家的忠诚是任何国家都必须解决的问题，即使是发达的民主国家，也仍然需要解决此一问题。李先生说中国“历来所说的名教、礼教、礼法”都是意识形态，这不错。但是，为解决对国家的忠诚问题，这种意识形态是不可或缺的。关此，新近出版的蒋庆的《政治儒学》一书在引述西方学者赫伯特·华尔兹（Herbert Waltzer）研究结果的基础上，对意识形态问题作了精辟论述。书中指出：意识形态是一套将既存或构想的社会解释和辩护为人所喜好的政治秩序并为之提供行动策略的政治信仰体系，是每一个时代，人类政治群体生活所必须具备的思想架构。因为，任何政治权力和统治秩序都必须具有合法性人们才会自愿服从，任何纯暴力的强权统治都不会合理合法。也即是说，必须把统治变成权利、把服从变成义务，政治权力

〔1〕 贺麟：《文化与人生》，商务印书馆1988年版，第62页。

与政治秩序才能合理合法。否则，政治权力与统治秩序缺乏合理合法的权威，人们不出于义务自觉服从，社会必丧失公认的凝聚力，随时都处在动乱崩溃的危机之中，人类有秩序的政治生活将不可能。而能完成此一任务为人类提供合理合法政治秩序的只有意识形态，故意识形态是维系人类社会群体生活所必需的观念形式，并非只有负面价值，而亦有其正面功能。可以说，任何伟大的思想都是具有某种正面意识形态功能的思想，只要坚守最高价值理想与未来希望作为社会政治批判与自我批判的终极原点，不断自我反省、克服思想学说的变质与异化，防止思想学说沦为无批判能力的、为现存体制与既得利益辩护服务的纯粹的意识形态，意识形态就是人类社会所必需的可欲的观念体系，不可否定。[1]

中国是个广土众民的有组织的伟大国家，需要一个伟大的有组织的意识形态为其奠定基础。既然以“三纲”为中心的礼教能够适时地起到此功用，尽管有这样那样的弊端，就不能简单否定。

中世纪的西方也有西方式的礼教，如骑士制度、教会制度、僧侣式教育等等。它在西方同样有着伟大而优美的实际功用。关此，柏克有极其透彻而精彩的论述。他认为礼俗是“令人愉快的缘饰”、“不可或缺的精神添加剂”。它使权力变得温和，使服从出于自愿，使生活的各种不同色调显得和谐，并通过潜移默化，把对私人交际起着美化和调剂作用的情感输入政治。柏克指出：“在骑士精神陶冶下，即使是暴戾，也能激人奋发；随其所之，皆成高贵。就算是恶意，也会因为脱去了一切粗鄙而减去一半的丑陋。”“古代封建社会的效忠精神和骑士精神不仅

[1] 参见蒋庆：《政治儒学》，三联书店2003年版，第115页。

使国王们免于恐惧，同时也使国王和臣民双方都免受暴政的侵扰。如果这种精神在人们的头脑中真的灭绝了，杀戮和剥夺财产这样的手段就会被启用，并企图用它们来防范可能出现的阴谋和行动，一系列严酷血腥的信条也会因此而派上用场……出于策略，国王们将成为暴君；出于原则，臣民们将成为造反者”。[1]

虽然柏克是就西方中世纪的礼俗而论的，但很大程度上也适用于中国的礼教。李先生小视礼教，认为“儒家的作用不过是替法家冷酷无情的专制主义为之‘节文’，为之‘缘饰’，使之增加一点‘仁义’，罩上一层‘温情脉脉的面纱’而已”[2]，这恐怕是没有认识到，通过礼教，儒家也可以在很大程度上把仁义浸入政治机体之内部，甚至浃骨沦髓，成为血脉！

西方民主政治之所以能比较正常地运转，恐怕很大程度上得益于古代宗教礼俗的无声无形的浸润。自由主义主张的民主政治奠定至今已三百余年，而传统的宗教礼俗之式微则日甚一日。近百年来，西方社会病态日呈，驯至今日，危机四伏，前途黯淡[3]。无疑，这在很大程度上就是因为传统精神的日渐失坠。要挽救西方政治和社会的垮塌和散解，恐怕需要对传统精神有所自觉，从中汲取元气。

现在不论就中国而言，还是就西方而言，实在不是攻击礼

---

〔1〕 详参埃德蒙·柏克：《自由与传统——柏克政治论文选》，蒋庆、王瑞昌，王天成译，商务印书馆2001年版，第262～267页。按：此段数千言论礼俗与政治之文字不啻为柏克最辉煌的言论，至少是其中之一。萨缪尔森之经典性的《经济学》引此中柏克之言为序幕，然用意不同。

〔2〕 李慎之：“中国文化传统与现代化——兼论中国的专制主义”，载《李慎之文集》，思想评论网：http：//www.sinoliberal.com，最后访问日期：2004年1月1日。

〔3〕 观李慎之先生本人的“二十一世纪的忧思”一文，即可见一斑。

教的时候，而是汲取传统礼教中之精义以滋养现在政治和社会制度的时候了。李先生把自由主义视为世界大潮，把民主政治视为万国所趋的唯一康庄大道，要中国美国化，其中得失，实难卜测。

(三) 迷信并不完全可靠的德、赛两先生

李先生迷信科学、自由和民主，也值得检讨。科学有其巨大价值，此不待言。但是，诚如科学家、科学史专家李约瑟（Joseph Terence Montgomerg Needha）所言："我们应知科学的有限性，人类的乐土是不能单靠科学去赢得的。"[1]但是，"五四"以来，唯科学主义在学术思想界和社会上广为流行，不少学者对"赛先生"的崇拜达到了宗教性的"执迷"程度[2]。李先生也从风而靡。应该说，李先生对科学带来的问题是有认识的，觉察到时至今日，"科学发生了可以将人类的命运推入不测的深渊的变数"[3]。但是，他又宣称："我相信：科学技术还会继续发展，最后仍然能给人以力量来解决它自己造成的问题。"[4]胡适曾说："我们也许不轻易信仰上帝的万能了，我们却信仰科学的方法是万能的，人的将来是不可限量的。"[5]李先生与其前辈之见如出一辙，不无盲目的"科学迷信"之嫌。

现代社会性问题、全球性的问题，有科学至上观念引起的，

---

〔1〕 金耀基："科学、社会与人文——记与李约瑟先生的一次谈话"，载氏著《大学之理念》，三联书店2001年版，第131页。

〔2〕 关此可参郭颖颐：《中国现代思想中的唯科学主义》一书，雷颐译，江苏人民出版社1995年版，第一章，第1~26页。

〔3〕 李慎之："海阔天空乱扯谈"，载《李慎之文集》，思想评论网：http：//www.sinoliberal.com，最后访问日期：2004年1月1日。

〔4〕 李慎之："全球化与中国文化"，载《李慎之文集》，思想评论网：http：//www.sinoliberal.com，最后访问日期：2004年1月1日。

〔5〕 见胡适："我们对于西洋近代文明的态度"一文，转引自郭颖颐《中国现代思想中的唯科学主义》，江苏人民出版社1995年版，第79页。

也有自由至上思想引起的。可以说，目下的全球社会状况基本上是自由主义思想的落实，其问题，自由主义难辞其咎。李先生认定“在各种价值中，自由是最有价值的价值”，“自由主义是最好的，最具普遍性的价值”。附和自由主义信条：“人人都有追求自己的快乐和幸福的自由，都有发展自身的创造性的自由，只要不损害他人的自由。”[1]但是自由具有“形式性”，即自由地选择、不受制约之状态。至于选择什么，活动之具体内容，则不在考虑之列。如此，人在追求自己的快乐、发展自身的创造性时，如果侵害到了人类整体的利益和尊严，侵害到了后代人的利益，侵害到了其他生物的生存权利，侵犯到了“天德”、良知，如何办？社会不是集合体中的个人为追求其私利而从事的博弈的结果、状态，整个社会不能成为自由交易的市场，不能是谋私的合伙组织。柏克即说，虽然社会可说是一种契约，但是，“不可把国家与胡椒、咖啡、白布、烟草或其他类似的无关紧要的商品交易中的合伙协议等量齐观”。因为，“它并非仅仅是为暂时的、转瞬即逝的粗陋的动物性存在服务的合伙协议。它是为一切学术而订立的协议，为一切艺术而订立的协议，为每一德性、一切完美而订立的协议”。不仅如此，“由于历经多代人的努力也不能实现此种协议所设立的目标，因而，此种协议不仅仅是现在活着的人之间的协议，而且是现在活着的人、已故去的人和将出生的人之间的协议。组成每个特定国家的每一契约仅是组成永恒社会的伟大原初契约中的一个条款。它把低层世界与高层世界、可见世界与不可见世界联系起来”。[2]如

〔1〕 均见李慎之：“自由主义传统在中国的发轫与复兴”，载《方法》1998年第8期。

〔2〕 埃德蒙·柏克：《自由与传统——柏克政治论文选》，蒋庆、王瑞昌、王天成译，商务印书馆2001年版，第64~65页。

果把个人自由树立为政治之最高目标，“善”、“美”等高层世界就难保安然无恙，先人的精神财富就难保存续传承，后来人的利益也可能面临威胁。虽然李先生说“自由主义还意味着人必须自尊、自强、自律、自省”[1]，但是自由主义做不到这些。而且按自由主义自身之理念，人们也无需如此。甚至可以说，自由主义与“必须自尊、自强、自律、自省”之主张是内在矛盾着的。李先生不是赞成哈维尔（Václav Havel）以道德、良心为政治的出发点和归宿点，称道他对“每一个人对万事万物的责任”的强调吗？如此，就不能把个人自由视为政治之最高理念。

对“德先生”也不可毫无保留地崇拜。近代民主制度是一种以自由的市场经济、个人主义为依托的政体形式，它能克服专制极权，是其优长。但是民主政治本质上是一种“市场政治”、“广告政治”，即完全迎合民众需要之政治。此种政体下，社会之德性成分和“精神性”无以保障，社会可能因此而蜕变为极端世俗化和庸俗化的、极端功利和短视的社会。李先生曾引美国前总统尼克松（Richard Milhous Nixon）的话说：“虽然我们在物质上是富有的，但是我们在精神上是贫穷的。”[2]可见，最民主的国家难免精神上的贫穷。而这种社会性的精神贫穷很可能就与民主制度有一定渊源。整个社会之精神贫穷并不是无关痛痒的问题，它会殃及社会、政治，并最终祸及人的福祉乃至生存。

以上所论李先生之见，大都与“五四”人物的思想一脉相承。可谓之为“五四迷思”。与“五四”人物稍有不同的是，李

---

〔1〕 李慎之：《自由主义传统在中国的发轫与复兴》，载《方法》1998年第8期。

〔2〕 李慎之：“全球化与中国文化”，引美国《新选择》月刊1994年5月号。

先生有时很强调道德问题，常常讲些褒扬传统价值的话，甚至还为中国之所以为中国的“中国性”（chineseness）或中国之文化自性（cultural identity）之失落而慨叹不已[1]。这其中既有时代因素，也有个人因素，即可能是李先生身上的士大夫品格比“五四”人物更为明显使然。遗憾的是李先生在考虑重建政治秩序问题时，总是忘记中国的文化自性，两眼只盯着西方。实际上，这是很片面的。在重塑中国政治制度过程中，当然需要借鉴西方，不能抱着满腔狭隘的民族情绪盲目排外，固步自封。但是，万不可蔑弃我们的自性，对传统文化、传统政治智慧必须予以足够而充分的重视。倘李先生在天之灵能接受此见，则与其士大夫人格精神表里如一，弥合无间矣！末学不禁馨香以祷之！

（曾发表于《新原道》第2辑，大学出版社2004年版）

〔1〕 参见李慎之：“全球化与中国文化”、“通才博识　铁骨冰心”等文。

时论短评

01 诚的意蕴

要吃透“诚”的意蕴，并不那么容易。一方面，诚实、诚信是我们从小到大、从少到老都一直被反复灌输着的观念；另一方面，以欺瞒、诈伪之手段得其“实惠”的事实在现实生活中也随处可见。究竟是“诚”好，还是“伪”好？正如在哈姆雷特那里“活还是不活，这是个问题”那样，“诚”还是“不诚”，也成了摆在我们面前的一个问题。当屈原在两千多年前发出“吾宁悃悃款款朴以忠乎，将送往劳来斯无穷乎”之问时，实际上也是在为此问题困扰着。

在此问题上如何自处方为上策？英语中有句格言回答说：“Honesty is the best policy”（诚为上策）！谎言腿短，弄虚作假纵然可以欺人于一时，却不能惑众于永久。骗术再高，也很可能被揭穿。即便当时不能被揭穿，后来也可能会被揭穿。因此，“诚为上策”是某种“世事洞明”之觉悟，某种“大智若愚”之表现。有此觉悟和智慧的人，会比较自觉地以“诚”立身处事。

然而，需要追问的是，出于“诚为上策”之考虑而以“诚”立身处事者，是否“真诚”？未必。因为其“诚”是出于“策略”，出于权宜之计。明白地说，是出于利益，自己的利益。他们可能是把“诚”当作谋利之手段而利用之，未必真有道德情感流贯其中而安居之。

出于“策略”的“诚”，实际上是一种“狡猾”。但是，这种“狡猾”却是难能可贵的。追求自己的利益，顺理成章。“君子爱财，取之有道”。以“诚”求之比以“伪”求之——无论对自己还是对他人和对整个社会——都要好千百倍。如果生意人和消费者都能出于“利益”而讲诚信，市场上令人头痛的假冒伪劣问题差不多可以迎刃而解，万事大吉。如果世人皆能有足够的“慧觉”，出于“策略”而以“诚”待人，则社会差不多“井然有序”了。

这便是西方近代功利主义伦理学中的“诚信”之梦，即把“诚”建立在利益的博弈上，期望通过利益之博弈过程而达到“诚”之境界。可惜，由此实现的“诚”不一定是“真诚”，或者是千疮百孔的“诚”。

之所以如此，在于“诚为上策”并不是自然科学上的机械的铁律，而是变例多多。在人类事务中，有很多“神不知、鬼不觉”的情况，在此情形下，做出“不诚”的行动可能“利大于弊”，甚至有可能“有百利而无一害”。一个以谋利为宗旨、平时以“策略”利用“诚”的人，遇到此种情况，有可能临时“改变策略”。这种情况出现得多了，“诚”就成千疮百孔的了，甚至化为乌有。

由此可见，单纯基于“利益”、出于“策略”的“诚”，不是“真诚”。其基础不稳固，在风雨飘摇的世事中，随时可能澌灭。即便辅之以法律，慑之以刑罚，也难以杜绝欺瞒诈伪现象之发生。这里隐含着一个悖论：一方面，由于“诚”可以给自己带来利益，人们为了利益去遵守“诚”的原则。另一方面，在某些情况下，人们为追求利益，又违反“诚”的原则。为了追求利益，人们既遵守“诚”的原则，同时又违反“诚”的原则。可见，利益博弈不出“真诚”。

如果“诚”是一种可欲的东西，我们将不得不在利益之外、之上另寻其根据，重建其基础。

“诚”之另外之根据何在？在心。确切地说，在本心或良知。这是一条东方儒家所采取的路线。

儒家认为，人有“本心”、“习心”两者。“习心”乃属“气质之性”范畴，即所谓“从躯壳起见”，不能尽善。而“本心”则是“不学而能”之良知，纯善无恶。明儒王阳明说良知“只是一个真诚恻怛”。可见，良知是一个“真实无妄”之体。因为本心、良知真实无妄，故人一旦做出背信弃义、诈伪欺瞒之事，本心有所亏欠时，内心便“不安”。“羞恶之心人皆有之”。所以为了廉耻感、荣辱感，为了求其“心安”，人要以“诚”立身，以“信”处世。也只有真正“诚”了，才能“心安理得”。孟子所谓“反身而诚，乐莫大焉”即是。

这一意思，集中表现在儒家“慎独”之说上。《礼记·大学》说：“所谓诚其意者，勿自欺也。如好好色，如恶恶臭，此之谓自谦（‘谦’与‘慊’通。愉快之义。‘自慊’即内心满足，安适宽平），故君子必慎其独也。”

这种义理背景下的“诚”，即求其“自慊”之“诚”，与作为“策略”意义上的“诚”相较，其意蕴大不相同。作为“策略”的“诚”，只是“不欺人”而已；作为“自慊”的“诚”，是“勿自欺”。前者之“不欺人”只是权宜之计，没有保障，其“不欺”可能只是“暂时不欺”，如“天赐良机”，仍有“欺人”之可能发生。后者之“不自欺”是为了自己本心之安适，“诚”本身成为目的。在不自欺其本心之情况下，“欺人”之事即不可能发生。也即，在“自慊”这种义利背景下，人之好“诚”，“如好好色”；人之恶“伪”，“如恶恶臭”。这样“诚”便有其深厚之基础，牢固之保障，即便在“神不知鬼不觉”的情况下也不会做出违背“诚”的事来。

把“诚”建立在本心之“自慊”上，要比建立在“自利”

上稳固得多。但是，这种“自慊”会不会是一种阿Q式的“精神胜利法”？这是现代人必然会问到的严峻问题，也是致力于“诚”的人不可回避的问题。如此，我们需要挖掘“诚”之更深的意蕴。

如果“自慊”之心不是客观的、普遍的心，而是现代心理学意义上的一己之经验心，则以此为基础的“诚”，虽然比以功利为基础的“诚”其基础要稳固得多，但也不是绝对稳固。人不是神，虽然人性本善，不欺其本心能带来“心安”。但是人也有“习心”。面对现实的压力、世态的炎凉，不能无动于衷，因而其“自慊”之心也时时面临着冲击和挑战。严重时，可能最终失去平衡而程度不等地出现扭曲、塌陷现象。“堕落”、“晚节不保”等即其表现。

可见，要建立坚如磐石、牢不可破的“诚”，必须进一步追寻“诚”之基础。这便是“诚”之形上基础。这也是儒家所谓的“上达路线”。

“本善”之良知、本心，不是一己之经验心，用牟宗三先生的话说，乃客观的、普遍的“自由无限心”。此心与形上之天道本为一体。“天命之谓性”（《中庸》）、“尽其心者知其性，知其性则知天”（《孟子》），甚至可以说“宇宙即是吾心，吾心便是宇宙”（陆象山语）。

“诚”以此与天道合一的“自由无限心”之“自慊”为基础，则其本身即成了上天之所“命”，如康德所谓“绝对律令”那样，绝不会再有坍塌之虞了。有些儒学家甚至把“诚”本体化，“与天同体”了。如说：“诚者，天之道也”（《中庸》），“诚者，圣人之本”（周敦颐）。“天高任鸟飞，海阔凭鱼跃”。心如天地，彻极宇宙，则世间一切，不论善恶，皆能任载。“夭寿不贰”，“至诚无息”，所谓“心理平衡”问题，不在话下了。

“天道”意义上的“诚”，因其为天地万物化育之本、五常百行之源，则是“诚”之最为深厚、高远而玄奥之意蕴。

“策略”、“自慊”和“天道”，这三者可谓“诚”之三个依次深化的意蕴层次。世人能从“策略”上做到“诚”，虽卑之无甚高论，但已不失为合格之公民，甚至可“博弈”出井然之市场秩序。若能进而于“自慊”上求其“诚”，则可称君子了，其促成的无疑是“和谐社会”。如果能上达不已，以至臻于“至诚如天”之境，则优入“肫肫其仁，渊渊其渊，浩浩其天”之圣域无疑了。儒家所悬之大同理想在此。总之，理会、实践“诚”的意蕴多一分，社会就多一分光明，多一分美好；反之亦然。诚的意蕴——说它有多深，就有多深。

（曾以《利与诚的博弈》之题发表于《中国医药报》2006年第90期）

02 厚德说

孔子在《易传》中说："地势坤，君子以厚德载物。""厚德"两字很容易使我们脑海中浮现这样一幅画面：广袤的大地，近处阡陌交错，五谷丰登，屋舍俨然；远处山陵起伏，江河静流，万物并育，欣欣向荣。"厚德"当是五千年中华文化最显著的特质。可以说，灿烂的中华文明就是历代炎黄子孙秉承大地所昭示的"厚德"精神而造就的杰作。"厚德"精神意蕴极其丰富，谨试说如下：

首先，厚德意味着胸襟之"含弘光大"。《周易·坤》之《彖辞》中称："坤厚载物，德合无疆。含弘光大，品物咸亨。"孟子说："从其大体为大人，从其小体为小人。"北宋横渠先生说："大其心，则能体天下之物。"厚德者必胸怀高远，器识超卓。胸襟如大地之广远，辽阔无垠。他们总是抱着淑世之情怀，以国家、民族、天下为己任，先天下之忧而忧，后天下之乐而乐。立身处世总是识大体、重大局，不斤斤计较个人之得失。此含弘光大之胸襟既是厚德的表现，也是积德的基础。如无此志向，日常发心动念都是围绕着物质享受和一己之私利，则不仅绝不可"厚其德"，而且必将流为"缺德"。

其次，厚德意味着"素位而行"。《中庸》说："君子素其位而行，不愿乎其外。"厚德者虽胸怀高远，但是不忽视日常生活和工作中的具体职分和责任，而是勤勤恳恳、持之以恒乃至忍辱负重地克尽自己对家人的责任，对社会、对国家的职守。少侥幸之心，无非分之想。进德修业，不遗细小。敛华就实，黾勉匪懈，以惬其心。“不怨天，不尤人”，在平凡的工作中表现其理想，而关键时刻则能挺身而出，作中流之砥柱。《中庸》说：“今夫地，一撮土之多，及其广厚，载华岳而不重，振河海而不泄，万物载焉。”这是对厚德精神的绝好描摹。

最后，厚德还意味着“无伐善，无施劳。”孔子弟子颜渊在表达自己的志向时表示：“愿无伐善，无施劳。”真正有德者不居德自高，不恃功自傲。孔子弟子中，修德最笃实者是颜渊，孔子称其“得一善，则拳拳服膺而弗失之”。这已经非常难能可贵，而他不以自己的德行之高为高，而是如曾子称赞他的那样，“有若无，实若虚”，可谓厚德之至了。《老子》说：“上德不德，是以有德。”所指正是此种情形。所以，厚德者必然虚怀若谷，如大地一样，静默地承受一切、成全一切，而自己永远处在下面，不炫耀自己的功德。

厚德精神如此，而欲养此厚德精神，则需从事于道。道为德之本，不从事于道而欲得此厚德，尤缘木求鱼，不可得也。而道者非他，孔孟之道也。

（发表于《北京精神百家谈》，北京出版社 2011 年版）

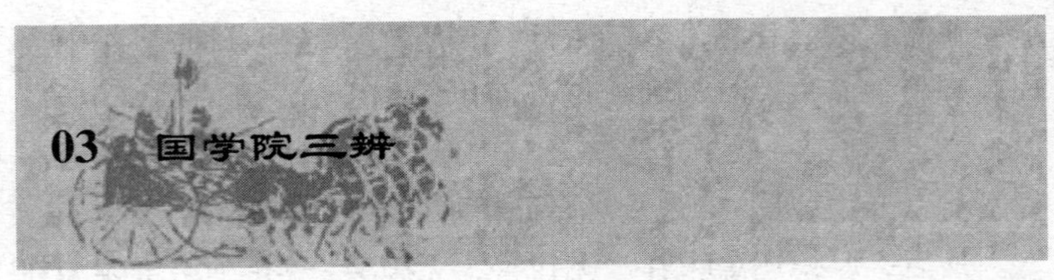

03 国学院三辨

中国人民大学筹建国学院，一时论者风起。不言而喻，国学院应是以传习国学为职志的。本人认为，国学不应该是单纯的纯学问，其背后有价值依托和诉求，有其自身的统系和条贯。如果单纯是“为学问而学问”，若就西学而论，自然是上乘境界。但是，国学背后有儒家价值为底里。若无价值依托，就有可能像古史辨派学者那样，他们虽然是文献专家，但是可能对传统价值带来“解构”之效。

国学虽然是以“道问学”为主，但是不能抛弃“尊德性”这一向度。作为国学家，即便不是儒者，也应该对孔子等往圣前贤、传统文化之价值有相当的认同或敬意才可以。如果是反传统之文献家，则称其为“国学家”将会很别扭。

古代的汉学家都是尊重传统价值的，此不待言。即便近代的一些国学大师，如章太炎、黄季刚、梁启超、王国维、陈寅恪、马一浮、钱宾四等，也没有一个不尊重传统、不对孔子怀敬意的。这些大师是公认的国学大师，我们应该以他们的范型来理解国学，而不是以其他文献家为规矩法度来塑造国学的面貌。没有价值追求的“国学”，只是文献学。外国人搞，是“洋汉学”，中国人搞，就是“土汉学”。

因此，筹办国学院，不能简单地把现在大学的文、史、哲系中的中文、中哲和中国史等有关中国古代学术的科目归并聚拢在一起，就算完事。倘如此，则国学院的成立，可能仅有“拼凑”、“聚拢”之功，其意义也就大为减杀了。

顾宁人《日知录》有言曰："有亡国，有亡天下。亡国与亡天下奚辨？曰：易姓改号，谓之亡国。仁义充塞，而至于率兽食人，人将相食，谓之亡天下。""亡天下"实际上就是指亡文化。兴国学，就是兴文化（这里的"文化"不能以时下的"精神文明"解之，自不待言），就是保教保国。应该把国学上升到这样的高度。

国学如此，那么研习国学的国学院应该秉持什么原则，以示其与目前诸高校中的文、史、哲院系有所区别？初步想了一下，国学院至少当有三辨。

第一，国学院开科当以经史子集为研习对象。四者之中，"经学"的地位宜首出。"经"有国教经典之意义。如此，儒学在国学中之地位，必然不同一般。其次为国史等。

主张国学院应以经学为首出，并不是要取消其他诸学，欲把国学院约化为经学院或儒学院，只是主张应有主次轻重之辨而已。其实琴棋书画、卜筮方济等都可以研究，但经学应该首出。因为中国两千多年来学问之统绪条贯一直如此。不突出经学，国学就成没主脑的东西了。

第二，国学院所倡导的研习方法应重体证，重"博而通"，重知行合一、做人做学问合一。逻辑解析、理论思辨等方法与国学并不是势若冰炭，但国学之方法，重在体证。悠游涵泳其中，滋润乎一心，畅达乎四体。其理论预设是承认国学中有其一以贯之之道，有其灵魂，不是零散的死东西。具体细节研究是必要的，但应在此基础上由博返约，再由约而通而不隔。

经学里面有人生之道，需要身体力行，知行合一，这点易明了。实际上，即便辞章等学，也要"知行合一"。比如，学一文体，就要能"身体力行"，能写出这样的文章来。据说高步瀛先生在师大教中国诗词歌赋时，每讲一种，其考试方式就是写一篇这种文体。这正是国学之传习方法。而现在的中文系，则恐怕只剩概念解析了。

第三，国学院在办学体制上应坚持“以人为本”。首先，必须重视大儒之作用，不应以技术官僚做主。应让大儒在教学管理上发挥举足轻重甚至是一言九鼎的作用。其次，师生之间不应是知识的买卖关系或文凭的交易关系，而是学问和人格的感格关系，精神是相通的。不仅交流学业，也交流人生甚至生活问题。最后，国学院在管理体制上，不应是单纯量化的、企业化的或官僚化的科层管理体制。其体制是比较自由的，比较重质、重内涵，重长远目标，如传统书院的一些体制。总之，其体制是有利于“百年树人”的体制，而非鼓励急功近利的体制。

有此三辨，大概就能看出国学院的真面目了。

（曾发表于《读书时报》2005 年 7 月 20 日，此有修改）

04 “国学”名义简论
——兼与薛涌博士商榷

近日看了薛涌博士在《南方周末》上发表的谈论国学的文章后〔1〕，感到问题多多。现在不暇多论，仅就其文中对国学之名义所发的议论加以商榷。

正如“国画”指我国固有的绘画艺术、“国乐”指我国固有的音乐体系、“国医”（中医）指我国固有的医学传统一样，“国学”自然当指我国“固有的思想和学术”。简言之，“国学”就是与“西学”相对的“中学”。

正如“中学”与“中小学”意义上的“中学”风马牛不相及一样，“国学”与“国家一级的学校”意义上的“国学”（“太学”）也完全没有意义上的关联。因此，谈国学，扯到“国家一级”的“太学”，实在是无谓之举。如果更有甚者把“太学”意义上的“国学”当成古代意义上的“国学”，把“中国固有之学”意义上的“国学”说成是近现代意义上的“国学”，就更令人啼笑皆非了。

通常情况下，当我们把一术语区分成“古代意义上的”和“近代意义上的”的时候，我们一般承认这两种意义之间是有某种历史联系的，或者是词源学上的联结，或者是训诂学、语义学上的联结。比如古代意义上的“文学”与现代意义的“文学”，虽然其间意义有不同，前者指文献和典章，后者指诗歌、小说、散文等文艺形式之写作和品鉴之事，但是有“文章”之义贯穿两

〔1〕 薛涌：“中国文化的边界”，载《南方周末》2005年6月9日。

者之间。“物理”、“地理”、“经济”、“宪法”等术语均有此种情形。而“国学”则全然不是如此。其间完全没有意义上的关联，只是书写符号上偶然相同而已，在学理上没有任何意义。

国学与历史上指“太学”而言的“国学”没有关系，前后不存在任何历史联系，那么国学起于何时？此须分两个方面来回答：就其称名而言，起于近代清末；就其内容而论，起于先秦，至少有三千年以上历史了！

国学乃中国文化之载体，与中国文化相辅而行。以“人文精神”为基本内涵的中国文化，其基础奠定于周初。至春秋战国，经孔、孟、老、庄等思想家的发展而成型。至汉又在制度层面得以某种程度的落实。此下以迄明清，渐有丰富和损益，而其“人文”基调则一以贯之。

但是清末以后，西方的学术思想及整个文化，随着洋枪洋炮传入中国，并日新月盛。经过不足百年的光景，广土众民的中国，几乎沦为西方文化的殖民地，中国文化日见式微。

西方文化大行，这是“势”所使然，但是称“理”而谈，西方文化既有“合理”的成分，也有“不合理”（不合乎天德、人性）的成分。在西方文化入主中国过程中，一些有识之士意识到，吸收西方文化应该有所鉴别，应有主客之辨。中国文化虽然一时迫于“势”力，郁而不彰，但是其精神生命绝不可磨灭，应该着意保存传承，守先待后。

这实际上是一种文化自觉，是文化之自我认同。如个人主义所主张之个人人格独立一样，一个民族在文化上也理所当然地应该有自己的认同。基于这种文化自觉，清末有文化理想的人士把中国数千年来的学术思想传统统称为“中学”或“国学”，同时把近代以来从欧美传来的学术思想和文化传统统称为“西学”，并主张以“中学为体，西学为用”之策略调剂平衡其间。

由此可见，国学古已有之，数千年来一脉相承，严格来说，没有什么新旧之分。其间虽曾因外族入侵而受到过戕伤和挫折，但未尝中断过。只是这一套学术传统用“国学”称之，是在近代东西学术对峙之形势下，国人基于文化自觉和民族的自我认同而提出来的而已。也即，其内容早已具备，只是名称晚出而已。（历史上有“斯文”、“经传”、“经史”、“文教”、“文史”等称谓，此皆可当“国学”之古名）

当清末国人提出“国学”这一说法时，或许受到了日本江户时代兴起的“皇国之学”的启发，但是其意义简直可以忽略不计！因为，即使不受日本“国学”一语的启发，中国人也未必就如此缺乏创造力以至必待学舌日本方知可用“国学”一词来指称自己的学术和思想传统。而且，即使没有“国学”一词之提出，也还有“中学”一词可资替用。所以，在讨论“国学”时，在日本国学上面大做文章，就是无谓的枝蔓之笔了。

正因为如此，当薛涌博士若有其事地谈论着“其实，这种意义上的‘国学’概念，并非20世纪初的产物。最早的起源，至少要追溯到17、18世纪江户日本的‘国学运动’”时，就给人一种很不自然乃至装腔作势的感觉。

至于薛涌博士甚而把中国的国学与日本的“皇国之学”，在其意义与作用上也作相提并论，就更是想当然的臆说。中国的“国学”与日本“皇国之学”并不相同。中国文化历来尚文德而轻力霸，彼“皇国之学”与军国主义有关联，而我国“国学”的振兴，能起到促进社会和谐和世界和平的作用。薛涌博士作这样比附，差不多有为国学罗织“莫须有”罪名之嫌了！

［2005年6月14日撰，载梁洵、顾家宁编：《国学问题争鸣集》（1990～2010），广西师范大学出版社2010年版］

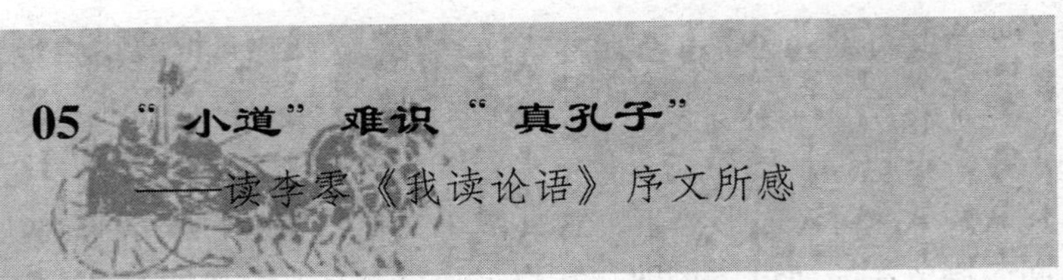

05 “小道”难识“真孔子”

——读李零《我读论语》序文所感

清朴学家江声，长于旁征博引，好《说文》至于成癖，与人书信，皆用篆书。然于义理之学，格格不能入。常致书孙渊如曰：“盖性理之学，纯是蹈空，无从捉摸。宋人所喜谈，弟所厌闻也。”[1]李零先生，盖江声之流亚也。

李氏长于考古，而厌闻道德，欲借其所谓“三古”之技（考古、古文字、古文献），恢复孔子本来面目，实在是不自量力。如果仅凭考古即可以识孔子，绝对轮不到李先生现在挺身而出。

看李先生这篇序文，觉其颇有“记丑而博”、“言伪而辩”之风。对此，与之争论是没有用的。对其所不明之道理，他是不会愿意去明白的。这里仅问其一个问题：道德是否可以绝弃？想其当会回答曰：“道德很脆弱，但是还是不可绝弃。”如此一来，便会生出一连串问题：你既然说梁漱溟先生不畏权势、表里如一、人格高尚，表示佩服，这不是承认道德未必脆弱吗？道德既然是有益者（从其肯定梁先生可看出），为何不能宣讲？既然不否认道德是好东西，而一听见人讲道德“头皮就发麻”，这岂是自己标榜的“心平气和”？你说梁先生“他老人家，前后如一，表里如一，人格非常高尚”，岂知这正是儒家精神的体现？如此，为何又对表彰孔子和儒家的言论满腹牢骚？何况你自己也承认孔子之道德格言“有些比较精彩”。凡此种种，无需

---

〔1〕 孙星衍：《问字堂集》，中华书局1996年版，第6页。

多辩即足见其思理是如何的绞绕不通、顾此失彼！若拿出“我是个自由散漫的人”、“我最不喜欢过有组织的生活，甭管什么组织”来辩护，也不成其为理由。有些组织生活可以不过，但作为一个学者，自己的思想不能无组织无收束，散漫无纪，任性而行，难免遗人“为老不尊”之诮！

谈到写此书之情景时，李氏称其对《论语》，一会儿“纵读”，一会儿“横读”，既仔细“考证”，又反复“筛选”，大有“既竭吾才”之架势。不言而喻，在他眼中，这无疑是一部凝聚着如许汗水的、含金量很高的学术专著；是严肃之作，绝非儿戏之作。令人不可理解的是，李氏居然将他这部精心结撰之作定名为“丧家狗”！如此轻佻颟顸之举出自一位资深学者，“为老不尊”，能辞其咎？此举不仅有损其书之品位，更有伤作者之人格尊严。其病至少有三：其一，吐辞不雅驯，有失学者体面。其二，孔子讲君子有“三畏”：“畏天命，畏大人，畏圣人之言。小人不知天命而不畏，狎大人，侮圣人之言。”李氏虽然语有出处，且似乎无有意侮圣之意，但在客观上很容易导致此类影响，败德伤俗。其三，炒作嫌疑明显。用火爆刺激陋劣污下之语辞招徕世人耳目，是炒作者之惯用伎俩。李氏是严肃学者，然将其精心结撰之作冠以“自贱”之名，其炒作心态几乎昭然若揭。当然，若是出于出版商之生意经，则另当别论。

话说回来，虽然读罢序文，本人感到其“记丑而博”、“言伪而辩”，但并无“心达而险”之印象。相反，能感到李先生是位忠于自己思想的坦白磊落之人，甚至可归为儒门“狂者”之列。只可惜孔子不再生于今世，恐怕未必能有人可循循然教之适道矣！

最后想指出的是：虽然李氏所著本书尚未之见，且其书命名轻佻而鲁莽，序文多有坚僻之论，但既然其人长于文献考古，想必其内容当有参考价值。估计其在名物训诂、文献考索上当有可以资取之处。读者可用其长而弃其短，不必因序废书也。倘世人竟惑于煽惑鼓噪，欲于此中求真孔子，吾恐除却支离破碎之文献挦扯外，其必将别无所得也。盖“小学”难入“大学”，“考据训诂”难识“性命义理”也。子夏不有之乎：“虽小道，必有可观者焉；致远恐泥，是以君子不为也。”

（曾发表于《深圳商报》2007 年 5 月 23 日）

06 建立儒教组织的理据

有些朋友不赞成建立儒教组织，有一定理由，如担心儒教异化成利益集团等，但是恐怕不能因噎废食。

建立儒教组织的理据，本人认为有以下几点：

第一，因应时代，与时俱进。现代性的重大特征之一是组织化、法人化。传统儒教的护持者除了民间儒士之外，还有朝廷，故即便没有自己的组织也能保其不坠。现代社会，如果没有组织，就没有法律上的人格，如此儒教要兴起，就无基础。建立儒教组织，正是儒教现代化的必由之路。佛教、道教，在传统也没有“佛教协会”、“道教协会”这些组织。如今这些教有了组织，儒教也不是不可组织。

第二，建立儒教组织，不是简单地将其作为与其他教“并列”的地位。就儒教组织与其他各教都具有法律上的人格，都是一法人而言，其有活动的自由，起码就消极自由而言，儒教是与其他各教“并列”的。但是由于儒教是本民族的大教，是民族精神之所寄，而且其教在性质上具有更大的入世向度，所以它应该有更突出的地位，在国家和社会生活中应发挥更大的作用，享有更大的积极自由。就此而论，其地位又高出其他教。可以借用法律上的概念这么理解：儒教与其他各教，在“权利能力”上是一样的，但是在“行为能力”上有不同。在前者，是“并列”的；在后者，儒教是“首出”的。

第三，建立儒教组织，能增加其外王功能。有朋友认为建立儒教组织后，会导致“外王”功能全部失去，实在不明所以。

在现代社会，只有建立儒教组织，才能有从事“外王”活动的基础。不建立组织，连存在的法律基础都没有，如何从事“外王”？比如，眼前的曲阜建教堂事件，如果有儒教组织，就能发挥更大作用。没有组织，法律地位、教产、传道权统统无从谈起，“外王”几乎全失。

第四，建立儒教组织，不至于损失“内圣”。内圣是个人自觉、个体生命之事。建立儒教组织，并不影响到个体修为。

第五，建立儒教组织，并不是要，而且也不可能垄断一切儒学活动，垄断对儒家义理的解释权。不愿意参加儒教组织，可以仍按自己的方式从事内圣外王活动，仍保持民间的广大活动空间。所以，建立儒教组织没有那么可怕。

总之，建立儒教组织，势在必行。

（载黄玉顺主编：《庚寅“儒教”问题争鸣录》，河南人民出版社 2011 年版）

07 物化是对人最大的亵渎

否定人的超越性，把人视为物，恰恰是对人最大的不尊重，使得真正的大我无法发挥作用。获得个人的尊严，无疑是现代文明努力的成果，不论是重视个体，解放个性，还是自由经济，甚至民主法治，其实都涵盖在个人尊严之中，建立在个人获得尊严的基础之上。

不可否认，不论中西，在传统时代，政治、宗教、伦理对个人的压制都是比较大的。直到现代性建立的过程中，才提出个人解放的思想，这种思想，也是从西方传统中开掘出来的。中国在五四时代也同样提出反对传统礼教，学科学、学民主的思想。当时许多思想家、知识分子都对中国传统持否定态度，认为在中国传统中无法发掘出对个人的尊重。

那个时代的反传统思潮，毕竟有它特殊的历史原因，有历史合理性。但是今天回过头来看其有严重的偏颇。中国传统和西方现代思想中对于人格尊严，对于人性的尊重，可能在层次上有不同，但根本上并不相违背。

如前所言，中国传统社会中，特别是世俗社会中，对个人的压制确实比较多。但是在哲学思想领域，对于个人还是很尊重的，从孔孟、到陆象山、王阳明等等，都是如此。孔子教学生，从不强迫他必须怎么样，而是激发他从小我走向大我，使个体和群体有机结合，从而超越自然的、经验的我，达到超越性的自我。而这种超越性，正是人获得尊严的一部分。易学中的三才理论，蕴含着人“顶天立地”的意思，“立地”，是经验性的、自然性的我的价值实现，而“顶天”则正是真正的我、超越性的我的实现。所以，一方面，儒家肯定大我，也肯定经验性的自我。从另一个方面来说，无论是孔孟之道，还是陆象山的本心说，王阳明的良知说等等，一个人要悟道，要探求良知，一定是要通过个体才能实现，最终也必然指向个人的超越性部分。

一个人怎么样才能够有尊严，怎么样才是真正尊重个人，可能每个人的看法不同，每一种文化的认识也不同，因此对于个人主义的理解也很难相同。如果仅仅把人看做自然之物，看做欲望、情感等等的集合体，以这样的个人去追求个人权利、个人利益的最大化，这其实是一种消极形态的个人主义。今天流行的功利主义潮流，正是这种思想的表现。这不仅是对个人认识的不全面，同样也是对西方个人主义认识的不全面。

功利主义最大的问题在于，它否定了人的超越性，把人降为物，这种物化，恰恰不是人获得尊严的方式，而是对人最大的亵渎。

（原载《北京晨报》2012 年 5 月 13 日，“人文悦读”版，记者周怀宗据采访录音整理。）

08 什么是师道尊严：“杨帆门事件”感言

“师道尊严”，据我理解，就是一个人作为“师”，在面对学生、弟子时，在礼貌上应该享有的、应该保持的尊严。或者说，一个学生，面对“师”，至少是在外在行为上、在礼貌上应该表示的或保持的尊敬。

这个“尊”从何而来？从“名份”来，从“礼教”来。一个处于“师位”的人，尽管有这样那样的缺点，尽管学识水平还有可议，但是只要还在合法的“师位”上，学生就应该给予应有的尊敬，老师就应该保持某种自重。

“师道尊严”，强调的重点是在师生相遇之际，外在行为上、礼貌上必须守某种“礼”，通过这个“礼”，表示出某种“尊卑”关系。如果有人不喜欢“尊卑”这一说法，置换成“教与被教”的关系，也未尝不可。

虽然学生与老师在人格上是平等的，但在此“平等”的基线上、基础上，还有“尊卑”之分。借用一句法律术语说的话，虽然“权利能力”平等，但“行为能力”就不平等。如果完全无视这种名分，就是“非礼”、就是“失教”，就相当于颟顸地以“权利能力”之平等蔑视“行为能力”之不同。

这样，师生之间，就有一个客观的“礼”摆放在那里，不能随意逾越。作为学生，不能因为今天这个老师我喜欢，我就尊敬他，明天那个老师我不喜欢，我就轻薄他。如果这样，“师道尊严”就荡然无存了。其“不敬”，固然是没有遵守“师道尊严”；其“敬”同样也是没有遵守“师道尊严”。因为，这样的“敬”，其所敬是敬张三或李四某个具体的人，而不是敬“师”（这里的“师”，英语是否可翻成 teachership?）。其“敬”是方生方死的，而不是恒常的；是朝三暮四的，而不是有体制性保障的；是偶然的，而非必然的。既然是方生方死、朝三暮四、偶然而非必然的，就可能随时被破坏，也就不可能建立起客观的课堂教学秩序。

一个学校是一个组织，是个法律上的实体，其教学是有秩序的，其秩序是客观的，不可以由私人的任意来左右。个人的脾性、癖好，即便是可爱的才性表现，在课堂上也是有一定规格制约的，与家庭聚会、臭味相投的私人酒局，性质是不一样的。

虽然现在的大学体制与传统的“师道尊严”理念已经发生严重脱节，但是，中国文化熏陶下的中国人，还没有完全失去“师道尊严”的记忆。某种程度上，“师道尊严”的意识在现在的学校体制中，也有某种渗透。比如说，学生守则里可能会有“尊敬老师”之类的要求，还有“教师节”之类的制度性设置。对这些全然不顾，轻薄之以鸣高，轻处说是缺乏公共意识，不懂客观理性，重处说就是轻薄、“失教”。

“师道尊严”表达的意思是，老师作为老师，就享有尊严。那么，这样是不是让老师享受特权了？也是，也不是！说是，那是因为一个健全的社会，道德修养和学识素养较高的社会阶层享受某种“殊荣”是合理的，对整个社会是有益的。说不是“特权”，那是因为要当好真正的老师，需要付出更多，甚至需要受很多委屈，也需要更多人格和学识上的条件。看似“特权”，根本上讲仍符合权利义务相一致的“平等”。

杨帆门事件中，有没有“师不师”、“生不生”，违背师生名分、逾越礼教的举动？如果有，就是“非礼”，就是“失教”，而不论其为师或为生。

（2008 年 1 月 18 日撰，首发）

09 结识保守主义

——刘军宁《保守主义》一书读后

《保守主义》一书可称得上是“合为时而著”者。自20世纪国门被打开后，随着内忧外患的不断加剧，我国的主流精英分子逐渐把目光投向了西方，希望从那里学得强国富民之道。于是，欧西思想纷纷入主中土。

汲取异域思想并无不可，精英人士忧天下之忧的担当意识也着实令人仰止。然而，也许来自现实的刺激过于强烈，他们似乎失去了思考者应有的冷静和耐性，不无盲目地向西方去拿、去抓，而拿来、抓来最多的便是以唯科学主义为学理基础的激进主义这类社会、政治思潮。此种思潮在20世纪的中国急速攀升，变本加厉，终成独领风骚、如日中天之势。于是乎，“历史车轮滚滚向前”、“砸烂旧世界”和“继续革命”成了不证自明的真理。与此相应，传统则大遭其殃：儒学是“孔家店”，要打；一切政治构建尽皆“专制工具”，要破；礼教是“吃人者”，要除。

对此，我们应当反思。所幸值此世纪之交、激进主义势头渐成强弩之末之际，终于有了反省的余地。我们应当利用这样的契机，对百多年来所走过的历程进行回味反刍，对“进步”、“革命”和传统，对宗教、道德、人性、礼教乃至现代化，都可作冷静、深入的再思考。我们能否走好下世纪的路，与我们现在的反思大有干系。反思工作做得深入，便有助于走向坦途；否则，就可能重蹈覆辙，或者在后现代性所可能酿成的灾难袭来之际，措手不及。要反思，自然不能把思绪囿于既定的框架，那样只能使我们感到战绩辉煌，忘乎所以。为对症下药起见，我们有必要结识一下保守主义。

提及“保守主义”，不少人可能要疾首蹙额。因为历经革命风火的长期薰炙，我们惯熟了“进步”、“革命”话语，“保守”在我们眼中是老朽顽固、冒天下之大不韪的替换语，令人掩鼻不齿。此时乍逢保守主义，难免会疑惧警惕。不过，这是应该解除的心理障碍。

在要解除这种“保守主义恐惧症”时，《保守主义》一书出来帮忙了。在它的帮助下我们可以认识到，保守主义并非什么怪癖可怕的货色，而是一位性情温厚、胸襟宽广、智慧深邃的仁爱长者。对生命意蕴，他有深刻的解悟；对世事人情，他有超卓的识见。对人民，他并不敌视；对传统，他并非抱残守缺；甚至对革命，也不见得绝对排拒。因为，他虽然反对无法无天、肆无忌惮的“自由”，但并不禁锢个性的发展和欲求的正常满足；虽然珍惜作为先人智慧和辛劳结晶的制度礼俗，但对确已认准的弊端他也举双手赞成化除；虽然出于对生命、人群福祉的关怀，出于对先辈意见、结撰的尊重以及本具的审慎之德和负责精神，而对不惜“血流漂杵”、“砸烂一切"的铁血革命大声嚷斥，但并不抽象地订立“反革命”的戒条。此外，由于保守主义敬天畏民、平性中正，清醒稳健、切于人事，因而历代不乏传人，有着源远流长的传统，并且在当今地球的某些部位，还是势头强劲的“显学”。——保守主义，不过如此！

据作者在《序言》中的自白，《保守主义》一书是有感于“保守主义身上的‘黑锅’太多，以致盖住了保守主义的真相”而为之的。因此，此书无疑有其“客观介绍”这一意义上的科学性一面。这是任何学术著作都应具有的。但是，此书的旨趣并不止此。在价值层面，作者对保守主义也抱有虽相当克制但却明白无误的肯认和揄扬。对此，作者在《序言》中也已揭明："本书对保守主义的态度并不是典型的社会科学意义上的那种'价值中立'的态度，而是持明确的同情性理解的态度"。也就是说，此书不仅是一本"揭示"保守主义"真相"的书，而且也是一本"表达"保守主义"倾向"的书。因为，不但本书关涉的对象是保守主义，而且对价值问题一往情深的关注本身即是保守主义的内在标识。对此，可能有人不喜欢，认为这有损于著作的严格的"科学性"。然而，自本人观之，关切价值不必然于科学性有损，"关切价值"之迫切性也不逊于追求"科学性"之迫切性。"有动于衷"乃是可贵的"真性情"的流露，正是本书优长之所寄。

学术应有其严谨的科学性，这自不待言。但不能因此就可以在价值问题上持"此亦一是非彼亦一是非"这样的圆转活变态度，或干脆把价值问题兜裹起来，存而不论，以此来显示很可能是精神下萎的"潇洒无滞"。因为，不只自然世界、事件世界是可"实证的"（实证主义意义上的 verifiable）真实世界，价值、意义世界也是可"实证的"真实世界（中国哲学中通过"体证"而朗现出的一真无妄、至诚不息之世界），而且是更切合于生命本真的世界。学术不只是描摹再现、整齐排比事实、事件的资料学，学术尚有其"意义"的一面。学术，尤其是人文学术，必须挺立起"物物而不物于物"的主体性，彰显"如好好色、如恶恶臭"这样的真实不妄的生命价值和存在意义。主体性昂然挺立，则一切学术多多益善；主体性沦没迷失，难免会有役于群物、委顿自弃之虞。

这种忧虞并非没有根据。时至今日，随着现代性的浸渍渗透，逐物而迁、迷而不返这样的征兆已日见明显。专就学术论之，实证性的比探考索成了唯一体面的方法论，人文学术囿于纯粹的“科学研究”，凡百述作，皆冒“科研成果”之名。对“形上”世界懵然无觉，对价值问题视而不见，不觉中流入并安于乡愿一途了。甚至有不少学界中人，中无所守，旁顾奔骛，淈泥扬波，逐欲竞兔，不思负重致远，唯求身名昭著，流为十足的从事字数交易的“知识贩夫”了。在此语境下，任何在价值问题上“有动于衷”的表现都可被视为对文化“沙化”的某种缓和和拒抑。《保守主义》一书是有进于纯粹的“科研成果”的。

比年来，在已经压低了的激进主义高歌的背景中，约略听到了一点保守主义的声音。这点声音只是十分有限而微弱的咕哝，尚称不上“思潮”，只是由于缺席太久，使得蹑手蹑脚的出场也显得格外扎眼罢了。就“觉世牖民”的需求而论，“保守主义话语”是十分短缺的。所幸此种状况在1998年得到了一些改善。不仅最具经典性的保守主义著作，埃蒙德·柏克的《法国革命反思录》（或译《法国革命论》）在中国人的大本营面世，而且有了这本《保守主义》——一本中国人自著的、持同情理解态度的介绍性著作。相信还会有更多的此类著作面世。这不仅在思想传播史上值得注一笔，而且更重要的是对我们的现实也是大有裨益的。因为，我们被喂服的峻烈的泻药太多，该服食一些滋补品了。愿有更多的人结识保守主义。

（曾刊于《南方周末》1999年1月8日，第10版“阅读”栏）

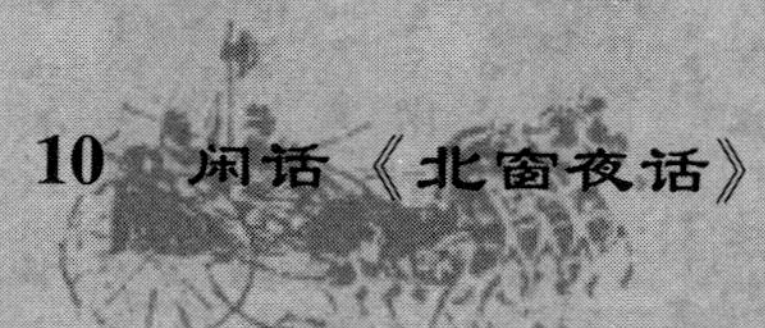

10 闲话《北窗夜话》

书法家闲堂先生是我的同事好友。因闲堂先生之缘，得识另一位书法家，即其夫人，兰堂女史其人其书。

贤伉俪所居之双清山馆慕名已久，今年春节期间始有暇得一造访。不出所料，入室确有如沐清风之感。蒙惠赠兰堂女史《北窗夜话》，图文并茂，弥足可珍。暇时偶一披览，如对兰芝，沁人心脾。有所感触，强颜发些闲话吧。

“艺潭品藻”部分读了绝大部分篇目，从中领略到许多传世名作的艺术风格和艺术名家的人格风范。我乃书画外行，游目其间，甚开眼界。读得比较仔细的当然是与两位伉俪的艺术人生密切相关的篇目。《我眼中的闲堂其人其书之一二》这篇将闲堂先生的为人风范和艺术风格写得既精当又精彩，与我平素对闲堂先生的真切感受完全一致。写自家人，尤其相好无间的夫妻互相刻画，通常容易失之溢美夸饰，但兰堂女史这篇文字写得比较超然，别具风范。

《颓然天放》一篇，文采斐然，把书法艺术最高境界中的况味渲染了出来。“颓然天放”，是纯任天机，不求工而工。书中另有《颜真卿与〈祭侄文稿〉》一篇。作者在引用张晏、陈深两位古人对颜鲁公的这件作品的品鉴之后写道：“‘心手两忘’，‘无意于工，而反极工’，道明了书法艺术创作的规律之一——无意于佳乃佳，不求工而自工。当艺术修养达到一定高度时，书法创作并不都是‘胸有成竹’、‘意在笔先’。”〔1〕这段话说得当然精到。实际上，“胸有成竹”、“意在笔先”当属“有我之境”，尚不是最高境界。只有把“成竹”和“意”也化掉，臻于“无我之境”，方是学艺之至境。据我理解，作者这段话，也可以说是“颓然天放”之境的注脚吧。

不仅如此，“颓然天放”恐怕不单是书法艺术的最高理想，也是其他艺术的最高理想。实际上，进而言之，我觉得这不仅是艺术的最高理想，也是人生的最高境界。孔子“七十而从心所欲不逾矩”、孟子“君子所过者化，所存者神，上下与天地同流”、程子“天地之常以其心普万物而无心，圣人之常以其情顺万事而无情。故君子之学莫若廓然而大公，物来而顺应”、王阳明先生“无善无恶心之体”、老子“无为”、庄子“圣人和之以是非而休乎天均”、慧能“本来无一物”云云，说的都是这一“无”的境界。这是中国文化中艺术和人生的化境，无以尚之也。兰堂女史以此为理想，寄心可谓远矣大矣！

兰堂女史在论及古昔女书法家时，感慨她们因受到生活环境和生存空间的限制，“想象力受到一定遏制，才情得不到发掘，因而她们的书法多受父或夫或家庭的影响，大多没有自己独立的风格和审美追求。”〔2〕

前代女书法家的这些遗憾，可以说被现代的兰堂女史弥补了。兰堂女史早年受闲堂先生影响，学习书法艺术，但是并未受到环境的局限，其情况不同于管道升和蔡玉卿等古代女书法家。我们观兰堂女史其文其书，应该能感到她有明显的艺术风格和审美上的个性追求。闲堂先生对传世经典之作揣摩日久，功力甚深。得于心而应乎手，其书“发而皆中节”以得其神韵之和，

---

〔1〕 王文英：《北窗夜话》，文化艺术出版社2010年版，第37页。

〔2〕 王文英：《北窗夜话》，文化艺术出版社2010年版，第52页。

古典主义成分可能多些。兰堂女史性喜草书之奔放不羁、性情之纵意挥洒，可能浪漫主义成分稍胜。故虽是并蒂之莲，但并不雷同，而是各具风姿。

书中“俯首即事”和“兰堂偶记”部分，谈日常所思所感，理想现实、新愁旧绪，乃至梦寐之间，五味杂陈，应有尽有。信手写来，皆成华章。从中可见兰堂女史心灵之秀、情感之富、文思之密。通篇洋溢着真朴烂漫之姿、清雅闲适之度。“羁旅行思”，访古览胜，醉乎山水，游心方外，凭几倚榻而读之，则可收卧游之乐也。

此书图文并茂，可称精品。但是本人不欲一味叫好，以失朋友切偲之义。若说其缺点的话，我感觉大概有以下几点：其一是插图，尤其是个人照片过多。书有插图，倍加可亲。但是如果插图片太多，如书中第260页那样，同一张照片插那么多幅，则可能失之冗累，效果反而不一定好。而且照片、图片太多，容易引起“画册”的联想，冲淡文字作品本身之美。二是书的开本太大，差不多是正方形，类似画册开本。散文随笔作品，小而精的开本，会更便于读者随身携带阅读，也更有亲和力。三是封面设计不太好。自身和身边就是书法家，书名何不用毛笔题写？生硬的四个铅字，放在偌大的封面中间，感觉不太协调。另外，整个封面上的底色似乎可以再淡一点。

话又说回来，金无足赤，不足为奇。虽然或许有我这个外行所认为的这些外在的缺点，整体上看，《北窗夜话》恐仍不失其为精品。

闲话到此打住，很可能隔靴搔痒，多有攸谬。是否可博两位伉俪及读者一粲，未可知也。

（2011年初撰，首发）

游访纪事

01 夏游记

蒋先生构阳明精舍于修文山中，招余游有日矣，辄冗累不克成行。春间来书曰：今夏不可不聚！遂往焉。

7月25日晚十时许，乘上适贵阳之87次列车启程，硬座也。蹉跼车厢三十四小时，27日上午近九时抵筑。出站即见周北辰君及大学好友唐宏君立而俟余。北辰君驾精舍之吉普车，唐君亦有车相随。时唐君及司机腹中尚空，故先于车站进餐。此期间，北辰君则驾车入市中接胡晓明先生、张玲女士及贵阳市文联之张建建先生，彼等亦拟于当日入山也。

餐罢驱车启程，上路不久即与北辰君汇合，两车前后相顾，驶向修文。“周道如砥，其直如矢”。新修高级公路纵驰无碍，不到一小时，即抵精舍。

精舍依山而建，法式仿古。四周层峦护绕，成天划之崇城；舍前库水一区，碧波荡漾，可谓人刳之濬池也。自远眺望，青瓦衬乎绿树，掩映于蓝天白云之下。护墙盘结，如蛟龙卧伏，檐牙翼翼，似白鹤亮翅，俨然道场也。其地属修文县龙场镇所辖，距镇治可十数里之遥。

将入院门，“阳明精舍”四字映入眼帘。书法秀劲凝练，冈田武彦先生题也。蒋先生喝住两犬，启门迎客。时先至精舍十余天之黑龙江王作明君及前一日来访之台湾刘义胜先生，亦与新来客人寒暄。刘义胜，台湾私立南山高级中学科研处主任，好交游，喜剧谈，温恭有礼，和乐易处。

院内石铺地面，铿尔坚质，驻足其上，顿觉步履轻健。一潭活水，清鲜而溜亮，见之欲掬而润喉，不忍纳垢其中也。其旁花木依依，修竹滴翠。顾视之，肺腑如浣。

精舍多楹联，属辞既工，立意尤高，皆蒋先生所撰也。正堂廊柱悬联曰："道自白云深处起，文不在兹乎。学从绿野满时来，质之将复矣。"继往圣之绝学也。堂内壁联曰："苍山为座，静中有物生天地。宏宇作经，虚极无心达性源。"究性命之理也。厢房亦有联曰："山月出时，清箫一曲乾坤静。松风过后，浊酒半杯天地宽。"道恬愉之乐也。读此诸联，亦可知主人之用心矣。

览略精舍建制之后，诸人坐廊中叙话。唐君任职法院，公务在身，中午不及留饭即赶回贵阳。

午饭后，诸人下水库游泳，水库即近在精舍脚下也。余因旅途疲乏，北辰、作明两君导至木屋休息。木屋据山之巅峰，均分为两室。其材质皆朴板木柱，不杂他物。屋顶苫以干草，门前围以木栅，柴扉虚掩，悬牖洞达，脱屣而入，如归故家也。室内木理回还，可比河图洛书。暗香微发，不让兰芳芝芬。其四周也尽皆树木荆棘，密实周匝，有"深林人不知"之妙。越丛棘而望，青山觌面，秀色袭人。俯首则碧波粼粼之库水也。处此境，不复知身在人间矣。于是横卧草席之上，酣然而眠。都市之华屋邸馆，莫此若也。

薄暮，张先生返贵阳，胡先生、张女士则留宿精舍。张先生系蒋先生之贵阳老友，才华横溢，著誉筑城。精舍之筹划经营，蒋先生实与共之，时来时去，无间断也。晚，众人仍围坐叙话，话题自然不离儒学、精舍发展前景等。

是夕余与作明君宿藏书楼之上层。书楼在精舍正堂左上方，而地势高之，尚未启用也。上下两层，亭出物表，清山、碧水排闼而入，极爽垲豁亮。唐君曾告余，当天乃入夏以来贵阳最热之一天，然与北都天气相较，亦可谓清凉世界矣。

28 日，上午诸人仍叙话。下午北辰君驱车送刘先生及胡先生、张女士返贵阳。刘先生拟于当晚搭机返台也。午休罢，余与蒋先生讨论牟宗三先生之“良知坎陷”说及政治制度问题。蒋先生不赞同良知坎陷说，然余于先生之说不甚了然也。

晚，余与作明君随蒋先生步出精舍，至山坡散步。天际星光灿烂，地上草虫喈鸣。远处山间一二家灯火，隐泛微红。静中况味，不可言传也。归来叙话。

是晚余移住厢房，与北辰君同室。作明君住间壁另一室。精舍山水既佳，设施亦便，诚不可多得之读书论学之地也。北辰君既送客人之贵阳，晚留宿其贵阳家中。

北辰君有远志，精悍厉鸷，猛气凌霄。议论事理，如倒瓶泻水，清辨激越，莫撄其锋，蒋先生以豪杰目之。供职黔中某大学，深恶夫当今大学庸陋污下之风，不乐与阘茸卑琐之辈为伍。蒋先生之经营精舍也，需股肱之力，乃敝屣其职，来精舍主其常务焉。去春一度入京任教圣陶学校，乘间过寒舍晤谈，信宿而去。此君才思过人，于《红楼梦》一书，情有独钟，耽酣有素。枕头常备一部，不时翻览。闲谈中语余曰：“口沫手胝，坏烂数部矣！”有所兴会，则寄诸吟咏，去春相见，其诗词之作已斐然成章，裒然成帙矣。今夏相见，余曾于榻上叩其诗学渊源之所自，答云：“红楼之梦，北辰之师也！”

29 日，闲居，览精舍四周风物。上午北辰君返精舍。

晚，与蒋先生及周、王二君论君主制及其他政治制度设计问题。

30 日，上午与作明君随北辰君去修文县城购物。

晚，余三人同蒋先生坐门廊赏星空。在闹市，难得一睹星空，而在山间，则有满天繁星可尽情指点纵意遐思也。蒋先生兴致颇高，取洞箫吹古曲数首，展喉歌雅歌数阕。古韵古调，响彻夜空，一腔至情，播与天际。我等凝神静听，不觉天末凉风吹起，夜已永矣。

北辰君暇则弄箫。愁肠郁结，出声知阳关饯客；逸兴遄飞，入耳睹平沙落雁，余闻而乐之。蒋先生笑曰："乐则乐矣，然他出之乐之为乐难以逮乎自出之乐之为乐也。夫古之人之于乐也，以自娱，吾子盍亦习之!"是日遂在蒋先生、北辰君指点下学之。初咿呀不成声，数日始畅。离精舍时，蒋先生贻我一管，归来用心操习，不数日，阳关古调居然洋洋乎出吾十指间矣。

31 日，闲居，学吹箫。下午与北辰、作明二君入水库游泳。水温低，未敢逞意多游。晚上讨论儒家可以对治之现实问题。

8 月 1 日，闲居，学吹箫。晚上讨论现代性、全球化等问题。数日来，天气晴好，今日下起小雨。此后数日雨不时下。

2 日，雨仍未停。上午，举伞独自去山顶木屋学吹箫、读书，极富自得之乐。下午，蒋先生携余及作明君游阳明洞、玩易窝。北辰君驾车。

阳明洞在龙冈山，去精舍约数十里。此山虽为平地上凸起之小丘，然石甚多，阳明洞即在其腰间。洞为溶洞，其顶为大石板，内甚宽敞，然滴水不断，极潮湿，不审当年阳明何以居之也。意者彼时不如是欤？洞口题咏甚伙，中有罗近溪留言一则，极醒目，略谓某年某日曾携子至此。洞口左侧上通阳明祠之石阶两旁各有古柏一株，修直挺拔，参天耸立，粗过围抱。蒋先生示余曰：此阳明先生手植也。余仰首望去，见枝杈遒劲，郁郁葱葱，其年不可限量也。

龙冈山上除阳明洞外尚有何陋轩、君子亭，宾阳堂及王文成公祠等名胜。何陋轩内墙壁嵌有阳明居龙场期间所作诗文之碑刻，字体极苍劲凝重，清道光时物也。阳明祠自成一院，踞

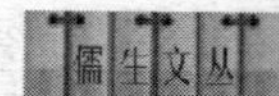

洞之上，日战时张学良将军一度幽居其中。祠中新塑之阳明铜像，乃蒋先生竭力促成者。蒋先生告余曰：此塑像之模型几经改易，始成此制。然细视之，似尚不足以透发阳明之精神气貌也。

此行无庶羞之备，然于展望之际，颇欲施礼一拜。适蒋先生提议向阳明先生行礼，遂从焉。蒋先生致辞发令，四人对塑像肃立鞠三躬。数年前，余于阳明之学略无所疑，以为道尽在是矣。由今思之，恐未必然。虽然，其学之大本固不谬也。

游毕阳明洞，来山脚下当局新建之“阳明园”参观。其建制甚雄大，然其中之陈列品无甚可珍者。唯园门外阳明及其弟子之群雕，气象甚博大，允推佳制。

“玩易窝”距阳明洞有数里之遥，出阳明园，即驱车往视。所谓“窝”者，乃平地上之一溶洞也。洞口狭隘，内中复叉为两洞，均甚局促，且极阴湿。于此玩《易》，岂易乎哉！蒋先生告余曰，此洞系阳明初来龙场时所居之处，所谓“龙场悟道”，即出此洞。然来此参观者绝少，阍者言：“门锁不启者已数月矣。”门内荒草遍地，几掩洞口。若非指点，不知阳明之学，成于是也。

晚上，向蒋先生请益学问。余于先生之学，虽有仰之弥高钻之弥坚之感，然未臻不违如愚之境远甚也。是以质疑问难，气氛热烈。不能相合者有三：其一，阳明学与董江都之学能否调和、有无必要调和问题；其二，道统问题；其三，仁与礼有无主次问题。蒋先生认为，虽然王学与董学自理性上观之，有矛盾，然可圆融无碍于吾人生命之中。至于理论上之矛盾，可置之。窃以为两家之学难得圆融。蒋先生认宋儒道统之说为偏狭之见，余则不以为然。蒋先生认为，儒学中仁与礼两者同等重要，无主次、轻重之分，因礼与仁相辅相成，不能分离。余则认为，在孔子思想中，礼虽极重要，然终当让位于仁，“不离”与“主次”非一事也。往复辩难，不能一致。蒋先生雅量，不以余之偏执拗愎而弃其雕琢，乃收场曰：“数年后再论，何如?”余视时钟，十二时半矣。

3日，闲居，学吹箫。下午于木屋静坐一小时，吴康斋所谓“和似春风静后功”者，其味委实隽永也。

4日，蒋先生馆余已九日，饮食起居着意安排，颇感不安。家中尚有诸多事务，在外闲游亦不宜。下午遂与蒋先生话别，约来日再来问学。作明君同时起行。

作明君家居东北大兴安岭，曾为铁路工人，现失其业，赋闲于家，生计之艰不待言也。家务之暇，读书自修。孤自摸索，渐归儒学。蒋先生以儒道为天下倡，作明君闻风兴起，寤寐思之。今夏不远迢迢万里，裹糇粮竭蹶以赴，入大西南山中就而问学。如此强志好道，世不多见也。南下途中曾来寒舍逗留，一饭而去。其来精舍已近一月，恐两亲有倚闾之望，遂与余同离精舍。蒋先生近来腰足皆不适，仍策杖送至坝上，合影数帧，依依惜别。

驱车送余及作明君至贵阳者，仍北辰君也。先至火车站购票。作明君买当晚车票，余因欲与唐君等同学聚晤，叙阔别之情，买6日晚车票。既购票，北辰君驾车载余二人去贵州省高级法院赴唐君之约。

晚上，唐君与贵阳诸友设宴于“乡巴佬”。此店烹饪全然本土特色，店中布置亦极具乡土气息。各室均以花名命之，室内悬红辣椒、黄玉米以为饰，冲然有大雅之风。我等所与者，梅花之室也。与席者十二人。除唐君、北辰君、作明君及余四人外，他有八二级同班同学罗飞君、肖萍君，同级之唐林君、鞠霓君、肖坤涛君及刘光宇君等。贵州省人大常委会法制室综合

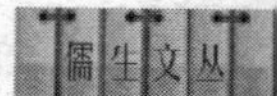

处处长路良君、贵州省高级法院研究室副主任赵福全君，皆八三级校友，亦拨冗与席。

山城一别，倏忽十四年矣，语新话旧，欣慨交心。昔日青春烂漫，稚气犹存，契阔十数年，一旦相见，胥已为夫妇父母，而眉宇间亦微有沧桑之迹矣。

席上珍馐错列，色味独具。琼浆满泛，浓香播布。投箸把盏，纵言世路。茅台三瓶，倾之如注。余与唐君酒皆及量，醉眼惺忪，头足之轻重几为之颠倒，而罗君亦面耳通红矣。肖萍女士，雅不嗜酒，为余夹菜不止，尽地主之谊也。

昔日之同窗，皆成今日之栋梁矣。余则顽顿迂疏，书生如故。刑名学之而无终，道德修之而无成。戆拙自用，动与时违。跋前疐后，傫然无归。觍颜食息天壤间，瓠落无所取材之可言，甚惭恧也。而诸子竟不余弃，谬其所重，设此盛宴以相待，至可感也。

饭后唐君与诸同学复携余洗浴。罗君恐余不胜酒力，关护甚周。浴罢，即随唐君归其家宿焉。

肖坤涛君大学时本不曾结识，然此番相聚十分热情。闻余所购系硬座票，坚请退掉，代为筹办卧铺。唐君家居郊外，复深夜驱车相送，并贻精制黄果树牌香烟一条，无任感荷也。

北辰君因送作明君赴十时之车，席未散即告辞。

5日，唐君陪余游览贵阳市。先至东扶风山山麓之阳明祠游。阳明祠系依山势而建之明清园林，由数个高低错落之庭院构成。其间通以石阶，连以回廊。参天古柏、百年银杏与夫丹桂、翠竹之属点缀其中。曲径通幽，十分雅洁。园甚大，阳明祠仅其一隅也。祠中供汉白玉阳明座像，面色清癯，作闭目凝思状。左庑有碑刻、书画等陈列品。

园中尚有尹道真祠，门扁“尹道真先生祠”六字乃康南海手笔。康有为，广东南海人，世称南海先生。道真名珍，东汉牂柯郡毋敛县人。披图籍征之，毋敛在今贵阳之东南也。据《后汉书》，道真自以生于荒裔，不知礼仪，乃从“五经无双”之许叔重受经书图纬，学成归乡里教授。中原文教披风及黔，自道真始也。祠中道真像亦由汉白玉雕成。道真席坐，展臂依两股上，凝神远视，温恭醇谨。足前几案置淡绿色石雕竹书，厚重而坚实。瞻拜之下，古君子之风蔼然浸肤透骨。余低徊像前，久不忍去。

园中回廊遍设木案藤椅，供游人品茗休憩。既观两先贤享堂，余二人乃入座品茶。座上纵论移时，所谈多系儒学及蒋先生之学，余亦为言牟宗三先生学之大概。

唐君有卓识，大学时好深湛之思，喜读历史哲理之书，腹笥甚富。余与之同室，且上下其铺，最称相契。其于哲学，实先我而入，尝于歌乐山上据崖石为余谈哲学，滔滔不绝。余之识蒋先生，亦以唐君之因缘也。而今则疲于案牍之劳形，不暇措意于此矣！此时，细雨淅漓而下，茶香缭绕，烟雾蒙蒙，注视屋瓦、楹柱、木匾，倍觉庭院之古老，友情之绵长。

出阳明祠，步入餐馆就餐。唐君称道米粉、汤旺面不置，遂点之。味极美，两碗下肚，口馋顿解。然辣甚，唇舌灼热，良久不退。

饭后，浏览书店数家。可购之书不多。郑子尹所著书，颇不易得，不意于一店中遇其《巢经巢文集》。得黔人书于黔中，不亦宜乎！虽时下俗本，亦可观也，遂欣然收之。子尹学宗许、郑，诗文取法韩昌黎，道德文章卓尔不群，于黔中最称大儒。此书只收文，吟咏之作及说经之书则别行。其诗钱宾四先生亟称之，言其于清代诗人，最喜子尹，余久欲一读为快。说经之书，想亦可观，惜均无所遇。

看过书店，已是晚饭时分。唐君言："贵阳小吃极富，不住半月，不足以尽之，不止米粉、汤旺面也。蜀中小吃声名远播矣，其实不及黔中之为愈也。"因为言成都同学来筑时如何称道云云。言语之间，步至一食品街。街道两旁，摊点林立，目不暇给。热气蒸腾，人流熙攘，好不热闹。入座后，点小吃数种，沽二锅头半斤，两人遂相与对饮，朵颐而啖，欢虞如也。

酒饭之际，有卖唱小女二人携吉他前来请歌。询其年里，其一答曰："年十四，自皖中来。"复问："汝等稚龄，弃学业而操此业，可乎?"嗫嚅曰："时值暑假。"闻而知不实之词也。"小女而播越数千里，汝父母忍乎?"二童嘿然。唐君见多识广，插语曰："必其父母携之同来，赚钱故也。"余为叹惋。取歌单视之，约数十首，多俚俗之调。斟酌良久，点下《杜秋娘》。不辨其辞，唯闻声调之愁戚。曲罢，付二元遣之。

两人边品小吃，边叙友情，夜深乃去。是晚仍住唐君家。

6 日，罗君摒去诸务，抽身驾车与唐君一同陪余游市郊。当晚余离筑返京，为方便计，需预置行囊于车上。唐君乃执茅台酒一瓶，梵净山绿茶一筒，置余行囊中，皆极品也。

市中与罗君会合后，即出城南向而行。先后至青岩古镇、桐埜书屋及花溪公园。

青岩镇坐落于城南百里外青山秀水之间，旧貌颇完好。石板铺成之街巷，起伏蜿蜒，幽深而恬静。两侧民居瓦屋，低矮古朴，如老人面，望而可卜风雨沧桑。有一名"背街"之小巷，曲而狭，两侧墙壁以薄石板层层堆砌而成，据唐君言，筑于明天启间，距今几四百年矣。以年久故，侵蚀特甚。触之，石屑簌簌下。余漫步其中，如入异境，现代社会之种种嘈杂繁乱顿时退听，身心为之一洗。

此镇可谓宗教汇聚之地，有佛寺、天主教堂及基督教堂。

天主教堂未入。佛寺修葺一新，然格调颇俗。殿前烟火缭绕，不时有香客来佛像前上香跪拜。余不之喜，乃旋足而去。基督堂处路旁，驻足视之。当日适为礼拜日，约二十余名村妇伧父正匍匐唱诗。间有髫童随父若母侧其中，斜仰条椅上，游视不定，不解胡为乎有此匍匐也。

黔中之唯一状元产此镇，即清代赵以炯也。以炯（1857～1906年）字仲堂，一字鹤林，其父赵国澍即清咸丰十一年端午发动"青岩教案"者。赵氏为此镇世家，其宅今辟为"状元府"，供游观。入门有联曰："琴鹤谱誌，论语传家"，顶首批曰"文魁"，诚高标也。一室中悬时人所绘赵氏画传十数幅，余依次览读之，觉赵氏其人一生行履亦不过尔尔。状元未必有壮举也。罗君亦曰："一状元耳！"。因念今世之人，不修实德，不究实学，不务实功，弃天爵而骛人爵，汲汲俗名，弗思甚矣！

中午步入一镇中小客栈就餐。豆腐果、豆腐元子系黔中佳品，价廉不伤味美，满腹而罢。

出青岩镇，径奔"林壄书屋"。书屋在青岩东北之龙里乡，唐、罗二友均不悉路途，且行且问。左旋右转，颠簸约一小时，忽见前方河干有孤立林木一片，葱郁扶疏，房舍隐约其中，呼山民问之，果书屋也。

书屋系黔产诗人周渔璜读书处，与其宅第隔河相望。河中清流潺潺，两岸平畴如茵，放眼满目清绿。远山如黛，掩映于白云之中，天然图画也。

渔璜（1665～1714年）名起渭，贵阳人，康熙进士，渔璜其字也，以诗名家，与查初白等诗坛巨子友善，喁喁唱和。书屋名桐壄，盖其周多桐也。其建制为上下两层，原构已毁，现为重建。入门见工匠数人，踞屋顶掷瓦砾于庭院，施工修葺也。适在雨中，一片杂沓，几无着足处。

书屋无甚可观之文物，多今时人笔墨。有线装旧书数种，视之，兔园册也。守书屋者有周氏后裔，问之曰：“周先生藏书可有存乎？”答曰：“祖上书香门第，家中储书多不胜数，‘文革’中焚之尽矣！”为之痛惜者久之。

游毕书屋，回车赴花溪公园。路上阵雨时来时去，透过车窗，山峦田野新绿异常。野夫牧竖，披蓑戴笠，伴水牛悠闲步趋，有“斜风细雨不须归”之致，诚大自在也。

花溪公园极大，山上有珍木奇树，平地有美花佳葩。伸手可攀，触目皆是。有溪流穿贯其中，砉然喧豗，訇然冲落，盖适值雨，故有是观也。其潭水则渊渟静深，倒影摇曳其中，极富姿媚。三人于园中饮茶数盏，步至佳处徜徉。

晚，罗君请饭于“布依园”，饯余行也。园在山间，罗君开足马力，盘旋而上，良久方至。

花溪群山之中，诸式饭庄甚伙，各择山坳而建，不相属连，极其幽静，真山庄风格也。处此视彼，只知白云深处有人家，不知人家何所似也。

园傍小溪而建，其左之山高而险，巍然屹立，崒若陡壁，俨然饭庄之屏风。右山差缓平，有果蔬禾稼植其上。山足下水田一带，环饭庄迤逦卷开。荆公王安石封荆国公，世称荆公。“一水护田将绿绕，两山排闼送青来”之句，直此之写照也。远方山道上不时有二三骑马而行者，盖之他饭庄之吃客也。

入园，店员欲引至水榭餐厅就座，我三人为饱览天开之图画，吐纳山河之真气，乃露天而坐。

饭庄名不虚设，纯然布依族风尚。芦笙频传真朴之音，欢快热情。古老之水车，悠悠旋转于溪水之上，安详而典重。扬起之水花，自鸣天籁，节奏井然。布依族店员身着民族服饰，谨愿诚慤，或穿梭于餐桌之间，殷勤侍客，或送往而迎来，不亦乐乎。

两君点罢酒菜，片刻即佳味满桌矣。遂乃举杯觞饮，执箸品尝。落魄书生，不知寻常山珍海味；偶出行客，岂识稀见冷拌热炒？唯知酒出奇异之瓶，色重而微酸；肴烹密传之艺，味鲜而利口。席间两友曾详为指点，不旋踵都不复记忆矣！

酒酣饭足，俯仰自适。面对岑蔚之山，背依平阔之田，首顶浩浩之苍穹，不知何鸟，颉颃翻飞于空中，陶然忘机，而余之身心亦与之俱化矣。

出布依园，即返市中。所乘之京 88 次列车十时发，返市后尚有余暇，罗君爰驱车徐徐盘桓折旋于大街上，俾于览夜景。九时半与两同学执手惜别，登车北归。越 7 日，8 日上午抵家中。其时已为立秋后一日矣。

此游也自出至入，历时凡十五日。老师同学之厚情，阳明精舍之韵致，及夫筑城内外之名胜，长驻于心矣。尤可感念者，唐君也，来则迎，去则送，贵阳数日，朝夕相伴，倾囊相待，略无倦意。既餍我以佳肴矣，复馈余以珍品，曷以胜其重也！抑不可轻重者，则老友之情也。

(2000 年 8 月撰，部分内容曾于 2005 年刊于《原道》第 10 辑)

02 儒者罗义俊先生拜访记

2006 年春节，余游沪上，乘间拜访沪上儒者罗义俊先生。

初六上午十时，至罗先生家。罗先生为人平易坦诚，略无矫饰，将区区热情迎入客厅，稍事寒暄即敞怀而谈。

罗先生以健谈称，举凡学界故实、国家大事、儒学义理，随机而发，无所不谈。谈至动情处，辄激昂慷慨，义形于色。盖先生乃不失赤子之心之人，后游大儒牟宗三先生之门，更得其光明俊伟之风。

罗先生乃大陆开放以来牟宗三先生所接纳之唯一大陆弟子。牟先生巨著《心体与性体》等著作之在大陆出版，端赖罗先生之力。谈起牟先生其人其学，罗先生满怀深情，娓娓不倦。席间区区欲以“真”字一言概括牟先生之为人，罗先生深以为然，曰：“真，即无机心之谓也”。座上罗先生复透露，牟先生之《才性与玄理》、《圆善论》等伟著新年可望在大陆出版。此诚学界儒林之喜讯也。

谈及个人思想，罗先生言，他自己亦有一套思想，然因牟先生已讲过，他无需多事更张，弘扬师门思想即可矣。曰：“个人是不重要的”。罗先生襟怀如此，令后学肃然起敬。既而曰：“今人以炒股心态为学，吾不欲观之矣。”盖罗先生眼界甚高，今之显学视之蔑如矣。论及今世守身之则，区区诵夫子“邦有道，贫且贱焉，耻也；邦无道，富且贵焉，耻也”，而言于罗先生曰：当今月旦之评，可以夫子此言参之。罗先生闻之神情肃然，曰：“守住自己乃当今吾侪守身第一律则也”。

愚一直认为，不欲为儒者则已，欲为儒者，有三事缺一不可：曰躬行仁义；曰解悟孔孟之学理；曰于儒者立场有明确之自觉且勇于坦然承当之而不事躲闪闭藏扭捏之态也。席间区区以此质诸罗先生，罗先生然之，曰："须有自觉。自觉即担当也。"

近年儒家之学渐受世人注目。然不惟真儒甚少，即坦然以儒者立场揭櫫其怀者，亦寡不多遘。罗先生原其情委曰："以儒者立场揭櫫人，世人即以儒者律其身，如是则恐有授人以柄之虞，藏头缩尾、私心假借不易得行其道矣。"区区应曰："无大勇不可以举之也。若先生者，可谓儒者矣。"不意罗先生曰："否，我不欲以儒者自处矣！"余闻之不解曰："先生何出此言？"曰："十数年前，吾即自称吾非学者，乃儒者。今人皆以儒者相标榜矣，则吾可以已矣。"余知此乃罗先生有为之言，因进曰："有假借者，伪也，然儒者之名不可去也。先生此举，得无堕儒者之名乎？"罗先生思之有顷，曰："然。不可去也。"

语及"新儒家"之说，罗先生正色告曰："儒家即儒家矣，何必有'新儒家'之说？牟先生从未以'新儒家'自称。'新儒家'、'后新儒家'云云，儒者必不以之自号也，局外研究者之说而已。"余闻之有豁然开朗之感。

闲话之间已至中午。罗先生乃引余至附近餐馆飨以午餐。就餐之际，不误继续倾听罗先生谈论。

谈及政治，罗先生强调"民主一关不可绕过"。近代以来，世人多以开不出民主为儒家民本主义之诟病。罗先生批之曰："此固蔽之习见也。若执其人而诘之'何以开不出'，则其人必张口而结舌也。以民为本亦隐含有民治之意也。"余请曰："民本为更高之理念，民主为落实此理念之制度，然乎？"先生连声称是，曰："黄梨洲著《明夷待访录》即欲解决此制度问题以落实孟子以来之民本理想，惜乎未能有行也。”余闻之有醒，然私心以为，虽民主委实不可或缺，然仅有民主恐尚不足以达治平之隆也。

余请以台湾问题。罗先生曰：“正统问题不可不讲。历史上有东晋南北朝，其义可比拟而得也。故武力强统不可。惜今之台湾当局欲去中国化而废国统，愚惑孰大焉！”言至此，罗先生不觉面现忧思。

餐罢与罗先生告别。罗先生坚持步行送区区至公共汽车站。指点余上车后，目送而别。其时已午后两点多矣。

约七八年前，区区冒昧之间与罗先生通信。蒙先生不弃，得屡叨教诲。两年前先生北上参加学术会议，区区始得一沐先生风仪。此次沪上拜访，所受教益熏陶多且深矣。

罗先生已年逾花甲，患高血压心脏病近二十年矣。体质孱弱，近年家居养病，不多应酬。近日复值发病较重之时，而拜访之前一天，适有亲戚病故之事发。此情景下，罗先生接受区区拜访，实非轻松之事也。座谈时见先生病榻旁置有氧气大瓶，谈论中且不时服药。此情此景，使后学深为感动，亦深为不安。罗先生实乃当今为数不多之真儒，亦今世之大儒。此行得蒙罗先生赐见，区区之幸也！

（2006年春撰，首发）

03 难得之人师

——受霍韬晦先生开示后有感

2002年5月25日下午，霍韬晦先生应邀至中国人民大学哲学系讲演。该日周六，余无冗务羁系，故学友志强先生以此消息相告后，即前往倾听。

讲演的主题是生命儒学。霍先生说，今日讲儒学，亟需切于生命存在。盖自近代以来，经梁、熊、唐、牟等老师大儒之努力，儒学之理论方面已十分发皇。相对而言，如何使儒学进入吾人之生命，流贯于日常生活，不至流为“游魂”，此方面之努力尚甚虚欠。从现实状况看，近世以来，随着西方工具理性之单向发展，人之生命之平面化倾向日甚一日，人性之光辉渐趋消沮。故生命儒学是生命最深处之呼唤，是健全社会机体之需要，亦是近代儒学之逻辑发展。谈及生命儒学之方法论，霍先生凭借着他在东西哲学认识论方面之湛深学养指出：讲生命儒学不能依赖科学方法，要靠个人生命之体证。科学之证明方法要靠第三者即经验性证据之介入方可，未必可靠；体证则是直接面对真理，无需假藉第三者。讲演历时逾两个小时。此两小时内，霍先生围绕着生命儒学问题作了既富义理之深刻又具言说之妙趣的指陈和议论。字字句句，入我腔中，不胜欢悦。讲演完毕，余意犹未厌。当晚复随郑家栋先生至霍先生下榻处谒见，更求请益。座间霍先生就性情、生命、体悟等问题作了一番开示，大有如坐春风之感。

翌日霍先生南飞返港。该日中午，霍先生约请袁崇焕将军墓之守护者佘幼芝夫妇至人民大学西门餐厅就餐叙话，余亦前来与霍先生聚晤话别。席间，当霍先生闻佘女士言地方政府欲以城市改造为名迫使佘女士家别择居舍结束佘家数百年守墓史时，不禁义形于色，曰："美国之历史，亦不过二百余年，而佘家守墓已近四百年！此活生生之历史、民族精神也！举世无双，绝无仅有之可歌可泣可喜可愕之奇迹也！地方官吏不知守护此精神，反而欲扼之死，果欲何为哉！且墓周围之房产，历代皆佘家所有。屡次捐于政府供小学校舍等用途后，所剩者仅此守墓之庐耳，奈何复夺之使忠义之人不得其所哉？"霍先生声震屋瓦，感人肺腑。言讫，鼓励佘女士牢记先祖之训，坚守不去，并表示拟吁请民间力量声援之、支持之。余目睹此幕，深感霍先生人格精神之高之大，有古儒侠之风。

餐罢，佘女士夫妇去。接下来闲谈间霍先生谈及法住机构之宗旨及奋斗事迹，余深有所感，因曰："先生，斯道之干城，而法住，则斯文之寄托也。"霍先生谦谢"不敢"。既而慨然曰："二十年矣，左冲右突，竭蹶以之，回首而望，吾亦不知是如何走过来底，大不易也！"余应曰："此先生十面出击之功也。"霍先生微颔之。约二时半许，执手而别。偕霍先生而行者，霍先生学生黎绮华女士也。

既谒霍先生，余益觉时下我国大学及研究机构中流行的这种研究儒学的方法是十分有缺陷的。当今之儒学研究，大多是把儒学视为外在之物件，用纯理智之目光审视之，以纯科学之方法分析之。排比对勘，不厌其精。比竞相高，汗牛充栋。如此研究，虽然亦有其价值，然终究是外在之事，未必能触及儒学之内在精蕴。对不愿将儒学仅仅看做农业社会之残留物，而是对儒学价值有认同甚至奉之为安身立命之所依之学者而言，此种科学的研究尤其难厌人意。因这样的研究所成就者只是"知识儒学"，与生命是相隔离的，不能进入心灵，培植吾人之性情，不能贯注日常生活，调适吾人之人生，更无助于吾人精神境界之提升。霍先生强调不能仅知追求知识，不知培植性情，单讲知识儒学不修生命儒学，纯讲科学方法不重体证方法，此与古昔先贤之意正遥相呼应，实为振起儒学、挽救时弊而作之狮子吼也。

余早年无知，不知向道。后从盘山先生游，渐知向方。然质鲁根钝，无所树立。牵于冗俗，甚愦愦也。然向道之心终未去诸怀，平居颇留意四方贤人君子高人逸士，以期引为景行之则。霍先生大名，闻之已久。然于其学术思想、事业功德，知之甚少，只约略知其为唐君毅先生之高足，不俗不凡之海滨学人而已。于其人格风范，更是无所感知。此次不惟听其讲演，蒙其开示，且得沐其道风，聆其謦欬，幸甚至也。经此番请益，余由衷感到，霍先生知行合一，是位集学者、思想家、贤士与宗教家于一身之非凡人物，同时亦为极富性情、可亲可敬之师长。如此师长，今不多见也。法住有此师长，法住人之福也。倘天不吝，多降霍先生这样的师长，多兴法住这样的学校，则国人之福，天下人之福也。法住，余未得观瞻，然既见霍先生，亦可觇其文教之美之盛与夫前景之广之远也。噫，不觉神与俱驰矣！

（刊于北京《现代教育报》2002 年 8 月 30 日，周末版）

04 壬辰秋曲阜之行纪略

弘道基金与曲阜国学院等举办“儒家文化修身营”，仁和才难两骨干至寒舍来议其事，并邀予授课两日。予才口两拙，素不喜出面，然感于弘道之意义及两君之盛情，决然前行。

西历8月17日晚乘动车至曲阜东站。营员来站逆迎，欲叫出租车，予坚持乘公交。晚九时许下榻孔孟宾馆，设施简朴实用。夜十一时左右，主事仁和君率诸干事约五六人来见，作揖行礼，甚恭谨。余有不胜其情之感。

18日上午，予为讲“蒋庆先生其人其学”。数年前予曾应范瑞平先生之约撰蒋先生小传，欲乘其便也。传记主体分八部分，即少年时光、工厂岁月、军营生涯、大学时代、歌乐幽居、移住海滨、政治儒学、阳明精舍也。此次授课即以此为本，依次撮要介绍，历时两小时讲毕。课堂即炎平兄所创“曲阜国学院”之讲堂也。布置古朴，颇见规模。环视之，甚佩炎平兄经营之力。

因顾虑理论问题未必适宜诸君听之，故此讲多举故实、逸事为众营员告。然予此估计，恐颇有失。中途有两三位，恭揖而退。讲至“军营生涯”时，有营员递上纸条，有“少谈故事，多谈思想”云云。因感此次授课，恐未能达其期效，或者予口拙使然也。然吾已尽其在我矣。

18日下午，听慕朵生兄讲儒教。其讲分（儒教）“是不是”（宗教），“应不应”（重建儒教），“能不能”（建成儒教）三部分。剖判分明，义理精切，资料详实。其关于宗教之意义，言之尤其深微精当。将儒教言之为天命之性之信仰，予中心不禁赞曰："旨哉言乎"！

朵生兄中午自京抵曲阜，课后旋即回京。席不暇暖，一腔热血，实不多见，更望尘莫及也。

当晚，与自湖南远道而来之张晚林老师一同参加营员座谈。之后又与晚林先生小叙。晚林先生为人沉着细致，精于儒家义理，深膺儒家情怀，雅有文化意识。得以结识，予此行之一幸也。

19 日，偕众营员前往夫子降世地尼山拜访，炎平兄亦拨冗导行。山下有夫子洞、尼山孔庙、尼山书院诸胜迹。九点至，先至夫子洞前列队行跪拜之礼。既毕，拾级入尼山孔庙。主殿适在修葺中，而启圣王殿前颇为爽垲，乃复于此列队行礼，并齐诵《论语》一篇。领读营员声情并茂，温文有致，知修习有素也。

礼毕，席地环坐，予为讲性善之义。予仰望古柏，环视庭院，中心慨然。7 年前乙酉秋 10 月，予与各方同道大会于此，诸位亦席地而坐圣殿前如当下，谈道论学，神情肃然。柳河东兄诵经《中庸》，铿然声犹在耳，而皮介行先生意气凌云之言、赖鸿标先生经世之论，皆成遗音绝响矣！聚散不常，此番再会者，唯炎平兄一人耳。乃欣幸后俊兴起，有此济济一堂也。

原定讲"儒家人极之学"，以为时有限，乃择其中性善一节，为诸位深论而详言之。譬况多端，以道微难言，非逞巧也。博引古今中西，以资征信，非炫博也。陈义高远，守中道而立之训，非耸人听闻也。力辟性恶，以笃信不惑，非好辩也。一小时不觉已过。讲毕，晚林老师忽自身旁据地俨然起，移步转身，深揖称善。朗然畅言，申论其义，补所未逮。予甚感焉。

下午，观庙中文物及书院。炎平兄导诸位参观玉雕圣迹图等。

继而诸营员登尼山，造其颠。予与炎平兄则步至观川亭，观沂水之盛，坐亭中小憩，想见夫子当日心境。继而予独自沿庙墙外柏树林中小路，且行且观。山阿巍巍，岩石垒垒，古柏青青，如置身方外。继续北行，乃复折入尼山书院，中无一人，尽赏其幽情。书院墙壁甚古朴，深爱之。徜徉移时，凭木椅午休。

出书院，信步北行。一铁门与外隔断，适有工人铺路，铁门敞开。予因出铁门外，信步而行，入村舍。问老妇，知为夫子洞村。村中观梧桐，抚石碾，俯仰自适。穿过村庄，至高速公路上之夫子大桥，觉时已不早，乃回返。至铁门，不意人去门闭，不得行，两旁皆铁丝网，不能通。乃沿铁丝网漫然而行，穿沟越林，至于孔庙大门前，时下午三点半也。请门卫，欲复入庙中，与诸营员会齐。不意门卫言，诸营员已乘车去矣。盖诸君意予与炎平兄已于其登山之际先行回城矣。所幸车行未远，电话联系后，车折回，予得乘之同行也。误众人之时，心中歉然也。

离开尼山，来至孟母林。柏树林甚广，墓碑林立，皆孟氏后人之墓也。寻得孟母陵，列队行礼，依晚林老师之议，诵《孟子》"居天下之广居"章三过。礼毕，应主事仁和君之请，于陵前略为致辞，退而回曲阜。

当晚8点后，与晚林老师至孔庙前闲步。有纪念品商店尚营业中，购尼山砚一方。

20日，予回京。发车时间八点半。予七点退房，悄然打车去车站，不欲烦营员相送也。

此次曲阜之行，观修身营活动组织井然，习礼彬彬，诵声朗朗，甚为可观。若其来日圣贤之道实能驻心，膺而立立人之责，则斯文之幸也，而弘道基金、曲阜国学院此举之功亦不浅矣。

（2012年8月21日撰，首发）

05 北美访学记

经过北京市高教师资培训中心举办的出国访学选拔考试等一系列复杂程序，本人于 2009 年 9 月初赴美进行访学活动。2010 年 3 月初回国，历时 6 个月。

此次访学收获甚丰，感受颇多。导师霍尔教授（George T. Hole）在我《访学考核表》“导师评语”栏目中下有“a delightfully engaging person”、“an outstanding ambassador of China”等谬赞之语。虽然官样文牍之词未必可重，亦差可引以为慰。此篇主于言学，他如文献搜求、游历观感、人物友情、生活游艺诸项，则俟诸来日，专文记之。

本人所访的院校是美国纽约州立大学布法罗学院（State University of New York College at Buffalo），具体所在的院系是该校哲学人文系。导师为该系资深教授乔治·T. 霍尔。

布法罗学院系纽约州立大学系统内的六十四所高等院校之一，建于 1871 年，是布法罗市建立最早的公立高等教育实体。目前在校学生有一万余名，其中中国留学生估计有五十来名。亚洲、拉美、非洲及东欧留学生也不少，西欧留学生则少见。

在名校指不胜屈的美国，此校无籍籍之名，远算不上名校。校园外观平平，普通红砖建筑居多，只主建筑 Rockwell Hall 比较宏伟可观。不过其建筑的内部设施比国内大多数大学条件要优越，如各教室都铺有地毯，干净整洁。

此外，在国内高校，如果你不当个副书记、副主任什么的，一般教师很少能享有自己的专用办公室。在布法罗学院，全职教师皆有单独专用办公室，且办公室大小不因资历浅深而有明显悬殊。我来访学，居然也享受到办公室之便，与另一位来访者共用主教礼堂（Bishop Hall）203室，里面电脑、打印机等办公设备齐全。作为不名一职的普通教师，在国内我是不可能与此有缘的。

其师资水平，尤其是其教学和研究条件及软环境，与国内许多名校相较，也只能是有过之而无不及。就拿我所在的哲学人文系的八位全职教师而言，其中有教授四名，副教授两名，助理教授两名。八名成员均获有哲学博士，学业专精。其中一位除哲学博士学位外，还获得一数学博士学位。我们知道，美国的博士，总体而言，是含金量比较大、杂质比较少的。系里只设一秘书，再无其他专职行政人员。

由于兵精政简，教师能专注自己的教学研究工作。清清静静，无多与教学科研无关的会议、集体活动、繁杂的表格填写等事务分心。其他系的情形，想也与此相差不多。

整个校园，也相当安静，宜人宜学。其图书馆尤其令我兴奋不已。书库自早上七点到夜里十一点敞开，入不验证，可信步其中浏览，可静坐舒适的沙发椅上专心攻读，也可几乎是无数量限制地借出。自习室则更令我少见多怪：通宵达旦，一天24小时开放！

在这个图书馆里，多年来许多只闻其名未得一览原貌的西方世界名篇力作、大典巨制，如《牛津古典丛书》、汤因比（Arnold Joseph Toynbee）的《历史研究》、杜兰特（Will Durant）的《世界文明史》、白璧德（Irving Babbitt）的《卢梭与浪漫主义》等著作、纽曼（John Henry Newman）的《大学的理念》、史怀哲（Albert Schweitzer）的《文明的哲学》等等，皆得一睹为快，一翻为幸。读者所需而本馆所无的书，用任何一部电脑，通过方便的电脑索引系统一索而得后，将该书简单信息通过网络在馆际互借系统上登记提交，三五天后就能接到图书馆通知你去取书的电子邮件。我通过馆际互借系统借书二十余册，其中不乏冷门古旧者，除了一套两册《插图版儒教百科全书》（*Illustrated Encyclopedia of Confucianism*）因是工具书概不外借之外，其余无一不如愿以偿。更令我兴奋的是，此项服务不仅分文不取，而且取书、还书时，都能从馆员的面容上额外领略到一声面带微笑的“谢谢”！

在布法罗学院访学半年，旁听了不少课程。我们这批访问学者去后，为提高我们的英语听说能力，专门为我们安排有英语课。每周要上课四次，每次课一个半小时。但是由于授课教师都是临时招来的义务教师，而且讲的内容十分浅显，我在此类课上收获的与其说是语言水平，不如说是与教师的友谊，此处暂不多谈。下面只谈在该校日常教学课堂上听课的情况。

来到布法罗学院时，正赶上秋冬学期的开始，我主要选听了三门哲学系的课。

第一门课是我的导师霍尔教授的。他此学期只开一门课：“爱与性的哲学”（philosophy of love and sex）。虽然此课内容非我平时关注的重点，但是导师的课，总觉得该听，所以就旁听了。除第一堂课因为我抵美比较晚未能赶上外，后面的课听到学期结束，一次没缺。第二门是哲学系副教授约翰·德莱格（John Draeger）的“伦理学史”（history of ethics）。第三门是助理教授杰森·格林奈儿（Jason Grinnell）的“希腊哲学”（Greek philosophy）。后两门课，由于后来太忙，内容自己也比较熟悉，没有听到学期结束，大概听了总课时的2/3。

霍尔教授的课，主要是阅读、讨论、分析《爱的哲学》［The Philosophy of（Erotic）Love］这本教材中所选的西方历史上关于性与爱的经典名著，如柏拉图的《会饮篇》、奥维德（Ovidius Publius Naso）的《爱的艺术》、奥古斯丁（Aurelius Augustinus）的《上帝之城》片段、赫罗伊斯（Heloise）与阿贝拉德（Abelard）的《通信集》（*Letters*）以及安德里斯·凯普拉那斯（Andreas Capellanus）的《论爱》（*On Love*）等等。此外，为此课程，霍尔教授还要求学生读当代英国著名作家阿兰·德·波顿（Alain de Botton）的哲理爱情小说《论爱情》，并在课堂上分析两性方面的根本问题。

通过课堂听讲、讨论及课下阅读，首先开了眼界，了解到西方历史上有这么丰富多彩的关于爱与性的哲学名篇，并知道了西方爱情思想史上有柏拉图之爱（Platonic love）、基督教的“大爱”（Agape love）、中世纪的“骑士之爱”（courtly love）以及近代以来的浪漫之爱（romantic love）等几个大的历史阶段及各自特点，感觉收获甚多。其次，了解到美国大学生面对性爱问题时，态度非常坦然自若。讨论其敏感问题，毫不回避，可以看出他们在性爱方面，都有很多经验，并能用冷静的理性进行分析。男生如此，女生亦复如此。这一点也加深了本人对美国青年人性爱观的了解。最后，通过此课，也提高了自己英语听说和阅读较艰深英语文献的能力。本人阅读了教材中的许多选目，也通读了波顿的《论爱情》一书，参与了一些课堂讨论，英语水平不觉中有所提高。

据霍尔教授的教学大纲言，此课的目的是教导学生如何成为“智慧的爱人”（wise lover）。上完此课后，我对究竟什么是霍尔教授心目中的“智慧的爱人”、其严密的论证过程，没有完全弄清楚。或许是因为他授课中没有能完全廓清此问题，更可能是因为我没有学到家。以后我拟对有关文献和带回来的课堂所用资料作进一步研究，并通过通讯手段继续向霍尔教授请教，弄清一些疑问。

德莱格教授的“伦理学史”课主要阅读、讨论代表西方伦理学中德性伦理、义务伦理和结果伦理这三大谱系的三部代表作：亚里士多德的《尼珂马可伦理学》、康德的《道德形而上学基础》和密尔（John Stuart Mill）的《功利主义》。我主要听了讲授《尼珂马可伦理学》的这部分课时。课堂所用的是此书最新英译本，晓畅易读。我读了此书部分章节，通过听讲、讨论，对亚氏伦理学的了解有所加深，进一步明白在亚氏那里，道德与政治之间是一体两面的关系，不可分割。不过此书是部大著，限于时间我没能通读，中间的委曲细节未能深究，只能俟诸来日了。

讨论康德之书的课时，由于此书的英文、汉文译本我皆比较仔细看过，课堂讲授也不是太深入，所以我只听了数节。至于密尔的伦理学说，因为比较容易理解，这部分课时没有去听。

德莱格教授授课风格非常活泼，激情洋溢，表演性动作颇多，但似乎没有沉潜下来，玩味义理。经常在教室中急速走来走去。讲课语速如倒瓶泻水，也难免有吐词含糊不清的问题。很多地方没能听懂，所以听课收获也受到限制。

格林奈儿教授的“希腊哲学”课，不疾不徐，有板有眼，我比较能适应。我随着课堂温习了一些古希腊哲学家的哲学观点，感觉津津有味。其中最重要的一个收获是弄明白了柏拉图洞穴之喻（allegory of the cave）的细节。二十多年前我读柏氏《理想国》的汉译本时，对洞中人、火、墙、影的具体方位及其相互作用的机制，不能形成清晰而生动的画面。课堂上经过格林奈儿教授的图示，洞中情形顿时朗然浮现面前，曷快如之！

格林奈尔教授通希腊文，对希腊文化了如指掌，道之如数家珍。每遇关键哲学术语，辄举希腊原文穷其本意。听其授课，

颇增见识。课后也经常与其交谈，在图书选购等方面对我帮助甚多。

秋冬学期里，除了以上三门课外，哲学人文系其他教授的课，也分别听过几次。

凯穆伯丽·布莱辛（Kimberly Blessing）是哲学人文系女教授，并兼任系主任。她的"哲学导论"课是有一百来个学生的大课，济济一堂。左手板书，洗练流利，富韵律感。她选用的教材是当代美国哲学家海瑞·G. 法兰克福（Harry Gordon Frankfurt）的名作《论扯淡》（*On Bullshit*）、柏拉图的《申辩篇》及笛卡尔的《方法谈》。布莱辛教授如此选材应该说是独具匠心的，三书皆是启迪"洞中之人"脱落世俗经验知识之囿、优入哲学思考之高明广大之境的利器。

后两书是古今名著，不需多言。《论扯淡》是普林斯顿大学荣休教授法兰克福（1929～）所撰长文。耳闻此著，可为我在凯穆伯丽的课堂的一个收获。在《论扯淡》这一长文中，法兰克福厘定了"扯淡"这一概念，并对其种种表现予以分疏。他指出"扯淡"不同于"撒谎"：撒谎者还追求真理，以便掩盖真理，方便造假，而扯淡者则根本不过问真理，只管哗众取宠，以逞己意。因此，与撒谎相比，扯淡是真理之更大的敌人。孔子说"古之学者为己，今之学者为人"，当今扯淡为人之学盈天下，法兰克福教授此文，无疑是一剂针砭"后现代之弊"之良药。

助理教授朱利安·科尔（Julian Cole）来自苏格兰，获得数学和哲学两个哲学博士学位，湛深数理。来布法罗学院两年多，研究数学哲学，教授现代逻辑。现代逻辑，是我"虽不能至而心向往之"的学问。十多年前，曾下决心自学现代逻辑。购得蒯因的"Method of Logic"一书的影印本，依其章节，仔细理会其文理，逐一演习其作业。进展颇为顺利，不料某日忽然头昏眼花，如置身云雾之中，缥缈不能自持，服用“上清丸”近半个月始退。自此不敢再碰现代逻辑，而蒯因之书，理会尚不足半部。虽然如此，对逻辑之学还未全然释怀，因此结识科尔教授后，亦多次到其办公室闲谈，以广见闻，并到他课堂参观过一次。然而，当科尔教授向我推介并出借“Modern Logic：A Text in Elementary Symbolic Logic”一书时，我自知无力穷究，婉言谢绝了。

哲学系资深教授杰罗德·诺西克（Jerald M. Nosich）研究科学方法论，教授“思维训练”课。在系里研讨会上听过他的发言议论，私下也与之闲谈过几次。兴趣广泛，思维敏捷，一触即发。可惜，未来得及去听他的课。他所著“*Learning to Think Things Through*”是部难得的学术思维训练教材，多年前已被译成中文，此次我购得其2009年新出的第三版，并请其签名，以志雅谊。

哲学人文系还有两位专事宗教研究的老教授：佛格森（Marianne C. Ferguson）和波戴特（Allen H. Podet），都已70开外。佛格森女士研究基督教哲学和基督教史，未遇上她的开课期，她也不常露面，故未能闻其议论，只与之略有交谈。其为人低调沉静，温雅有礼，一望即知其为涵养有素的人。曾不止一次听到他人私下对她的赞扬。此次访学未能向她请益，无疑是件憾事。

波戴特教授是位犹太人，专精希伯来语和犹太教。私下曾向我透露，他信犹太教，并在一犹太教堂兼任拉比。一日冒昧造访其办公室，相谈甚欢，于是带我至其“世界宗教”课堂上听。这也是一大课堂，原打算坐下感受一下而已，不意开讲之前波戴特嘱我对班上同学讲话。大概觉得我发言尚可，当即在班上宣布，下周要我在课堂上介绍一次儒教。于是就借此机会就儒教何以可成一教、其教理、教义、教典及戒律若何诸问题向美国学生作一解说。讲完后又回答几个学生提问，气氛融融。课后波戴特教授谬称我讲得好，说学生反应亦不错，并要我把课件与之，言有学生欲观之。因我所讲无非儒教常识，谈不上知识产权，且不失传播国学之一助，遂欣然与之。情款之际，波戴特教授取出架上早年所购老版詹姆士本《新旧约》，以希伯来语署其名，慨然相赠。此本我留意二十余年而未得，今得之顷刻之间，喜出望外。

其间，波戴特教授还邀我去其另一“圣经研究”课堂与学生做一次座谈。大家在教室里围成一圈，侃侃而谈。我问学生们：“你们是否因为信教而上此课？信教的同学有多少？”有几位学生答言：“我们大多只是想增加些关于宗教的知识，真正信奉的不多。”转问波戴特教授：“您在授课过程中，是否有诱导学生走向信仰的倾向？”波戴特教授笑答：“得请同学们回答此问题。”有学生言：“并无此倾向。”然后波戴特教授表示：根据法律，公立学校的课堂上授课，是不能带宗教倾向的。在美国，我也明显感到，真正信教的不是很多，我寓所周边有好几个教堂，大多门庭冷落。有几座辉煌壮丽的大教堂，已经关闭，改作学校、场馆等他用了。在纽约市参观时，也造访过圣派克等几个大教堂，也甚清冷。由此想到国内各地许多寺庙，尤其文庙、书院，其高大门墙内，多一片阒然，或挪为世俗之用。中国的传统正在消失，耳闻目睹西方的这种情景，其传统亦何尝不在凌替式微之中！念之不禁扼腕。

不过即便如此，基督教仍不失为美利坚之隐形国教。其不同面值的硬币上都有“IN GOD WE TRUST”一语，还有我们都知道的总统就职都要手抚《新旧约全书》起誓一事。此外，据说美国开国以来历任总统，没有不信基督教的。由此可见其中消息。

我曾就此问题与专研政治法律哲学的约翰·德莱格教授交换过意见。他说："的确如此。"并补充说："即便美国领导人不是基督教徒，也不敢堂而皇之公开向国人宣布之。"与波戴德教授闲谈时，我又征求他的看法，他说："我的看法还要比约翰的积极些。美国总统的确都是信教者，只有一个杰斐逊，或可存疑。"我说："《独立宣言》中有含有基督教观念，而且文中也有'God'、'Creator'之说，实际上将其视为信教者比视其为无神论者会更稳妥。"闻此言，波戴特教授颔首然之。

与波戴特教授的这番交流，发生在随他夫妇去 Jamestown 的车中。Jamestown 是座老镇，在布法罗市南方，相距约两小时的车程。镇上有一犹太教堂，波戴特教授就在此教堂任拉比。

在其课堂交流后，他邀我去此犹太教堂参观礼拜仪式，并与犹太朋友交流儒教问题。11 月 21 日是个礼拜六，此晚将举行礼拜活动。此日下午我随波戴特夫妇来到 Jamestown，将我安排于 Clarion Hotel 下榻。

当晚的礼拜活动只有十数人参加，整个礼拜仪式颇为复杂，有拉比讲解、诵经、齐唱、对唱、举幡绕室等节目。在教堂我首次看到写在羊皮纸卷上的希伯来文 Torah，并听犹太教徒用希伯来语唱赞美诗。发现希伯来语和阿拉伯语接近，皆自右至左行文。次日居住在一个名 Bemus House 的村庄上的犹太人家里住一晚上，夜间向汇聚在这里的十来位犹太朋友介绍儒教的情况。在 Jamestown 与犹太朋友盘桓两日后，回到布法罗。此行耳闻目睹甚多，眼界为之一开。

此次访学，我的任务主要是听课学习，有关方面并未为我安排讲课、讲座任务。但是我也随缘讲了几次。上述在波戴特教授的课堂上讲儒教是一次，此外还应邀在刑事司法系（Department of Criminal Justice）为其研究生讲一次“中国政治法律文化”。

此系教授宋惠龙先生是台湾同胞，在其授课内容中有中国政治法律制度方面的内容。当得知我曾修习过法学后，便邀我去讲两节课。于是我临时草就上述题目的讲稿，如约讲之。不意那天授课时，宋教授说他临时患感冒，不能相陪，把我带到教室向学生们介绍几句，就回去睡觉。我连讲两节，收放颇感自如，进展顺利。学生听之，神情也颇贯注，秩序井然。因感外文授外课，并非十分难事。

哲学人文系有一个常规性学术活动项目：邀请本系教授或优秀学生介绍自己研究成果和心得，此活动他们称之为“Colloquium”。每学期举办三四次，并对外系师生开放。我应系主任凯穆伯丽之邀，也任了一次主讲。精力时间所限，不及撰写论文，于是就把当年四月初在瑞典参加学术会议时提交过的“The Rise of Political Confucianism in Contemporary China”一文拿出来，加以修改调整，与美国同行交流了一次。自觉发言可称条达舒畅，后面的质疑问难，亦颇热烈。交流之乐，自不待言。

访学期间，赶上该校的第十届全校教职工学术及创造性成果秋季会展（The 10th Annual Faculty/Staff Research and Creativity Fall Forum，October 29，2009）。众多参展的教师将其学术成果制成简报，托以支架，摆放在体育馆大堂中，与前来观展的师生交流讨论，这是全校师生的一次盛会。开幕式上校长讲话，表彰教师等活动也一并举行。熙来攘往，气氛热烈，如展销会一般。但据“精通时事”的人说，其形式意义可能大于其实际意义。访问学者也被要求参与，因此我也将上文加以“提玄勾要”式的剪裁弥缝，并配以图片，制成颇为美观的彩色简报，打印出来参与了展览。无论如何，此举亦不失为访学期间所参与过的学术活动之一，故一并记之。

上述活动皆秋冬学期所为。12 月 17 日至 1 月 25 日是寒假，我乘此机会先后去圣彼得堡、奥兰多、纽约、费城和华盛顿等地参观游历一次。1 月 25 日周一春夏学期开始上课后，继续旁听课程。

2010 年 2 月底访学期限终结，深感时不我待，于是想努力多听课。新学期所听，除一门是古典和现代语言系所开外，其余皆英语系的课。哲学系诸教授，其课大多已感受过，无暇再顾。之所以决定听英语系课，一是感觉英语系教师的英语表达应该更规范，对提高英语听力会大有帮助，二是本人对英语文学比较有兴趣，在国内且开有“英文诗选”选修课，听之对提高教学水平将大有裨益。

布法罗以冬天多大雪著称。为听课及在图书馆觅书，经常是早上踏着昨夜降下的厚厚的积雪出门，晚上默诵着“风雪夜归人”的诗句，顶着凛冽的寒风而归。路上展望四周，大地纯白，苍茫无际。此情此景，令人心生浩气。不无辛苦，更有甘甜。不知与孔子所谓“不知老之将至云尔”者是否相仿佛也。

开学第一周，一鼓作气听了八门课，第二周后又增加一门，共九门：

Lisa Berglund：The History of the Printed Book

Michael Johnson：Beginning Latin

Jennifer D. Ryan：Introduction to Poetry

Angela B. Fulk：Biblical and Classical Literature

Laurence J. Shine：British Literature

Gregg A. Biglieri：Introduction to Poetry

Johanna M. Fisher：Introduction to Poetry

Ann C. Colley: British Literature

Mark K. Fulk: Introduction to Poetry

当然，九门课不可能全部坚持下来，有些课只听一次，有些听二三次。综合多种因素考虑后，最后选定安·C. 科雷（Ann C. Colley）的英国文学和杰尼福·D. 里安（Jennifer D. Ryan）的诗歌导论两门，直到因迫近回国不得已辍听而止。

杰尼福是位年轻女助理教授，其诗歌导论课，讲授诗体、格律，辅以诗选。从古到今，有条不紊。每次上课总是用疾速的脚步走入教室。立定之后，手拿名册，扫一眼课堂，一一点名。略有矜持而认真的表情中，透露几分优美和高雅。出语吐词，捷利清越，赏心悦耳。语速快而音节历历可辨，滔滔不绝，而不拖泥带水、冗沓芜杂。板书勤而敏，富而工，几乎是语未出口而词已显于前。片刻之间，授课要点就遍满黑板了。然后一擦而空，再一回合。如奏乐然，一章既除，新章再起。忽已回神，已是下课时间。以前国内自学英文诗，难免有节奏把握不准，抑扬轻重失当，诵读味道不深不纯诸弊。通过杰尼福的课堂，温习了格律，体验了英语诗歌在英语世界的本来面目，受到了一些熏陶，澄清了一些疑问，甚感欣慰。印象比较深的如莎士比亚的第十八首十四行诗的第二句“Thou art more lovely and more temperate.”以前我根据格律要求，推测“temperate”一词的最后一音节应有重读，而未敢自信。因为曾听商店买回的录音，此一音节并无以重读处理之，与日常念法无别。以前的揣测现在经英语本土文学博士出身的杰尼福认可，可得释然矣！

如前所列，加上杰尼福，这学期英语系共有四个教师授诗歌导论课，皆去旁听过至少一次。内容浅深、授课计划互不相同。不拘一格，各领风骚。

与里安相比，科雷教授的课，则是另一番风景。早年成长于英伦的她，仍操一口纯正的不列颠英语。打有音乐绘画基础，后从事文学，获名校芝加哥大学英语系博士学位，无疑是位才女。总是笑容可掬，温文尔雅。课前点名，学生应答声落，往往要再用亲切的声调轻呼学生之名而道谢之："Thank you，Jenny!"，"Laura，Thank you!"，等等。授课风格非常斯文，出语元音饱满，辅音清晰，慢条斯理，一丝不苟，而遣词文雅，含蓄有致，富古典韵味。不时辅以有节制的表演动作，而要强调某个问题时总是举起小臂，攥紧拳头，微笑着向在座学生轻轻挥动几下。这已成为她上课时的经典性手势。她的课堂上总是春风一片，其乐融融。

科雷教授不仅授课可听，而且著述甚丰。在维多利亚时代文学研究领域中颇负盛名。荣获有"杰出教授（Distinguished Professor"这一在纽约州立大学系统内教授们有望取得的最高荣誉称号。科雷教授无疑是英语系的王牌之一。

科雷教授的课，每周两次，一次 75 分钟。听了近一个月，受益匪浅。玛莉·渥斯顿克雷福特（Mary Wollstonecraft）、威廉·布莱克（William Blake）、华兹华斯（Wordsworth）、埃德蒙·柏克（Edmund Burke）和威廉·吉尔平（William Gilpin）等人物的逸闻趣事、作品风格、美学思想，娓娓道来，如享盛宴。其朗诵布莱克《天真之歌》和《经验之歌》中的 Holy Thursday、Chimney Sweeper 等同名对子诗，声调饱蘸情感，其抑扬顿挫之致，一会儿把你引进天真烂漫的童话王国，一会儿把你置入严酷悲惨的人间世界，而作者看破红尘的心境和悲天悯人的情怀，不觉袭上听者的胸怀。

早年读这些诗，不觉有甚意趣。现在忽然感觉其中似有无尽的意蕴。其中有苍凉，有悲情，有怅惘，似乎也有超脱，实在难以言表。“此中有真意，欲辨已忘言。”我在科雷教授的课堂听布莱克的诗，亦生此感。

我来听课，是凯穆伯丽介绍的，可能因此之故，科雷教授不仅对我表示欢迎，而且课堂上时常向我问话，似乎怕我冷场，以示关照。讲到布莱克的《天真之歌》时，联系到儿歌，转身笑眯眯地问我：“你们中国肯定也有儿歌吧?”答曰：“有!”“请背一首来给大家听听好么?”，我愣了一下，脑中搜出骆宾王的《咏鹅》诵之。接着，又用英语解释了下大意，算是应付了差事。

有时可能是为使课堂气氛轻松一下，问的问题颇显节外生枝。一天不记得因何事提到英国人吃鳝鱼，忽然问：“你们中国人是否也吃?”我答曰：“鳝鱼在中国是道好菜，餐馆中相当昂贵呢!”接下来我又补充一句：“不过我不爱吃，因此减少不少花费。”话音一落，课堂上升起一片笑声。

科雷教授讲解崇高（sublime）、美丽（beauty）、如画（picturesque）三个美学观念时，条分缕析，深入浅出。并出示绘画作品例示之，使你不得不生豁然开朗之感。这也是印象比较深的一幕。她先将三词写在黑板上，然后转身问大家能否讲出三者的所以然来。因为我以前读过柏克的《对崇高与美两个观念的来源的哲学探讨》，而且我事先已知道这天的授课内容之一是柏克的美学，因此，当我看到其他学生没有作答的意思时，就主动拿出柏克的观点来讲了什么是崇高，什么是美，回答相当精确。见此情景，科雷教授当然猜得出我事先已看过答案，笑着说：“别的同学没看过柏克的书，你看过了答案，因此你的回答不能算数!”结果又是一番笑声。的确，如果不是事先看过，我是答不上来的。“如画”之说，因为我没有看过 Gilpin 的论述，答不出来，就是证据。科雷教授说，“如画”的要素是“形式的粗糙性”（roughness）、“崎岖性”（ruggedness）和“废墟状”（ruins）等，是由18世纪英国艺术家威廉·吉尔平（William Gilpin）首先揭橥出来的。讲解的同时，她指点着一幅“如画”的画指给大家看。如此一来，就把“picturesque”印在听者的心底了。

科雷教授的课是我访学期间所旁听课程中遇到听力障碍最少的，加之授课内容也甚平易，所以听起来轻松自如，十分愉快。

寒假时我在纽约市中心闻名世界的摩根图书-博物馆（Morgan Library& Museum）观览到大量西方稀世珍藏，琳琅满目，精美绝伦，大开眼界，因此激起了我对西方书籍传统更为浓厚的兴趣。开学后，见英语系课程表上有伯格兰德（Lisa Berglund）教授开的“The History of the Printed Book”一课，就决定旁听，以期一睹西方版本学的究竟。

由于中国是印刷术的故乡，源远流长，以前无意中产生了这样一个模糊的印象：西方版本学不会怎么发达，如书法艺术盛于中土而不显于西域一样。听了此课之后，才知道原来书籍版本之学在西方也甚发达，名著甚多，如伯格兰德教授推荐的“ABC for Book Collectors”就是其中之一。

此课安排有很多“田野考察”活动，如到本校的E·H. Butler图书馆看“特藏”，到兄弟院校State University at Buffalo图书馆看善本，到西部纽约书籍艺术中心（Western New York Book Arts Center）看传统印刷技术和书籍装帧艺术等。

我只随班上学生去Butler图书馆看过两次“特藏”。第一次伯格兰德拿着各种样书给我们讲解古书的各种形制、版本学上的专业术语。第二次她让每位取一部18世纪之前的古书，观察记录其书脊颜色、封皮材质、开本、装订、字体、出版年代、

行文特点、有否批阅墨迹等等细节，为下次课堂讨论做准备。

我拿到的是一部题名“Looker-On”的古书，作者系西蒙·奥利夫-布兰奇（Simon Olive-Branch），小开本，416页，牛皮封面，书脊用咖啡色布料包装，书中有笔墨污迹，其第335页上尚有一幅显然是读者漫不经心画下的肖像。1796年出版于费城。这是我至今曾直接翻阅过的最古老的西方文献了。

伯格兰德女士是位中年副教授，获弗吉尼亚大学哲学博士，通古英语，精塞缪尔·约翰逊（Samuel Johnson）、詹姆斯·包斯威礼（James Boswell）等18世纪作家研究，任北美字典学会执行书记，在学术界似甚活跃。右腿有残疾，手拄拐杖上课堂，给人以敬业精进的印象。授课语速快捷而流畅，口气坚定而权威，不无几分傲慢的神情。但我作为不速之客来旁听，她并无排拒的意思。第一次课的课间与其交谈时她表示：较远的田野活动，如果能安排得下，我也有机会参加。最后补充一句说：“一般是没什么问题的。”

不过她的课我上了大概三次就放弃了。主要是因为课堂所授技术性、专业性太强，无时间精力投入，也就没有参加后面的田野考察。

多日后，我只身到西部纽约书籍艺术中心参观，盘桓两个小时。与其工作人员交谈时，我提到伯格兰德教授。一位满手油墨、正在一老式印刷机旁操作的中年男子说：“她经常到这里来，很熟悉的！”我来参观，可说是补了伯格兰德教授的一次“田野考察”课。

告别她的课堂时，我把国内带来的影印宋代福建刊本《陶靖节诗》拿出，题上几行英语，简单介绍一下陶诗及其版本价值，赠送给她。可谓投其所好吧！

一直想学点希腊、拉丁语，苦无机会，国内教材也很难觅得。借此访学之机，猎获了几本教材。春秋学期里，留意到古典和现代语言系开有拉丁语课，便决定去听。心想，即便入不了门，感受一下，也差可为慰。

开课的迈克尔·约翰逊（Michael Johnson）教授是位大概五十开外的古典学者，为人宽裕从容，坦易和乐。第一次课，只见他口未开言，先捧起手中的《剑桥拉丁语教程》（*Cambridge Latin Course*）亲吻了一下，引得学生不禁莞尔而笑。由此可见其对古典一往情深。

课上我第一次感知了拉丁语的朗读效果：雄浑沉挚，刚而不厉，雅有高致。据说希腊、拉丁这样的“死”语言，无声音资料可以质证，故无统一读法。英国人按英语的语音读之，法国人按法语语音读之，相互不能晓喻。我以此问题问约翰逊（Johnson）教授。他表示，还是有一定章法的，大抵与意大利语声音效果接近。

讲课时，约翰逊教授的英语也与其他老师的大不相同：发音如从喉咙的纵深之处发出，胸腔共鸣显著，带着几分长者派头。元音拖得长长的，如意大利歌剧之说白，吟咏自得。乍听会怀疑他可能是在拿捏作态，再听下去会发觉他对自己的声腔已习以为常，浑然不自觉其别致。大概是深受其拉丁语影响所致吧。

我对约翰逊教授拉丁化了的英语腔，听之颇感浃洽。闲处之际，有时不觉要模仿几句。室友闻之，为之忍俊不禁！

本学期的拉丁语课是接着上学期上的。上学期既没有顾及此，现在半道插入，毫无基础的我根本跟不上。而且此事既非当务之急，亦非一朝一夕之功。所以只听了两次而罢。尝鼎一脔，略知滋味而已。

访学半年，听了哲学系、英语系、古典和现代语言系的课，而没有顾上听政治学系的。春夏学期开学初，已了解到此系有一教授开保守主义课。打算听之，而未来得及，回来后颇引以为憾。

听课固然有收获，但是不易深入。相当程度上是了解其大概，扩大些见闻，感受些气氛。真正深入，还是研读。故访学期间，感觉最为受用的还是与霍尔教授一起读书这一活动。

霍尔教授年已七十有奇，荣有纽约州立大学系统内“杰出教学教授”（Distinguished Teaching Professor）称号。在布法罗学院工作也已四十余年。长期在哲学系任系主任，2009 年卸任后，又担任起美术系和设计系的系主任。同时集两系的系主任之职于一身，且仍在哲学系当教授并任课，实不多见。学问上他还是位多面手：希腊哲学、存在主义、禅学、太极、心理学、诗歌以至数学皆其用力方向。在罗彻斯特大学求学时代，还是位运动健将，足球场、田径场上，皆留有其显赫战绩。现在虽年逾古稀，但体态之轻捷，步履之矫健，活力之饱满，非一般年轻人可及。而且心态也甚年轻，对新鲜事物充满好奇之心，在他身上感觉不到有一丝暮气。常见他手拿文件夹，昂首挺胸，大步流星现身在校园的路上，风神俊朗、风姿潇洒。其人如此，难怪现任哲学系主任凯穆伯丽称“He is unusual”！作为我的导师，他的形象颇能在我心中激起几分奋发之情。

上他的“爱与性的哲学”课有些时日后，闲谈中他建议一起读点《庄子》、《坛经》或《会饮篇》及《理想国》等中西名著，以收互相切磋交流之益。可他一直没有能抽出时间来。放寒假后，始得坐下来开始读书。

由于柏拉图的《会饮篇》我闻其引人入胜已久，在课堂上只读了一些选段，未睹全豹，很想将其读全。加之此书也正是霍尔教授的长项之一，可向他请教。于是我建议从此书着手。

1月4日下午第一次读了两个半小时，十分愉快，我俩一致表示得继续下去。但总有其他事情耽搁，不能按部就班进行。一次会读下来，临时约下一次。断断续续，直到2月18日，才将全书理会完毕。屈指算了一下，相约共读凡九次。每次少则一小时，多则三小时。前后历时整一个半月。地点是其在美术系的办公室，Upton Hall 502号。

阅读《会饮篇》，我用的是来美后购得的单行本，乃亚历山大·尼哈马斯（Alexander Nehamas）与保罗·伍德拉夫（Paul Woodruff）的新译。霍尔教授手拿的是1997年出版的、约翰·M. 库珀（John M. Cooper）主编的《柏拉图全集》。对照一下发现，《全集》所收此书，正与我手中的单行本相同，不存在共读的技术障碍了。

我是抱着学习的态度来的，所以整个过程始终由我来朗读。由于放寒假后我为共读作了准备，先已泛读一遍，加上译本本身比较流畅，所以我朗读起来也显得不怎么生涩。以至一天一大段读下来后，霍尔教授不禁称："Your English is excellent!"

读的过程中，每遇有我不懂的地方，就停下问霍尔教授，进行切磋。他有什么要指点的，也示意我停下来讨论一番。办公室的墙上装有黑板，他不时站起来在黑板上写几笔，如授课然。

讨论比较多的是此书中的观念与中国哲学的可比性、相关性。如在Eryximachus用音乐来解说"和谐"时，其意与《中庸》"发而皆中节之谓和"可相提并论。阿里斯托芬（Aristophanes）将爱定义为"the name for the pursuit of wholeness, for our desire to be complete"，可与明道"仁者以天地万物为一体"之说互相启发。而其三性之说、同性恋者优于异性恋之暗示，则与《周易》"一阴一阳之谓道"之说大相龃龉。此外我感觉

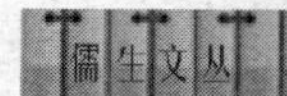

狄欧蒂玛（Diotima）对“纯美”的言说”与庄子的“无待”之说颇有几分相通。其“人的身体和心灵都怀孕着某种东西”，产之以期不朽之说，对《左传》“三不朽”之论，也可提供另一种解释参考。其对从个体的爱发展到“忽然之间”看到“great sea of Beauty”的描述，与朱子今日格一物，明日格一物，直至“众物之表里精粗无不到，而吾心之全体大用无不明”之论，似曾相识。

《会饮篇》被认为是柏拉图对话录中最具艺术性、文学性的一部。得与霍尔教授奇文共赏之，疑义相析之，曷胜快慰！遗憾的是为时已不及共赏其他中西名著了。

2月22日下午，凯穆伯丽召集哲学系同仁到校园酒屋（Campus House）为我举行话别酒会，还邀来了英语系的科雷教授、人文艺术学院院长、音乐家本杰明·克里斯蒂（Benjamin Christy）。这一荣幸远非我所预期到的。克里斯蒂教授的课我虽然未听过，但是向他请益过音乐。曾在他办公室里，他吹单簧管，我吹几曲紫竹箫，相与共乐。因此，酒会上皆是良朋。我奉上带来的北京“牛栏山”佳酿，边品边谈，洋溢着愉快的气氛。

“布法罗（Buffalo）”一词英文中是“水牛”之意，故布法罗市亦名“水牛城”。话别会上，凯穆伯丽以布法罗学院哲学系的名义送以一嵌有水牛图案的镜框相赠，出自该市一工艺名家之手。镜框之背面，题满了与会朋友的赠言。我则撰一幅联语呈上。其书法乃请同在该校访学的书画家孙涤所书者。联语曰：

非常解义公羊传
微中谈言会饮篇

我在此宣讲政治儒学，其渊源出自《春秋公羊传》。公羊家解释《春秋》经义，多“非常异议可怪”之论，故出此上联，以示赴美所传。柏拉图《会饮篇》中，诸人之纵论，出语高华，深致入微。运哲思于雅谑，咏性情以妙言，雅有六朝“谈言微中，名士风流”之神韵。因对此下联，以昭来访所学。

酒会兴尽而罢。

北京同来访学者共六人，按日程2月28日启程回国。26日，离美前两天，与访学有关的诸校方人士为我们举行欢送会，会上我代表诸位来访者致辞感谢，至此我为期半年之访学活动亦落下帷幕矣！

(2010年4月撰，部分内容曾连载于《首都经济贸易大学学报》)

06 书情书缘报国寺

一、古寺书香

朴板数条陈素编，寒炉一鼎袅轻烟。

衡门既掩纷华去，点读经书味愈鲜。

这是我在北京南线阁街居住时，狭小书室墙壁上悬挂的一首小诗，乃本人当时读书生活之自画像。那时的书室是名副其实的“寒舍”，环堵萧然，斑驳零乱，绝无长物。室中最显眼的陈设是依墙层叠架起的四五条木板及上面放置的书籍。书籍很多，把木板压弯了腰，看上去摇摇欲坠，令人“不堪其忧”。不过，同时也有某种沉甸甸的满足感！

木板上的书册，整体看上去很显陈旧，也许以“破敝”称之会更恰当些。其中有相当一部分是从报国寺旧书摊上淘来的。

京中流动书摊区，以潘家园和报国寺为最大。前者距寒舍甚远，难得一顾。报国寺则近在咫尺。近水楼台，淘书极便。稍有闲暇，便跨上自行车冲进去，闲适地翻览一阵、尽情地采获一番。每逢节假日，更是不去不快。每次进入大门，一瞥见地上那一摊摊乱蓬蓬的“故纸堆”，就不禁心花怒放起来，心想：一定有宝贝在其中吧！失望的时候不是没有，但多数情况下，都能有可喜的收获。有时甚至大喜过望：提之抱之，袺之襭之，激动而归！回蛙居寒舍，口沫手胝，废寝忘食，自然不在话下。

报国寺位于京城宣武门内大街北侧。初创于辽，明清递有修葺。明代名慈仁寺，清乾隆间重修后改名“大报国慈仁寺”。明末清初大儒顾宁人在京时曾居此寺，故清季何绍基、张穆等在寺西院修建有顾处士祠。寺中建筑至今保存完好，檐牙高啄，庭宇俨然。院中古槐掩映，古碑挺拔，气氛幽静而肃穆。1997年，这里被辟为文化市场，有收藏展厅，有拍卖会，有古旧货物摊位和旧书摊点。对我吸引力最大的自然是旧书摊。前来摆摊的都是灵活机动的个体经营户。无酷暑祁寒之苦，又天气晴好，就骑上三轮车进来，找片空地铺上塑料袋，把书放上去卖。刮风下雨，或不想久蹲了，就卷而收之。来去自由，悠闲而随便。前来看旧货、淘旧书或凑热闹的人很多。尤其节假日，熙熙攘攘，摩肩接踵，无集市之嘈杂，而有庙会之热闹！

据历史学家商鸿逵先生《北平旧书肆》一文所言，有清一代，报国寺是京中最兴旺的书肆区之一。当时有所谓“一厂两寺”之说。“厂”当然是赫赫有名的琉璃厂；“两寺”一个是指隆福寺，另一个就是报国寺了。隆福寺书肆现在也几乎绝迹了，但五六十年代时，犹十分红火。我有一位忘年交，是北师大国文系四九年前的毕业生，耽嗜旧书。他就经常向我谈及五六十年代隆福肆旧书交易之盛况。报国寺的情形与隆福寺的相反。商先生在文中言及报国寺旧书肆时慨叹道：“如今却是连一些书影儿也没有的了。”〔1〕商先生此文显然是民国年间所写。可见，至迟到那个时候，报国寺的书市就彻底消歇了。如此，1997 年重新开业，可谓重整旗鼓，再现百年前的辉煌！

旧书摊的特点之一是“杂”。出现在报国寺书摊上的书，其来源很杂。有因单位图书室撤销，其书被“处理”辗转流进来

---

〔1〕 商鸿逵：“北平旧书肆”，载《北大学者谈读书》，肖东发、杨承运编。北京图书馆出版社 2002 年版，第 137 页。

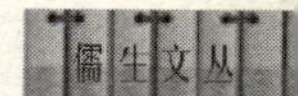

的；有因搬家，户主将其藏书付之废品收购者而进入市场的；也有从其他图书市场贩来的。来源杂，书品自然也杂。也正因为“杂”，往往多有意外发现。有意外发现，就更能激发起淘书者之兴味。书摊别具魅力，也许其重要原因之一就在此。

书摊之魅力还在其有“新旧一体”的特点。大书店中所摆放的绝大多数是近几年内出版的书籍，在那里只能触及书籍之流的一个切面，少有古意幽情。书摊则不然。就报国寺而言，虽然书摊之“幕天席地”般的环境不属大雅之堂，数百年前之古本一般不至于“流落”到此，但是百龄左右的书籍则十分常见；历时数十年的书籍，更是比比皆是。由于书摊所容纳的是百年来各个年代的书籍，所以总能给人以“纵深”之感。且不说其内容，就其形式方面论，纸质、颜色、装帧、印刷技术、制作精粗以至字体之工拙雅俗等等，各具特色。某种意义上说，漫步其中，与参观历史文物陈列馆有几分相像，有某种厚重的历史感、“古今一体”之感，等等。当然，书摊比文物陈列馆更有独特魅力。在文物陈列馆，一般只能眼看，不能手动，更不能“据为已有”。在书摊，不仅可以尽情地看，而且可以信手拈来，随意翻动。如果看上了哪个“展品”，尽可携之而去。而所用花费也许仅仅二三元而已！对了，价格低廉，适合“不事生产”的书生消费，这无疑也是书摊的最大魅力之一！

英国作家约翰逊（Samuel Johnson）曾极力称道小客栈、小酒馆之妙处，说它虽然没有富丽堂皇的陈设，但是在这里客人却最能达到自由自在的佳境。他动情地对朋友说：“没有的，先生！在人类迄今所创造的一切事物中，没有什么能像可人的小客栈、小旅馆那样，给人以如此之多的乐趣。”（No, sir; there is nothing which has as yet been contrived by man, by which so much happiness is produced as by a good tavern or inn.” From J. Boswell's

The Life of Samuel Johnson)。可以肯定，旧书摊之于我辈，肯定不逊于英国小酒馆之于约翰逊博士！

2000年夏，我移至现在的西南郊寓所居住。虽居室之“寒气”未便祛除，但已不那么“逼人”了。遗憾的是，与报国寺拉开了距离，淘书非常不便，几个月难得逛上一次了。

二、缘来书至

回想起来，自1997年报国寺书摊区始辟，到2000年移居，这几年间，报国寺书摊不啻为我业余生活的乐园；有暇便至，如鱼得水，淘得自己喜爱的各色旧书。几乎每一本都程度不等地在自己心灵上留下了可资品味的印记，几乎每一册都与自己有着特殊的缘分和情谊。每当回想起那一次次、一番番难忘的书情书缘，心中总会泛起丝丝梦影般的温馨的感觉。书香书韵，萦绕于怀，绵绵不断。

有些书，以前阅读、赏悦过，并在我们心灵深处留下了难以抹去的印记，产生了难割难舍的顾惜之情。但由于种种原因，不在身边了。每一念及，总会徒滋怅惘。一旦某日某地不期而遇之，则如多年失散的好友，忽然重逢。这当然令人欣喜莫名！说到这里，我不能不提到下面这册小书：

《古代诗歌选》（第二册），王易朋选注，贺天健、应野萍、程十发、赵宏本绘图，少年儿童出版社出版，1961年11月1版，定价：0.46元。

开本很小，纸色泛黄。在书摊拣得时，封面已破损不堪。就这么一册很不入眼的小书，得之之后，却使我在精神上感受到了很大的慰藉。因此，买下后，便立即对之作了力所能及的修整加工。添加了封面，并在书后题上一则《得书小记》。览此

《小记》，便知淘书者与此册小书缘分之深了：

此册书故家曾有之，以其版式疏朗，素朴典雅，且配有传神之插图，故书香尤浓焉。儿时辄喜翻览把玩，其中诗味固不得其深解，然其清香雅韵已浸滋于余幼小之心田矣。未冠游学远方，后且定居于外，与此小书暌违久矣。每次返故家省亲，辄欲一览之，重温幼时光景，然不知失落何处，无自而寻矣。能不怅惘！不意今日于报国寺书摊遇此册，与畴昔尝把玩者无以异，如故友久别而重逢，蓦然之间，儿时情景复现目前矣。

前后封面皆已失，携归后精心裱之，颇整爽，摩挲之间，心中慊然，而追思之情亦得有所寄托焉！

戊寅夏闰五月望前三日　米湾记于京华城南寓庐。

此套书凡四册。此第二册所选均系唐代名诗中之明白晓畅者。此册买到后，其他三册也陆续在书摊上配齐了。置于书架，随时可以翻阅。闲暇有兴致，也给孩子课读几首。一同吟诵，其乐也融融！

在报国寺淘得高亨先生的《周易大传今注》，所感受到的是同样的“故友重逢”之喜。

高亨先生是我所敬佩的国学大家之一。其学精实谨严，条理密察，疏解经典，辄能“探赜索隐，钩深致远”，有乾嘉诸老遗风。其《周易古经今注》一书我早已在琉璃厂书肆得之，而堪称其姊妹篇的《周易大传今注》，则一直未遇。而此书恰好又是我特别希望读、需要读的书。1994 年秋 9 月，重入北大求学。当年 12 月，得以在北大图书馆借阅。犹记当时书到手后，即八字着脚肆力读之。当日所记数十页《高亨〈周易大传今注〉阅读笔记》至今犹在。据笔记，读此书前后历时凡 17 天，自我感觉算是相当勤奋了。此书既是难得的好书，又下工夫读过，而且读后深受裨益，那么，可以想见，想拥有一套长久相伴，以供不时参阅之需，是不言而喻的。因此，依依不舍地把书送还图书馆后，始终不能释然：何日能在何处得之？当然是在报国寺书摊！时在1998年12月26日，距在北大阅读之时，前后历时整整4年。既得之，如手足团聚再不失散，欣喜之情自不在言！

偶然遇到一书，读之如得投有宿缘的名师之门，如不期而遇相见恨晚的神交之友，心灵为之震动，受其开示，资其丽泽，此则淘书中最可庆幸之事。在报国寺偶然碰上饶岱章先生的《旷楼消夏稿》，便是一例。

2000年春某个星期天，又来报国寺，在书摊间步趋翻览。这时无意中遇到一册不厚的书，览读未久，心中即暗暗说道：有缘！

该书是一部诗文集，按传统图书分类法，可入“别集”类。书名《旷楼消夏稿》，作者饶岱章，皆前所未闻。再细看，发现此书无出版社、出版年，定价等“版权页”，是一本非公开出版的私人印制品。从序跋文落款看，书印行于1995年。

正文前是《〈旷楼消夏稿〉题咏》，礼赞作者之道德文章。题诗者二十来人，来自全国各地，其中只“江苏马祖熙”一名有几分眼熟。后来忽然想起，上海古籍出版社出版的《陈子龙诗集》之校点者，一个是施蛰存先生，另一个就是马祖熙先生。找到了这点与自己原有见闻间的蛛丝马迹的联系后，平添了几分亲切感。于是马上排出几元人民币收下。

全书载古今体诗379首，古文74篇。读后掩卷叹曰：作者真士林中挺然特出者也！“五四”以来，国人浮慕西化，礼教荡然，国学土苴。一些深心之士不忍视之，卓然挺出，做中流之砥柱，以护持文化命脉，如梁漱溟、马一浮、熊十力、陈寅恪等等。这些人是名满天下的大师，尽人皆知。然而，尚有一些人，虽然他们声名不大显于世，但是坚信大道，居仁由义，介然独立，遁世无闷，人格精神皎然粹白，足为世人楷模。有些人的学问文章也卓然可观，披风一方。这些人，当有相当数量。只是长久以来，未得表彰，不广为世人知晓罢了。饶先生当是这批人当中之一员。

书中超卓之见甚多，如“物质之学有发明，心性之道无发明”之论（《跋故宫博物院出版帖》），知易行难与知难行易“虽异而寔不悖”之论（《知行难易辨》），“气无盛衰，理有得失”之论（《养气说》），等等，皆具特达之识。今声名显赫的学者教授中，有几人能洞见及此！

从辞章之学上看，作者之诗、古文足追古之作者。此书之校理梓行者是作者的学生，其在《后记》中亟称“如此文笔国中不见久矣”。本人读过之后，深感此非过誉之词。然而，本人的着眼点主要是其道德价值、儒学价值。作者实际上也可称是一位深思明辨之儒哲。

饶先生是江西东乡县人。编者吴柏森于《后记》中云：“先生为吾乡翰林饶向荣先生后裔，世代儒宗。”此书所署作者名为“饶岱章”，作者行文也以“岱”自称。而书首载曾广泽《序》则云：“先生名泗如，字拱侯。世居东乡水南村”。“泗如”当是作者别名。关于饶先生生卒，序跋中无明确交代。据《从兄壮涛传》等文，并证之某些诗作，可推知饶先生生于清光绪二十三年（1897 年）。据编者《后记》所言情形及《哭弟》一诗推之，卒年当在西元 1951 年。享年仅 55 岁。

现在出版业发达，公开出版之出版物遍地皆是，漫天横飞，鱼目混珠之情形十分严重。此《旷楼消夏稿》一册，虽然是私人印行，印数不会很多，公立图书馆也不大可能收藏它。但是，它凝聚着一代士人的精神和人格光辉，词精而理粹，具有很高的道德价值、思想价值、文学价值和史料价值。那些汗牛充栋、堆放在图书馆、大书店之中的一般印刷品，怎能与之同日而语！

据编者《后记》说，书稿得以躲过十年浩劫而保存下来，非常不易。我得到此书，一方面感到幸运，另一方面又担心其堙没于今之汗牛充栋之印刷品中，不彰于世，难永其传。来日若能精校之后，正式出版，则永无堙没不传之虞矣！

1993 年秋，我曾在琉璃厂旧书市淘得《人谱》。以此书为契机，我结识了念台先生，随之领略到了其深辟透极、洁净精微的“人极”之学，自己的生命境界也因之得到了大幅提升。迄今为止，这大概是给我带来最多教益的一次淘书经历。7 年后在报国寺碰上此《旷楼消夏稿》，结识了饶岱章先生。虽然两人及其著述不能相提并论，但就我个人的淘书经历而论，这两次经历具有相同的性质，即：尚友前修，受其臻淘，蒙其沾溉。

在报国寺淘得《卷盦书跋》，了解作者叶景葵先生，也令我感到相当欣喜。此书是顾廷龙先生所编，封面上署题的书名，字体丰润厚重，雍容有度，当然也是出自顾先生之手。书是 1957 年古典文学出版社所出，所用铅字尚是地道的宋体。经过半个世纪时光的浸润，虽然不是线装，也有了相当的古色古香的风味。再看书的内容，则又十分渊雅通博，读来亲切有味。只是作者叶景葵，不知其何许人。“颂其诗，读其书，不知其人，可乎?”于是，得书后就想了解一些作者的生平事迹。关此，顾先生的《卷盦书跋后记》讲到一些，但读后未能餍足。于是专程去国家图书馆库本阅览室查看上海古籍出版社于 1986 年出版的、同样是顾先生编订的《叶景葵杂著》。此外，还利用现代手段，在网络上搜得《民国银行家：叶景葵、蒋抑与兴业银行》一文（孙曜东口述，宋路霞整理），从中了解到许多叶先生的事迹。当初以为作者是位专职学者，进一步了解之后才知道，原来叶先生是位功勋卓著的银行家、民族实业家，是近代史上一位很有分量的人物。文献家则是其“兼职”。至此，很为自己的孤陋寡闻感到惭愧。

叶景葵先生是民国间浙江兴业银行董事长。该行创建于1907年，是我国最早的商业银行之一。民国间，它与浙江实业银行、上海商业储蓄银行并称“南三行”，并为之首，在扶持和促进我国民族工业的发展上，历来声名卓著。叶景葵先生担任该行董事长达30年，以过人的智慧和胆略，创下了巨大的业绩。

叶先生是个极具民族正义感的人，日伪政府曾多次派人前来游说，拉他“下水”，他坚不为动。同时也是一位渊雅的学人，中过进士，热爱文化典籍。当时他眼看在日军的铁蹄下，诸多亲朋好友的藏书无法保存，日益沦为纸灰，毅然出巨资，在租界内购地造屋，又联络了张元济、陈叔通等人，一起创办了合众图书馆，收藏了大批江南一带的珍贵典籍。这些典籍后来并入上海图书馆，至今仍是上海图书馆的一大特藏。《卷盦书跋》显然是叶先生校读这些珍贵古籍过程中陆续写就的笔札。

如果拿眼下的“经济人”与叶先生相比，所显现出的反差无疑是巨大的。现在之经济人大多是“脱文化”的，像叶先生这样既有经济之才同时又有学、有守的人，现在已经很少了。抚卷追思，曷胜怅惘！

三、一版一式总关情

以上所举数种书，之所以对其情有独钟，或是因为个人经历，或是因为书中内容或书之作者。有些书，钟情于它，除了内容外，还有形式上的因素。

2000年春在报国寺淘得一书，形式上不古不今、不中不西，又亦古亦今、亦中亦西，可谓“四不像”的“奇”书。书页是对折起来的白纸，版心上下各有一小圆圈作装饰。每页的上半页是汉语，所用字体是木刻版宋体字，粗重而醒目。行文自右而左，无标点符号。据此看，像是“古”书。但是，整个书不是用丝线装订起来的，而是用软布裹住书背并用胶粘合而成的。这是现代的装订法。从排版上看，每张书页被分成三部分，上面部分是竖排中文，行文自上而下，自右而左；中间部分横排英文，自左而右；下面部分中英文错杂排列，并有竖线又将下面部分分成左右两小部分。所以称之为“不古不今，亦古亦今”。

此书封面破损不算很严重，只是看起来黑乎乎脏兮兮的，难登大雅之堂。不过从版式上讲，这样的书是不多见的，因此也算我收藏的一部“奇”书了。得书不久，南京的秋禾先生北上，往顾寒舍。我拿出此书给他看。记得看后他说：“好好修整一番，就成难得之货了！”我想：就这样放着吧，也不是供展览的，所以一直一仍其旧。书上看不到出版时间，从整体上判断，当是晚清或民国初期的书。书之内容是英汉对照《四书》及注释，书名就叫《注释校正华英四书》。书名下有“顾鹿署”三字，并钤有“轶庭”两篆文。何方人士，尚无暇求证。

此书从内容上讲，也很有价值。虽然书中未标英译者何人，但我对勘后很快发现，这就是大名鼎鼎的理雅各（James Legge）的译本！英人理雅各（1814～1897年）来中国传教，却迷上了中国经典，献身中国经典的翻译事业。自1861年到1894年30多年间，先后翻译出版了八卷之多的“*The Chinese Classics*”。其译文以谨严精确著称于国际汉学界，至今不废。我平时经常会遇到一些儒学文稿的英译事务，此书经常能帮上忙，不是中看不中用者。

陈衍著《石遗室论文》，1936 年无锡国学专修学校发行，民生印书馆印刷。1999 年得之报国寺。不知近年新出版的《陈石遗文集》中是否载有此书内容，无论如何，对我这个连清版书也鲜有收藏的爱书者而言，这册民国间的“初版”足以跻身我的“善本”之列。

无锡国专是近世大儒唐文治先生（字颖侯，号蔚芝，别号茹经，1865 ~1954 年）先生所创，乃民国间一所带有传统书院色彩的近代名校。群慕西化的大气候下，此校能保持传统教育理念，独树一帜。因此曾有人誉之为“研究‘国学’之最高学府”。[1]此书既是无锡国专丛书之一，其作者陈石遗又是执教国专的国学大家和“凌云健笔意纵横”的传统文学家，热爱国学的人对此等书自然别有亲和力。

书之字体比时下一般书籍的用字大许多，无现代标点而有圈点。翻阅之际，唯觉清明朗畅，赏心悦目。寓目数行，即可收到“通体畅快”之效！

我们知道，1980 年上海古籍出版社出版的高亨先生的《诗经今注》是部名著。我早已在琉璃厂购之。彼时以来，一直以为高先生之“《诗》学”尽在是矣。不意 1998 年在报国寺又碰见一册《诗经选注》，也是高先生所著！翻阅后可以看出，《今注》是在《选注》基础上著成的。不过，《选注》仍有其独特价值。虽然《今注》遍注 305 篇，而《选注》只注其中之 70 篇，但是《选注》中，每首诗下都附有白话译文。上下排列，句句对应，极便览读。“注释”、“考证”两项，多数情况下也比《今注》中与之相应的“注”和“附录”部分晓畅直白、委

〔1〕 陈平原：“传统书院的现代转型——以无锡国专为中心”，载氏著《中国大学十讲》，复旦大学出版社 2002 年版，第 93 页。

备详悉。行文有几分“串讲”的风格，读来有一些如聆謦欬之趣。拿《选注》中的第一篇《葛覃》为例，《今注》解此诗“黄鸟于飞”一句曰：“黄鸟，即黄雀，身小，色黄。于，在也。”《选注》解此句曰：“黄鸟就是现在所谓黄雀，身小，色黄，不是黄莺。于飞如同现在说‘在飞’。”在《选注》的“考证”部分，高先生为说明“黄鸟”就是“黄雀”，举出了焦循的《毛诗补疏》、胡承珙的《毛诗后笺》、陈奂的《诗毛氏传疏》和马瑞辰的《毛诗传笺通释》等书以为依据，而相应的考证则不见于《今注》。再如《大东》一诗，因为此诗涉及一些星宿，在《选注》中，为便读者了解，高先生在此诗“考证”部分的结尾处附上了简明扼要的星宿图。这些星宿图在《今注》一书中则略而未载。可见，《今注》以精严见长，《选注》则兼顾通俗和普及之用。对大多数有志研读《诗经》的读者来说，《选注》可谓最适宜的入门读物。我想，若移为教学之用，此书也是极佳教本。书是1956年由“五十年代出版社”出版的。装帧素朴简质，翻阅之际，能约略感受到五十年代的“时代气息”。是初版书，说不定同时也是“绝版”，今天恐怕不易多遘矣。

报国寺书摊上，线装古籍不多有，不过偶尔也能遇见很值得买的。曾国藩主持刊刻之同治四年（1865年）版《船山遗书》，是船山先生著作之较早的汇刊本，颇为学界推重。一天，在报国寺书摊遇上了。整个丛书已非完整的全套，摊主将其摊在地上零卖。我选了十余册，计有《黄书》、《俟解》、《噩梦》、《思问路》（内、外篇）、《读四书大全说》和《周易大象解》等。记得是10元一册。这些书一直是我欲备置而尚未如愿者，一旦以此价得此古色古香的版本，自觉十分幸运了。

四、淘书淘出实惠来

报国寺淘书多年，最深的体验便是实用、实惠。1998 年我开始着手撰写乾初评传，一些重要参考书就是得之报国寺书摊。考察乾初家世，孟森先生的《海宁陈家》是不可或缺的参考书。此文收在孟先生的学生商鸿逵先生所编辑的《明清史论著集刊》（续编）中。不偏不倚，我非常适时地在报国寺淘得了此书，而且正好与此前在前门旧书店淘得的前两册《明清史论著集刊》相配套，构成孟先生明清史论文集之完璧！考证乾初遭遇“粮长苦役”的情形，需要对明清粮长制度有所了解。正犯愁时，报国寺书摊出现了梁方仲先生的《明代粮长制度》。排出 2 元人民币，书即入我囊中矣！此书可称经济史领域中的名作，不久前在新华书店看到又有新印本上架，价格上扬不止两番了。

写古人评传类学术著作，古人传记资料方面的工具书，是少不得的“利器”。哈佛燕京学社所编《三十三种清代传记综合引得》、《八十九种明代传记资料引得》、《辽金元传记三十种综合引得》及《四十七种宋代传记综合引得》都相继在报国寺等处得之，可谓洋洋大观！姜亮夫先生的《历代人物年里碑传综表》，收集自春秋末期至“五四”以前去世的历代人物达12 000余人，是部有名的工具书。在报国寺以 10 元之价得之，也是一次值得欣幸的淘书经历！

书生生活，平日大多是与书为伴、以书为友，所以每当在报国寺淘得这些具有“雪中送炭”意义的旧书时，口中总会不自觉地念叨起那句西谚：“A friend in need is a friend indeed!”（患难见真情）。

的确，在报国寺淘书，淘得的是“实惠”。

《简谱音乐讲话》，20世纪50年代河北人民出版社出版，不足百页，身价1元。几年前学吹箫时，需“突击”基本乐理。“突击”过程中，此册曾起过立竿见影之效，以致一度送给好友后，情难割舍，又索要回身边。

《二胡自修教程》，也是小书一册，20世纪60年代音乐出版社出版，身价1.5元。凭着它学会拉琴，可以把《良宵》、《月夜》、《汉宫秋月》等名曲奏给自己倾听。

林语堂先生的《现代汉英词典》和梁实秋先生的《远东英汉大词典》，皆系大部头名著，在报国寺唾手得之。此后做翻译或阅读英文著作时，常静候身边，有问必答。

堪称英文发音“法典”的 *English Pronouncing Dictionary* by Daniel Jones（琼斯正音词典），是地道的伦敦货，布面精装，焕然如新，通体散发着西洋古典美的光彩。有什么发音疑问，普通字典不能解答时，它都能大显身手，独领风骚，给予权威性指点!

民国间老版《辞海》，宏博典雅，字体不失古意。辨名正物，赏奇析疑，以此为便。

影印版《事林广记》是一部古昔人伦日用方面的百科全书，图文并茂，无所不包，无奇不有。虽读之不甚了了，但茶余饭后信手翻阅，颇有陶潜“泛览周王传，流观山海图”之遗意。

影印老版《全唐文》、《全上古三代秦汉三国六朝文》，皇皇巨著，浩浩文海。如果是在大书店的架上摆，只能望而却步。但在报国寺书摊，则可从容地“问鼎之轻重”。泛滥其中，不见涯涘，如小鱼遨游于汪洋，其乐无穷。

 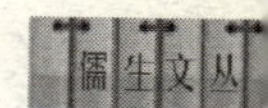

五、书情何莫非人情

现在，我书房中的书架，用的是学校图书馆“退役”下来的旧木架。双面使用，个头很大，向室内搬运时，险些过不了“屋门关”！50元一个，我一下弄回4个来，在室中央依次平行摆开。侧身向里取书时，颇有“初极狭，才通人”之趣。虽然看上去陈旧而憨拙，与崇尚精致小巧的时尚潮流背道而驰，但是用来摆放我从各种渠道淘来的旧书，最为合适，能起到意想不到的相得益彰之效。一册册书在上面放着，密集而丰富。与之朝夕相伴，相看不厌。此时的感想，最好还是借用美国教育家费尔普斯教授（William Lyon Phelps，1865～1943）的一段名论来表达：

Everyone should begin to collect a private library in youth; the instinct of private property, which is fundamental in human beings, can here be cultivated with every advantage and no evils. One should have one's own bookshelves, which should have no doors, glass windows, or keys; they should be free and accessible to the hand as well as to the eye. The best of decorations for the walls is books; they are more varied in color and appearance than any wall-paper, they are more attractive in design, and that have the prime advantage of being separate personalities, so that if you sit alone in the room in the fire-light, you are surrounded with intimate friends. The knowledge that they are there in plain view, is both simulating and refreshing.〔1〕

---

〔1〕 William Lyon Phelps: "You Should Own No Book That You Are Afraid to Mark Up", in *Great American Speeches*, http://www.federalobserver.com.

[每人皆宜及早备置自己的私人藏书。财产之欲，乃人之基本天性，但只有用于藏书，才会百利而无一害。藏书者须有自己的书柜，但其上不可设置玻璃门窗、机关锁钥之类的物件。书籍之储藏，应以便于用眼自由观赏、用手随意翻阅为宗旨。墙面装饰，还是以书籍为之为最佳。一切墙纸，其颜色都不及书籍丰富，其外观都不及书籍多姿；书籍的装帧也更具魅力。更重要的是，书籍具有彰显不同人格气质之优长。所以，当你在室内对炉闲居独处时，实际上你周身是被众多亲密无间的朋友环绕着的。不说别的，单是看着它们在我们眼前摆着的样子，就足以使我们兴味盎然，神情为之一振。]

费尔普斯教授还把书籍称作“book-friend”，把通常意义上的朋友称作“living friend”。实际上，两者是难分难解的，甚至可说是一体的，都根植于人之“性情”。书籍承载着文化，文化的内核是人性、人文。读书并惜书、爱书的人，一定是通人性重人情的人，即“性情中人”。反过来看，能感受到人性之美并注重陶冶之、提升之却对文籍处之如刍狗，这也是没有的事。爱书之情，蕴涵着爱人之情。爱旧书，更是彰显着人性之美和性情之深。旧者，久也。绵长悠久正是性情之内在要求。书情何莫非人情！

我在报国寺结下了很多书缘书情，同时也结下了不少人缘人情。由于常来常往，报国寺的一些书摊摊主与我成了很熟悉的好朋友了。每次见面，都会热情打招呼，交谈一会儿。移居后不常去，去时见面经常有摊主会高兴地招呼：“很久不见了啊！”有时，摊主看我在选购某书时犹豫不决，甚至说：“先拿去，如果觉得不错，下次来付钱。如果不想要，下次把书拿来无妨！”我还可以把要配的书，写给他们，让他们帮我配齐。我那套四卷本的《辞源》就是他们给配齐的。此书一直想买，一

直怵于其价之昂而未果。在这些摊主朋友的帮助下，这套极好的工具书终于成了我的架上之物。

有爱书的朋友来寒舍过访，我总会带他们去报国寺。甚至可以说，这是我款待朋友的特殊方式！而与同好一起买书，尤能感受到愉快的气氛。大学时的老师盘山先生每次来京，都要一起逛书店。当然，也忘不了报国寺。2000 年春，南京的秋禾和炉明两先生因公干枉顾寒舍。谈过工作后，我无意间提到报国寺书摊。不意他们反应那么积极，当即就要去看。跟他们走了一趟后，才明白过来，原来他们两位都是淘书的老手！也许是他们对我这种“款待”没有感到不满意吧，中午吃饭，他们执意要买单。不用说，一席纵谈之后，陌生人也就成了朋友。炉明兄似乎对报国寺之游尤其难以忘怀，日后通讯联络，总是提及，并把缺书单寄我，让帮助配齐。他大概想，守着报国寺，哪有淘不到的书？可惜因移居等原因，炉明兄的雅嘱，一直不能兑现，成为憾事。秋禾兄是书业名家，心系阅读文化。此文之作，便是应其雅嘱而为之。不用说，秋禾兄没有忘掉报国寺的旧书摊、故纸堆。

有些书，我自己是已经有了的，但是在书摊上遇到的话，可能还要买下。因为觉得好，价格又能“胜任而愉快”，买下日后可与合适的朋友共享。非唯自怡悦，亦可持赠人，不亦乐乎？个别书，买时就有作礼物送朋友的初衷。索尔仁尼琴（Aleksandr Isaevich Solzhenitsyn）的《古拉格群岛》（*The Gulag Archipelago*）一书就是如此。一天在报国寺书摊上遇见其英文译本，是否拿下，当时颇费踌躇。往复走动数次，最后还是拿下了。当我把此书送给好友天成兄时，只见他举手“啪啪”拍了两下这部部头相当大的布面精装书，然后惊喜地看着我，连声说“谢谢！谢谢！”此情此景，赠书人从中感受到的喜悦与得书人感受到的相比，恐怕有过之而无不及也！

书情人情，人缘书缘，浑然融为一体。如此凝聚成的结晶不是别的，正是一个可贵的“人文的”世界。报国寺之所以让我难以忘情，就是因为基于它，我领略到了一些在现在的社会里显得越来越“珍稀”的“人文的”氛围。

（2004年5月撰，首发）

实用文笔

01 国学长廊叙

总 叙

古来华夏文明自成一统。家悬户诵者经史子集，上行下效者仁义礼智。清季以还，西学东渐。声光电化，群已权界，面目与国人素习常行者迥异，因有“西学”之名，而于国人素习常行者则冠之以“国学”，两相对待之称也。是国学者，吾国固有学术之总称，别西学而为言者也。

国学广大，范围天地、弥纶万物。尧舜周孔之道，四书五经之教，诸子百家之言，纪传编年之史，九州方域之志，诗词歌赋之文，琴棋书画之艺，与夫医卜星象、陶朱猗顿辟土植谷农桑之术，蔑不该焉！

国学之为学，在所学，尤在为学之方。考经籍之声音训诂而知其义，知其义而明其道，明其道而观其会通。不疑不惑，信心而行。而后根心生色，开物成务，所谓“美在其中，而畅于四支，发于事业，美之至也”！故知行合一、明体达用者，是国学也。

近世海通以来，西洋以其利器重炮，飙风至我区夏，戮我民人，毁我城池，国将不国。亟危之间，主国政掌风教者，慌不择路，咸慕西化，以至于今。其中得失，各参其半。

得者，种性存，故土安也。失者，斯文灭，国魂散也。诗书礼乐不识其文，仁义礼智不明其义，礼乐之邦陵夷而为蛮荒之域。西风漫卷，民失其守，民非其民矣。民非其民，国恐终将不国也。

剥极而复，贞下起元。今国力强盛，人民逸居。国人“睹乔木而思故家，考文献而爱旧邦”，举国上下，呈国学重见天日之象，幸事也。我人文学院力虽不赡，未敢忘其人文化成之责，于此传媒实验中心长廊，设位布展，宣教国学。局促之间，固不足大其观。然经史子集撮其要，有图有文传其神。具体而微，亦可概见也。览者观之而兴起，则不虚设矣！幸达者鉴之。

后　叙

国学之美之富既已观之矣，或不无疑之者：生今之世，此既美且富者其用究何在？器物日新月异，已至电子之世，如此故旧其前景果如何？

曰：古今不同，人心不异也。器物日新，大道不变也。以理论之，人之为人，其要不在圆颅方趾四体百骸之筋骨，而在本心四端仁义礼智之秉彝也。“己所不欲，勿施于人”，“发乎情，止乎礼”，“如好好色，如恶恶臭”，“投我以木瓜，报之以琼琚”，凡此皆古今之通义而不随器物流转迁移变易之恒常之道也。此恒常之道如日月之经天，江河之行地，万古不磨者，而发明此道之国学岂有可废之理哉！

以势考之，一民族欲抟为凝聚之族群而立其国，保其种性，长存于寰宇，必有其独有之教之学而后可。有其教其学提撕其精神，一统其意识，培植其荣辱，凝聚其合力，鼓舞其斗志，燮和其情感，调适其趣味，而后成其为有精魂之族群，斯乃可长立于民族之林而不衰也。如其不然，则散乱之民，乌合之众，貌合而神离，如散沙一盘，国必危殆，不待卜而可知。此龚定庵所以有“灭人之国，必先去其史”之警也。国学乃吾中华民族之教之学所在。不保家国则已，如欲保之，虽欲废之，势必不行也。

以情言之，人固有喜新之心，然亦有怀旧之情，此亦人所固有而人之所以为人而不为禽者也。“昔我往矣，杨柳依依。今我来思，雨雪霏霏”，“黯然销魂者，唯别而已矣”，“抬头望明月，低头思故乡”。凡此睹物思人，怀旧追远之情，必有其物以寄之，然后心安而无憾。国学者，中华民族之精神家园也。国人于此“倚南窗以寄傲，审容膝之易安”。情真意浓，水乳交融。如鱼之于水，鸟之于林，纵其不美不富，不可离也。离则跂踵以望，俯首而思，其情难堪。矧吾国学，既美且富，其情可有离而不思不怀者乎！顺情合理而应势，国学之用大矣哉。若其前景，则待其人而后兴，观者勉旃！

（撰于 2010 年 4 月）

02 送安阳贾生序

呜呼，自官学专擅以来，师生之道废矣。盖官学操控于官府，所教所学、何传何习，凡百事务皆拘束于衙门之格式，攥握于官吏之指爪，几于嬴秦之吏师法教，明师不得用其明而传其道，良才无以尽其才而成其学，唯朝夕听命将迎，势牵利引，奔竞趋骛，儽儽然谋其稻粱前程而已。以故古来见于洙汜邹鲁濂洛关闽间之师生之道绝矣！

寄食此彀中之人，其善于汩泥扬波者，固得乐其乐而利其利，其以秉彝犹存灵根不昧而不安其衷者，则每眷言环顾，期有一朝之遇。际此时也，倘一师得一生可传其道于格令之外，一生遇一师得乐其学于课堂之下，则犹可存洙汜邹鲁濂洛关闽之风于万一也。何幸如之！然此可遇不可求者也，侥幸得之于官学暇隙夹缝之中，不可率由成章而可期其必者也，偶然之幸也。

予才拙不敏，无以飘然高举以远夫矰缴。腼颜寄食黉门廿余年，授课所接生员近万，课业之外，率皆相与形如陌路，有此偶然之幸者鲜于凤毛麟角。此固予学行庸陋不足动人使然，抑亦官学风气有以致之者也。

己丑秋，安阳贾生正东来此读研。去彼势利俗态，不以予之不名一官不占一势也而远之，课外之暇，从予游。自疏而密，由远而近，日亲益善。声应气求，相契莫逆。古之师生之道庶乎其如此乎！然予非正东学业专门之导师也，所谓偶然之幸，得之于格令之外课堂之下者也。

初正东服膺湘潭附皮氏之学，后予语之曰：彼学异端，害且不赀，莫若有事于湘乡。由文正旁及湖湘诸贤，进而逐流溯源，而南轩，而五峰，濂洛关闽象山阳明皆可触类旁通。由是而之焉，可达孔颜思孟之正而归于吾华夏文化之大统矣。孟子不云乎，“观于海者难为水，游于圣人之门者难为言”，亹亹乎，可终身于此矣，奚有事彼放辟邪侈之说为！

正东不予违，爰孜孜矻矻，昕夕攻治焉。用力有年，有得于心，并终以此题撰文卒业焉。尝语予曰：“既见吾师，乃见天日”。嗟夫，此平常粗浅之见，以蒙蔽既久，略为发之而已，实无足称道也。

正东以师礼事予唯谨，有所感思，辄相质正。有所困惑，每来咨商。行止相告，疼痒相喻。有所劳作，则倾力相助。予引正东为友朋，谈学论道，上下古今，洞达无隐。蓬门寒舍，共消余暇。校园幽径，时见影从。海阔天空，鸢飞鱼跃，皭然相与俯仰于尘埃淄垢之外，古之师生相与之乐，稍得概见于此矣。

正东出自农家，长于山乡，财艰势弱，而为人朴厚，不趋势利。尝戚然语予曰：“学生生不应时，做事每倍恒人之力。”予语之曰：“无伤也，‘君子先难而后获’，吾子有之矣。玉汝于成，实幸事也。”

予无势位，无以佐正东。正东志气刚坚，亦不期予以干禄。卒业之际乃奋其强毅，苦心劳形，辗转燕都内外，奔走大江南北，百应就业之试。幸力不唐捐，中一浙中军职，同窗称焉。

既而正东来见，乃中心歉然，言惧自此以往，身不由主，无以展修齐治平之怀矣。予语之曰：“彼中虽多拘禁，然亦非绝然不可以有为也。时局难测，事在人为，抱定此志而不坠，一朝发之于营舍之中，亦未可知也。且暂安生业，以图来日。”正东之怀因稍舒焉。

《易》曰:“直方大,不习无不利。”又曰:“自天佑之,吉无不利。”正东学仁义之道者,讷言敏行,循循有礼,此天下之达道也,无所往而不利也。倘正东守其初而不忘,由之而行,则其前程自在其中,不待卜而可知也,夫弗何疑!

正东行矣,予不胜阳关灞柳之感,无以为赠,书此相送,兼以共勉焉。

(2012 年 5 月撰,首发)

03 常氏族谱序

夫家乘者，其国史、方志之流亚欤？虽其所载不过一族之世系，一姓之蕃息，然邦国之兴衰，地方之理乱，莫不与之息息相关。考一族之繁衍，可窥国家之变迁，征诸一姓之隆替，可睹州县之兴废，故曰国史、方志之流亚也。

不宁唯是。夫家乘其用之大者，尤在乎尚宗法，敦伦纪，睦亲族，明礼教。盖族谱既修，则长幼序而世系明，亲疏辨而远近定。然后亲亲之仁有所施，尊尊之义有所措。同宗之内，乐利与共；合族之间，患难相恤。雍雍熙熙，相保勿失，日进于孝悌仁义之道。上有以对祖宗，下有以劝子孙。古今一体，流泽无穷，善莫大焉！

我常氏世居鲁山城北四十里外之常家岭，迁祖以来，至今已历十有二世。汲水而饮，耕田以食。读书之声时闻，工商之业间作。生息繁衍，子姓日盛，地方称大姓焉。

前辈言，族有旧谱，然遗佚已久，故远祖之播迁流转，其详莫可据考。相传始迁祖世龙、世虎二公之来居于此也自新安县，而新安常氏则转徙自山西洪洞县者也。所闻者仅此，其他皆不得而知矣，曷胜慨然！今丁口既众，族业日旺，岂可听其散漫无纪，堙没不闻，使后之视今犹有今之视昔之憾乎！我等有感于斯，乃号族众，议修新谱。查询问访，足遍四方。反复商讨，至于再三。历时逾年，始蒇厥事。倘我族之后昆来嗣能慎守勿失，并以时续之，俾祖宗之恩泽长流不竭，则我等之一番经营苦心庶乎其不唐捐矣。

（2002 年 2 月 15 日为常其旺等撰，首发）

04 《陈确评传》后记

1994年余负笈北庠，修习国学。选题之际，业师楼宇烈先生示意，不妨将乾初之学亦予考虑。彼时我意之所属在蕺山。于乾初，其书固未之读，其学只略有风闻。意其学非我之所好，遂置之，而发《刘子全书》穷究焉。

1998年夏某日，刘公梦溪忽然来电，言欲举区区膺任南京《陈确评传》一役。时余毕业返首经贸大阅年，平居键户读书，意颇萧散。闻刘公言，思曰：肆力蕺山之学数年，心得形诸《蕺山理学思想研究》矣（自印本），今乘势而进，更得其徒之学而治之，不惟甚顺适，抑亦美事也。前日之好恶，焉知非出乎浅学之意气，影响之误会？古人之为学也，率皆自生命中出，书不苟著，言不浪发，读之皆能有益。得失精粗，尚其次也。且乾初蕺山高弟，必有独步处。藉此传之评之之机，得更尚友一古贤，多读一古书，再经一磨炼，使我之枵腹亦因之稍存蕴蓄，亦私心所甚愿者也。遂应刘公之命。

顾兹事体大，应命之后，浅学如我深以折足覆餗为虑，故而兢兢自惕，不敢慢易。无奈生性疏懒，赋质不敏，加之诸务丛脞，遂荏苒至今，始具稿本。蓦然回首，不觉日就月将，倏忽三载，与倾力蕺山之学者等矣。

前撰蕺山《研究》，精神所注多在义理之研核，微言之体悟。草此《评传》，用心则多存乎文献之排比、事实之勾稽。虽些小饾饤，亦所不弃。此既因体例不同使然，亦私心欲假以自我琢磨而有意为之者也。余学之陋，不足齿数，然于穷理、考文之事皆曾浅尝一脔，差可慰也。

尤可引以自慰者，则在所受乾初之沾溉。乾初言素位之学精而透，浸润其中，浮气黡然为之而消沮，身心贴然因之以浃洽。其衡论世情，识力独具，洞见深隐，益我神智，开我眼孔。其文或雄奇拗峭，或纯粹和平，记人述事也，遣兴抒怀也，悲喜欣戚也，出处进退也，长篇巨制也，短简小札也，无之不见高志古怀，所在皆是先辈典型焉。我流连其间而忘返，曾不知昔日之好恶与去取矣！其攻宋儒，偏而失中，固不必讳。其言虽不可尽取，其志犹为可感也。彼云："学问之事，先论真假，次论是非。"于乾初，亦可执柯伐柯，即此取则也。

拙著于学术有若何价值，惟有听之时贤。作之者深知远未臻于美备，不敢高自期许。可告慰者，惟在亦尝欲因其拙才，宣其愚力，孜孜以求苟免夫模拟因袭苟且颟顸之固习耳。

中国艺术研究院中国文化研究所教授任大援先生于乾初之学曾有潜心研究，备有资料多种，慨然移我用之。浙江省海宁市地方志办公室主任蔡爱玉女士，赐我舆图，答我问询，嘉惠孔多。南京大学中国思想家中心教授周群先生负责与余联络诸般事宜，不时善加勉励，多方呵护。厚意高情，始终不替。以上诸贤，于此谨致谢忱。

（2001 年 8 月撰）

05 《自由与传统》译者后记

埃德蒙·柏克是位“究天人之际，通古今之变”式的思想家。历经两百年的风云变幻，他的智慧越发显得不可多得。从某种意义上说，柏克之后的这两百年以来的世事发展过程就是逐步印证和一再反显其先见之明的过程。他的思想的现实关切性在当今世界甚至比在他生活其中的那个时代还要大。然而，在中国，尽管20世纪西学东渐的拓展已使这个东方巨邦成了西方思想潮流的一应俱全的展览馆，但是，直到20世纪的历史舞台行将拉上帷幕之际，一直没有这位智者的一席之地甚至踪影(唯其美学此土学者曾略道及)。这不能说不是个遗憾——不只是观瞻上的，更有极其酸楚的历史性的。

柏克的思想是“挥洒式”的，散见于各种论著、演说和信札之中，没有一个刻意结撰而成的系统的、完整的外在表述形式。两个世纪之后的今天，物换星移，时过境迁，必然又添新的解读障碍。忙碌的今世读者们，尤其是殊方异域的、文化背景迥乎不同的中国的读者们，若欲探阃奥、握骊珠，将托迹于二百年之前的不列颠和欧陆的“时事政治”之中柏克思想的究竟底里和真实结构爬梳勾稽出来，进而用为攻玉之山石，戛戛乎其难哉！

由路易斯·布雷沃尔德（Louis L. Bredvold）和拉尔夫·罗斯（Ralph G. Ross）选编的这个读本，部帙轻便，含容沛丰，条理辨秩，取精用弘，颇有欲将这个思想巨人的所思精华“一网打尽”之意，欲进入柏克的精神世界，此书可谓不可多得的津梁。因此，我们不揣谫陋，将其译为汉本，以便读者。

此书之译，盘山先生创其议、董其事并亲其务；米湾、天成两先生赞其力而竟其成。属草迄今，倏忽不觉春秋之数易；点勘琢磨，庸惜纸墨之烂然！具体译事安排：盘山译前三章；米湾译四、五、六、九章及导言；天成译七、八两章。

柏克精辞章，是英国文学史上最杰出的散文家之一。为文雄深拗峭，博辨奥衍。其抑扬吞吐、纵横排奡之势，如游龙潜蛟，莫之夭阏，极爽利俊逸之美。我们的翻译，旨在传达柏克的思想内容。虽然也留意效颦其文风，但自愧才具窳劣，难逼其肖。因此，尚望学问通明、雅擅英文的方家，不以此为囿，更取原文详玩而深味之，以求其自得之乐，顺便亦可将翻译中之未安乃至纰缪之处随手斧正焉。

（1999 年秋撰写）

06 贺《原道》创刊十周年联语并序

《原道》创刊已经10年。在学术一统化之时代，欲经营一民间刊物，殊非易事。其中艰难，谅必不少也。然正因为如此，则其鹤立群鸡之价值于焉丕显！念此，吾侪不能不服膺其创办者陈明兄之识力、魄力与耐力！

至于陈明兄个人迄今为止之一些基本思想如“即用见体”等，则区区实难苟同。此说实即前儒所不取之“作用见性”之变相，亦龙川等功利杂霸之学之换面。此既前儒所不取，余亦不敢取焉者也。故窃谓宜将陈明兄之个人思想与其开创之“原道”事业，分别观之。与于“原道”之事者，不必护其观点，而非其观点者，亦不可少其“原道”之文化事业也。以此质诸陈兄如何？

陈明兄以文化保守主义为大方向，创办《原道》辑刊，经营原道网站，主编原道《文丛》，并将有事于《译丛》。在“原道”同仁鼎力襄助下，儒者事业日新其新，在板结之一统化学术版块之外，别开一新生面，厥功伟哉！制拙联贺曰：

通天地，贯古今，道之求也由乎尽性，粹然一本

历苦辛，忘荣辱，事者勉焉贵在有恒，忽已十年

（2004年12月12日撰，曾刊于皮介行先生主编：《大爱中华》第10期）

07 悼季羡林先生

闻季羡林老先生去世，不禁扼腕：此老去矣，老成安在哉！

十余年前余求学燕园时，曾与室友胡君至朗润园先生家中拜访。时在傍晚，未有先约。贸然造访，而先生蔼然纳之。温恭可亲，毫无大师架势，宽裕如也。座上谈及冯芝生、钱默存、蒋中正诸前辈，论及学术风气及时政等。余放言无忌，先生不以为忤，宛尔耳。时先生主编《四库全书存目丛书》，将新出之首册示余等，曰："今人已无力撰此等提要矣！"既而曰："或主张割弃《存目》中之有害者，余则坚持保留。安知今之所谓害非将来之所善哉！"

临别，请先生勉以言，乃信笔书"自强不息，厚德载物"。

先生室内布置极俭朴，门前掩一柴扉，植以竹木。归途余回首瞻顾先生寓所，自语曰：盖先生虽名满天下，而内中实淡泊宁静也。后路过先生寓所，辄望先生之门，思先生之为人。先生柴门每掩，闻先生入住医院矣。

先生未必可称国学大师，然大贤无疑也。虽未必精于学理，然于情理，可无大过矣。其天竺之学，则非吾辈所知也。

先生去矣，风范长存！

（2009 年 7 月 14 日撰，首发）

08 挽尊师沈宗灵先生并序

本非热衷之人，脱离法学之业既久，与法学界之师友亦日疏益远。然昔日可尊之师，其学行风范无时或忘。沈师，其著者也。昨夜旁闻先生之讣，已逾追悼之仪，渺不可见矣，不禁一阵伤痛！丙寅、丁卯之间，上先生比较法、法理学两课，先生学风之谨严，学术之博厚，学者之典型，耳濡目染者甚多。课中研读勒内·达维德（René David）的 *Major Legal Systems in the World Today*、埃德加·博登海默（Edgar Bodenheimer）的 *Jurisprudence* 两教本，收获颇丰。此后撰写硕士论文《判例法方法论试探》，亦曾单独至先生府上拜谒请益。先生教言不多，然蔼然之情可感也。先生作古矣，不肖敬挽之曰：

耽思法理，成当今泰斗。
刊落声华，昭近古师风。

（2012 年 2 月 21 日撰，首发）

09 哭皮介行先生

呜呼旻天，何不吊之甚，遽尔摧折我儒门中流砥柱也！当此儒门多艰，门庭冷落之时，于斯道体之深、信之坚、行之勇堪称干城如介行先生者，屈指可有几人也！而当其以强盛之年，奋不顾身、披荆斩棘以斯道为天下倡；食不果腹，席不暇暖，颠踬海峡两岸，奔走大江南北以斯学为国人讲之际，竟晴天霹雳，戛然而逝，呜呼苍天，何不吊之甚也！

知先生其人也，近十年矣。读先生之文，每恻然而悲，闻先生之行，辄肃然起敬也。乙酉之秋，余与先师之祭于圣城。得把晤先生，一瞻风仪。先生雄姿劲挺，发扬蹈厉。吐言发论，声震屋瓦。待人之诚，如见肝胆。尔来先生之音容无时不往来于心中也。每思来日再会先生。不意一面之后，再无其时，何其伤也！

余之庸下，先生不弃。编《大爱中华》，登录拙文。时传来函，惠我宏论。今春广场圣像之立而复撤也，余不忍视，尝书片言以抒丘民之意。先生让余不能大放厥词，恢弘其论，有愧儒门。嗟乎，先生之勇力，余何可及也。先生之教，中心韪之也。先生之去，永不复得其教矣！

先生操行之卓绝，比山石之严严。先生之仁心悲怀，追沛然莫御之巨川。呜呼，何先生戛然而逝也，余不禁泪水盈眶，掩泣哽咽。

（2011 年 7 月 10 日撰，首发）

10 议定皮介行“忠毅先生”之谥公告

泱泱华夏，礼乐之邦。谥法之制，固其一端。周公垂宪数千载以降，凡天子公卿之崩薨，朝廷重臣之物故，司礼者辄视其平生德业之崇卑，赠以谥封。以寓荣辱，以资劝诫。实亦孔子《春秋》褒贬之义也。

汉魏以来，士君子立德、立功、立言可称不朽而不及位者，师友故交每考其平生之行谊实迹，道德文章，易其名讳，以表尊尚。此私谥之制，非惟无违古圣谥法制作之本义，抑亦亚圣天爵人爵一义之推广也。

皮介行先生之逝，同道友朋复念其德劭行高，足为学者矜式，不可无谥。且皮介行先生一生颠沛民间，其谥固无涉今之有司。责在吾人也。

吾人考皮介行先生生平，生于海岛，心系一统。仰钻圣道，笃行仁义。处匹夫之位，膺天下之任。虑国忘家，善行不怠。临患不反，经德不回。乃循古易名之例，议定其谥曰“忠毅先生”。世之有道君子其深察而谨志焉！

皮忠毅先生不朽！

（2011年8月代皮介行先生治丧委员会撰，2012年发表于《儒生》第二卷）

11 府君王公暨孺人辛氏合葬之墓碑记

府君王公讳庆隆，乳名庆裕，字化民。生夏历甲寅（西元1914年），卒夏历壬午（西元2002年）10月29日，享年八十有九。世居篌寺沟，鲁邑城东大王庄王氏支脉也。高祖讳克型，始迁祖王公禄秀六世孙也。曾祖讳重光，大父讳乐三。父讳绍曾，字省三。母李氏。历世耕读传家，薄有田业，称小康焉。省三公两子，长讳庆元，公其次也。少好学，优入淮阳师范，卒业从教。先后任鲁邑县府督学、长耿集镇。行检高卓，博学能文，有声同志间。鼎革之难，公南走滇池，北役辽西。流离十数年，死难百千回，始返里居。变后余生，苦心劳形，凡百酸楚，更仆难数。公以宽忍皆默然处之。农事之暇辄披览书史，用慰孤怀。乐善好义，凡乡里起屋修房铺石护路诸务及文墨事，无论公私，蔑不尽心倾力。为人刚直而坦夷，宽和而有断。表里洞达，蔼然温粹，晚辈多被其不言之教。晚岁时禁颇解，乡人请公复出任教，固辞而不获。时公已年届古稀矣，乡党称焉。

孺人辛氏，讳正敏，出井庄辛氏。生夏历丙辰（西元1916年），卒夏历丙子（西元1996年）3月23日，享年八十有一。赋性诚朴，笃信天道。庭训严正，持家黾勉。虽不解书文，然深明大理，且有坚韧之志。当府君之远走也，世势鼎沸，门庭多难，孺人毅然以弱躯承一门存续之重。奔走家事，每风鬟雨鬓颠沛于道途。劬育子女，常夙兴夜寐，周旋乎泙澼井臼之间。倾注万斛血汗泪水，门庭赖以不坠。晚年积劳成疾，犹粗衣疏食，劳作不辍。平居处心仁恕，邻里有求辄尽力应之。以颇知妇产等护理之术，急乡党之难无算。于孙辈鞠养呵护，尤备极慈爱，且每举守志自强诸为人之道诲育之，期其底于有成。其有功家门大矣！

孺人既卒七年府君没，分葬寺沟河西岸祖茔。孺人墓势低，近水库，每被水患。戊子清明，乃迁孺人之圹合于府君之墓。呜呼，稍释所憾矣！谨勒石记之。

（米湾按：先王父王母相继下世，家严议立石表墓有年矣。戊子夏余居阳明精舍，依家严底稿撰就碑文，蒋先生颇有是正焉。冬10月，碑立。）

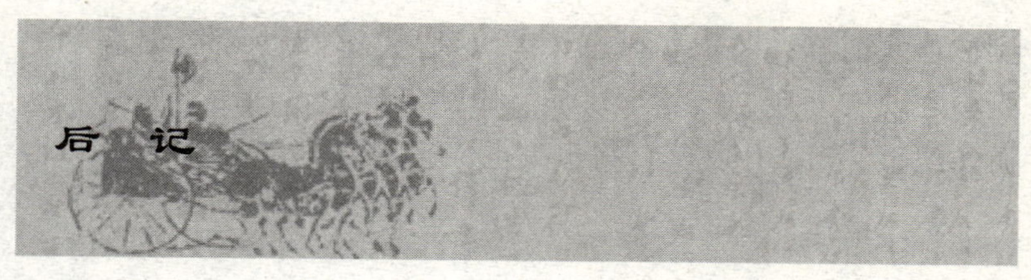

后记

予之生也，赋质拙讷，才性不敏。然雅慕超旷，不甘流俗。早岁习法学，先之西政，继之北大。卒业，舌耕贸院。期间不喜规规然于权利义务之间，暇多栖心中西艺文之菁，古今理窟之奥。

初从蒋庆先生游，闻上达之义。俯读仰思，焦虑苦索，辗转驰骛彷徨迷离于儒释道耶之间七八年，始归平复，渐止儒门。岁甲戌，乃复入北大，就楼宇烈先生移修先哲之学。以蕺山之学为入处，究心穷理尽性至命之要。日居月诸，逝者如斯。而知天命，倏忽至矣。仰彼於穆，愀然而惕！

行己狷介，不习诡遇；学尚切实，不乐声华。天道性命之管窥，颇得力于刘念台。淡然于素位，亦濡染乎陈乾初。思辨之微明，熊子真、牟离中之沾溉。入淡薄之门而不动其心，则盘山先生之诱掖与提撕也。

述作之事，以既不机敏，亦复疏放，为之无多，自视欿然。稍可告慰者，处今之世，所为者容有隐曲之笔，而略无不实自欺之言、揣摩阿好之论也。圣道高深，钻之弥坚；艺文浩瀚，求之愈远。或有所得，亦一管半蠡之窥测耳。

任重先生，儒林之秀。奋匹夫之猛志，振区夏之斯文。比来纂修《儒生文丛》，征稿所及，不遗区区。乃董理旧文，裒为一集，皆课余之暇因应诸缘而撰者。篇幅所限，考镜儒学史之作不与焉。或议或叙，或文或白，修短随意，不拘一格，其要则欲追武前修，跂望儒风也。区以别之，泐为六部：曰儒学视野中之现实问题，曰儒学讲演，曰儒者传论，曰时论短评，曰游访纪事，曰实用文笔。得也失也，达者鉴之。

癸巳春二月朔　米湾　记于淡甘书屋

“儒生文丛”稿约

出版目的： 弘扬儒学，提携后学，促进各界对儒家的全面了解，推动中国学术繁荣、文化发展、社会进步、民族复兴。

征稿对象： 自觉认同儒家的学术研究者，主动弘扬儒学的社会实践者。

内容要求： 学术性与社会性相结合，要有担当意识、价值关切和文化情怀。既收编学术研究专著，也收编各界同道的弘道文集。学术论文要言之成理，文化评论要立场明确，经验总结要详实严谨，诗文随笔要有儒家趣味。

投稿程序： 请作者投稿至主编电子邮箱（rujiarz@ 126. com）。主编初审后交“儒生文丛”学术委员会审议。若学术委员会审议通过，则列入下一辑出版计划。

学术委员： 蒋　庆　陈　明　康晓光　余樟法　秋　风

“儒生文丛”主编任重　敬告